책 속에 숨어 있는 자료, QR 코드를 찍어 보세요.

우리 아이는
AI
교실에
갑니다

AI와
디지털 시대,
부모의 불안
극복 가이드

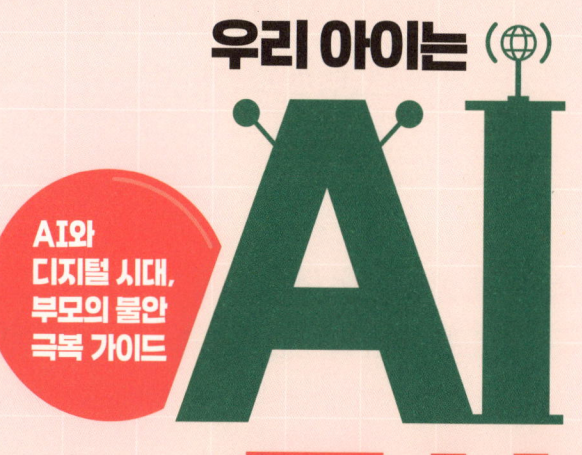

전주은 지음

BM (주)도서출판 성안당

AI와 디지털 시대, 부모는 왜 불안할까?

혹시 이런 순간을 맞닥뜨린 적이 있으신가요?

아이가 친구들과 놀이터에서 뛰어노는 대신 방안에서 태블릿으로만 시간을 보내는 모습을 보며 '이대로 두어야 할까, 아니면 제한을 둬야 할까?' 하고 마음이 흔들린 순간.

아이가 몇 시간째 유튜브 숏츠를 멍하니 넘기고 있는 모습을 보며, '이렇게 무분별하게 디지털 콘텐츠에 노출되는 것이 정말 괜찮은 걸까?' 하는 걱정이 마음 한편에 자리 잡은 순간.

교육계가 인공 지능(AI)과 디지털로 급격히 재편되고 있다는 뉴스에 '나는 시대에 뒤처지는 부모가 되는 걸까?' 하고 깊은 한숨이 나온 순간.

이 책을 펼친 당신이라면, 이런 고민의 순간들을 한번쯤은 경험해 보셨을 겁니다.

AI 시대, 부모 앞의 불안

그 모든 고민들의 근원에는 '불안'이라는 감정이 자리하고 있다는 걸, 한번쯤 생각해 보신 적이 있으신가요?

우리는 부모입니다.

부모의 마음은 언제나 '내 아이가 이 세상에서 잘 살아갈 수 있을까?'라는 질문으로 가득 차 있지요. 하지만 지금, 이 시간 우리가 마주한 AI 시대는 그 어느 때보다 빠르게 변화하고 있고, 그 변화는 우리가 오랫동안 믿어 온 교육과 양육의 방식을 근본적으로 뒤흔들고 있습니다.

우리는 학창 시절 AI를 배우지 않았습니다. 디지털 기술을 어떻게 활용해야 하는지 제대로 배운 적도 없습니다. 그런데 우리 아이들은 AI가 출제한 문제를 풀고, AI의 도움을 받아 과제를 합니다. 때로는 AI와 대화를 나누며 성장해야 하는 세상을 마주하고, AI와 함께 살아가는 방법을 익혀야 합니다.

이런 상황에서 불안이 밀려오는 것은 당연한 일입니다. 그러나 이 불안을 해소하는 방법은 불행히도 그리 다양하지 않습니다. 첫째는 외면하는 것, 둘째는 이해하고 준비하는 것뿐이지요.

이 책은 용기 있게 두 번째 길을 선택하려는 부모들에게 길잡이가 되는 목소리를 전합니다.

부모의 불안, 어디서 시작될까?

부모의 불안은 단순히 'AI를 잘 모른다'는 사실에서 비롯되는 것이 아닙니다. 지금껏 우리는 익숙하고 신뢰할 수 있는 교육 방식과 가치관을 바탕으로 자녀를 양육해 왔습니다. 시험에서 높은 점수를 받으면 성공할 것이라 믿었고, 명문 대학에 입학하면 미래가 보장될 것이라 확신했습니다. 하지만 AI 시대가 도래하면서 이 모든 기준이 흔들리고 있습니다. 세계경제포럼 창립자 겸 회장인 클라우스 슈밥은 '4차 산업 혁명'을 이야기하며, 변화는 기술의 문제가 아니라 우리가 세상을 바라보는 사고방식의 변화에 달려 있다고 강조했습니다.

기업들은 더 이상 학벌만으로 인재를 판단하지 않습니다. AI는 학습의 방식 자체를 근본적으로 변화시키고 있습니다. 학교에서는 새로운 교육 패러다임을 적극 도입하고 있는데, 부모인 우리는 여전히 과거의 잣대로 아이들의 미래를 걱정하고 있는 것은 아닐까요?

이렇게 급변하는 세상에서 우리가 가져야 할 새로운 관점은 무엇일까요?

불안을 잠재우는 새로운 관점: 두려움이 아닌 이해와 준비

많은 부모가 AI와 디지털 기술을 위험 요소로 인식합니다. 그러나 AI는 우리가 피할 수 없는 현실이며, 오히려 현명하게 활용한다면 아이들에게 무한한 가능성과 기회를 열어 주는 강력한 도구가 될 수 있습니다. 핵심은 기술 자체가 아니라 우리가 그것을 어떻게 받아들이고 활용하느냐입니다.

> "미래를 예측하는 최선의 방법은 그것을 창조하는 것이다."
> _ 피터 드러커(Peter Drucker)

부모인 우리가 AI의 모든 것을 알 필요는 없습니다. 하지만 아이들에게 진정으로 필요한 능력이 무엇인지 파악하고, 그것을 길러 줄 방법을 고민하는 것은 중요합니다. 디지털 리터러시, 문제 해결력, 창의적 사고력, 협업 능력과 같은 역량들이 AI 시대에 더욱 빛을 발할 것입니다. AI는 두려움의 대상이 아니라, 아이의 성장을 도울 수 있는 도구입니다. 부모가 이 근본적인 사실을 마음 깊이 받아들이는 순간, 불안은 점차 희망으로 바뀌게 될 것입니다.

이 책은 어떤 길을 안내하는가?

이 책은 AI 시대의 학교 교육 변화를 설명하고, 부모가 어떤 태도와 관점을 가져야 하는지 안내합니다. 또한 가정에서 실천할 수 있는 구체적인 AI·디지털 교육 방법과 부모들이 가장 궁금해 하는 질문들에 답을 제시합니다. 더불어 실제 사례를 통해 AI 교육이 아이들의 배움과 성장에 어떤 변화를 만들어 내는지 보여 줍니다. 각 장에서는 다음과 같은 내용을 심도 있게 다룹니다.

제1장 알파 세대 아이들이 마주한 디지털 세상 및 AI의 등장과 함께 변화되고 있는 교실의 모습을 정확히 짚고, 이러한 변화 속에서 부모들이 느끼는 혼란과 불안에 대해 이야기합니다.

제2장 학교 현장에서 초등학생들이 실제로 AI와 디지털을 어떻게 배우고 있는지 2022 개정 교육과정에 맞춰 학년별 사례와 교육 목표를 상세히 안내합니다.

제3장 가정에서 자녀와 함께 실천할 수 있는 창의적이고 재미있는 디지털 활동을 소개하고, 균형 있는 디지털 습관 형성 방법을 제시합니다.

제4장 부모들이 AI·디지털 교육과 관련하여 궁금해하는 현실적인 질문들에 대한 해답과 실질적 조언을 제공합니다.

AI 시대, 부모가 등대가 되어야 하는 이유

우리는 아이들에게 세상을 헤쳐 나가는 지혜와 용기를 심어 주어야 합니다. AI 시대에도 이 본질적인 역할은 변하지 않습니다.

"우리는 아이들에게 무엇을 생각할지가 아니라, 어떻게 생각하는지를 가르쳐야 한다."
_ 마가렛 미드(Margaret Mead)

우리는 지금 거대한 디지털 바다를 항해하고 있습니다. 그 바다에서는 예측할 수 없는 변화의 파도가 끊임없이 밀려오고, 하루가 다르게 새로운 기술의 섬들이 솟아오릅니다. 그 속에서 AI는 길을 찾아 주는 나침반이 됩니다. 하지만 나침반은 방향을 알려 주는 도구일 뿐입니다. 어디로 향할지는 결국 항해자 스스로 결정해야 합니다.

그 험난한 항해를 밝게 비추는 등대는 바로 부모입니다. 부모가 두려움에 떨면 아이들 역시 불안합니다. 부모가 호기심을 갖고 배우고 도전하면 아이들 또한 그 모습을 보며 용기 있게 성장할 수 있을 것입니다.

이 책을 통해 여러분은 AI 시대를 살아가는 자녀들의 앞길을 밝혀 주는 등대의 역할을 발견하게 될 것입니다. 불안의 그림자를 넘어, 새로운 시대의 빛나는 가능성을 자녀와 함께 탐색해 나갈 수 있기를 진심으로 바랍니다.

차례

프롤로그 AI와 디지털 시대, 부모는 왜 불안할까? …4

제1장 읽다
알파 세대 아이와 교실에 들어온 AI

1. 디지털 세상과 알파 세대, 부모는 점점 멀어지는 기분? …12
2. 교실의 변화와 문밖의 학부모 …21
3. 초등, AI·디지털 교육의 골든타임 …33
4. 디지털 교육 속도, 학부모님의 보폭은 어떠한가요? …41
5. AI와 교사, 협력의 시대가 오다 …47
6. 생각해 보셨나요? 미래 공부를 위해 진짜 필요한 것 …55

제2장 들여다보다
지금 우리 아이는 AI 교실에 갑니다

1. AI 시대, 학교에서 무엇을 배우게 될까요? …64
2. 무엇이 달라졌을까? 수업에 스며든 AI·디지털 …71
3. AI 디지털 교과서(AIDT), 혁신인가 실험인가? …80
4. 한눈에 보는 초등 AI·디지털 교육 로드맵 …91
5. 1~2학년 수업 속으로: 놀이하며 만나는 디지털 세상 …101
6. 3~4학년 수업 속으로: 탐구하며 성장하는 디지털 여행 …108
7. 5~6학년 수업 속으로: 미래를 만들어 가는 디지털 창작자 …118
8. 교실 속 디지털 항해, 가정으로 이어져야 합니다 …129

제3장 함께하다
일상 속 실천으로 디지털 감각을 배웁니다

1. 자녀와 함께 디지털 감각 키우기 …138
2. [아날로그 놀이로 기르는 디지털 감각] 종이접기와 말놀이로 컴퓨팅 사고하기 …145
3. 일상생활 속 언플러그드 코딩 놀이 …153

4. AI는 어떻게 배울까? 머신 러닝 이해 놀이 …162
5. 보드게임으로 배우는 생각의 순서 …171
6. [창의성을 키우는 디지털 표현 활동] AI 그림, 아이의 상상력이 자라나는 순간 …177
7. 디지털 세상에서 즐기는 음악 놀이 …183
8. AI와 함께 작가가 되어 보자 …195
9. 짧은 영상으로 표현하는 내 생각 …208
10. [생각하는 힘과 디지털 시민 감각] 재미있는 디지털 탐험대 …220
11. 이 광고, 왜 나한테만 보일까? …225
12. 댓글 하나에도 책임이 필요해요 …234
13. 우리 가족은 디지털 감별사 …251
14. [가족과 함께 지키는 디지털 균형] 스마트폰 사용, 우리 집 기준 만들기 …264
15. 스크린 타임, 바꾸고 줄이기 …270
16. 우리 가족 '디지털 디톡스 데이' …280
17. 디지털 웰빙, 부모가 먼저 실천해요 …289

제4장 답을 찾는 부모
AI·디지털 교육 이런 것도 궁금해요

1. AI·디지털 교육, 창의력 저하와 중독 문제는 어쩌나요? …302
2. 스마트폰, 태블릿, AI 툴… 적정 사용 연령대는 언제인가요? …311
3. AI 기반 학습 도구, 어떻게 선택하고 활용하면 좋을까요? …321
4. AI 공부 모드, 가정에서 어떻게 활용해야 할까요? …332
5. 초등 자녀에게 저작권 윤리를 어떻게 가르쳐야 할까요? …341
6. AI·디지털 시대, 질문하는 힘은 어떻게 키울까요? …347
7. 디지털 시대, 자녀의 신체적·정신적 건강은 어떻게 지켜야 할까요? …354
8. 아날로그와 디지털 교육, 황금비율이 있나요? …366
9. AI 시대, 현명한 진로 교육을 위한 부모의 준비와 지원 방법은? …373
10. 부모는 자녀의 미래를 위해 어떤 역할을 해야 하나요? …383

에필로그 불안을 끄고, 희망을 켜다 …389

읽다
알파 세대 아이와 교실에 들어온 AI

디지털 세상과 알파 세대, 부모는 점점 멀어지는 기분?

"아이와 함께 살고 있지만, 때로는 전혀 다른 세상에 사는 것처럼 느껴집니다."

초중등 자녀를 둔 학부모 모임에서 흔히 들을 수 있는 이야기입니다. 식탁에 앉아 스마트폰만 들여다보는 아이를 보며 한숨짓는 엄마, 주말 내내 이어폰을 낀 채 방에서 나오지 않는 중학생 아들과 소통하기 어렵다고 말하는 아빠의 모습이 이제는 낯설지 않습니다. 눈앞에 있는 자녀와 마음이 닿지 않는 듯한 거리감은 이 시대 부모들이 겪는 현실입니다.

학부모 간담회에서도 비슷한 이야기를 들을 수 있습니다.

"디지털 세상 때문에 아이와 점점 멀어지는 것 같아 불안해요. 무엇이 문제인지, 어떻게 해결해야 할지 모르겠습니다."

이 책을 펼친 많은 부모님께서도 같은 마음일 것입니다.

디지털 세대 격차: 현실적인 사례

초등학생 자녀와 소통이 원활한 부모님도 몇 년 후 아이가 중학생이 되면 상황이 달라질 수 있습니다.

"예전에는 주말마다 공원에 가서 자전거도 타고 이야기도 많이 나눴는데, 요즘은 각자 스마트폰만 봐요. 딸에게 무슨 일이 있는지 물어보면 '그냥'이라는 대답만 돌아옵니다. 하지만 친구들과는 틱톡이나 인스타그램으로 활발하게 소통하더군요. 제가 모르는 딸만의 세계가 있는 것 같아 마음이 복잡합니다."

초등학교 시절 활발했던 부모와 자녀 간의 소통이 중학생이 되면 줄어드는 것은 자연스러운 성장 과정입니다. 하지만 디지털 시대의 성장은 또 다른 의미를 담고 있습니다. 아날로그 시대의 성장과 달리 눈에 보이지 않는 디지털 시대의 성장은 부모의 시선이 닿기 어려운 깊숙한 영역까지 포함됩니다. 눈에 보이고 손에 잡히는 아날로그 세상뿐 아니라 깊이와 폭이 가늠되지 않는 디지털 세상 속까지 우리 삶의 영역이 확장되었기 때문입니다. 따라서 부모는 자녀의 초등학교 시절부터 디지털 시대에 대한 이해를 바탕으로 소통의 기반을 단단히 다져 놓는 것이 매우 중요합니다.

디지털 전환에 따른 소통 방식의 변화는 이미 초등학생 사이에서도 뚜렷하게 나타나고 있습니다. 2023년 여성 가족부와 연합뉴스가 발표한 조사에 따르면, 초등학교 4학년 아동의 96.5%가 개인 스마트폰을 소지하고 있으며,[1] 중학생과 고등학생은 대부분 스마트폰을 소지하고 있습니다. 더욱 우려되는 점은 스마트폰이나 인터넷에 지나치게 의존하는 '위험군'으로 분류된 초등학교 4학년 학생의 비율이 무려 16%에 달한다는 것입니다.

디지털 네이티브, 알파 세대 이해하기

우리 아이들은 태어날 때부터 디지털 환경에서 자란 '알파 세대'입니다. 이들에게 스마트폰, 태블릿, 유튜브, 게임은 공기처럼 자연스러운 삶의 일부입니다.

요즘은 아이들이 놀이터나 운동장에서 뛰어노는 모습 대신 스마트폰으로 게임을 하거나 영상을 시청하는 모습을 보는 것이 더 익숙해졌습니다. 아이들은 세 살 무렵부터 유튜브 키즈 앱을 능숙하게 다루고, 게임 규칙을 직관적으로 파악합니다. 이런 놀라운 능력은 부모 세대가 따라가기 어려운 부분이기도 합니다.

아이들에게 디지털은 단순한 도구가 아닌 삶의 필수 조건입니다. 종이책보다 영상에 익숙하고, TV도 각자의 기기로 보는 것이 자연스러운 일상이 되었습니다. 초등학생들이 가장 많이 시청하는 TV 콘텐츠는 유튜브 키즈(59.4%)이며, 부모의 절반 이상(57.5%)은 자녀의 모바일 콘텐츠 이용 내용을 정기적으로 확인합니다.[2] 디지털 콘텐츠가 아이들의 삶에 얼마나 깊숙이 자리 잡았는지를 확인할 수 있습니다.

부모, 출발선이 다른 디지털 이주민

현재 초등학생 자녀를 둔 부모는 대부분 밀레니얼 세대 초반(1980년대생)입니다. 밀레니얼 세대 부모는 PC와 인터넷이 보급되던 시기에 청소년기를 보냈고, 성인이 된 후 스마트폰의 도입과 상용화 과정을 겪었기에 디지털 문화와 기술을 받아들이는 데 어려움을 느끼지 않습니다. 하지만 디지털 기술에 대한 이해와 달리 활용 방식과 속도에서 알파 세대인 자녀와는 큰 간극이 존재함을 실감합니다.

초등학교 5학년 민준이의 방에서는 웃음소리가 끊이지 않습니다. 태블릿으로 친구들과 디스코드(Discord)에 접속해 마인크래프트(Minecraft) 게임을 하는 중입니다.

엄마가 저녁 식사를 위해 부릅니다.

"잠깐만요, 친구들이랑 집 짓고 있어요!"

식탁에 앉은 민준이에게 아빠가 묻습니다.

"디스코드(Discord)라는 건 뭐하는 거니? 채팅 프로그램 같은 거니?"

"게임하며 친구들이랑 대화하는 거예요. 유튜브(YouTube)에서 본 집 디자인 따라 만들고 있었어요."

"그런데서 모르는 사람들이랑 이야기하면 위험하지 않아? 개인 정보 같은 것도 있고…."

엄마의 걱정에 민준이는 한숨을 쉽니다.

"학교 친구들이랑만 이야기해요. 모르는 사람들과는 말 안 해요."

저녁 식사 후, 민준이는 틱톡을 열어 친구가 올린 영상을 보며 웃습니다.

"틱톡(TikTok)도 하는구나. 거기선 뭐하는데?"

엄마가 관심을 보입니다.

"재밌는 영상도 보고, 제가 만든 것도 있어요. 보실래요?"

민준이의 표정이 밝아집니다.

엄마는 화면에 나타난 짧은 영상을 보며 즐거워하는 아이의 모습에 미소를 짓지만, 한편으로는 걱정이 앞섭니다.

'이런 앱들이 아이에게 정말 괜찮은 걸까? 유해 콘텐츠는 없을까? 개인 정보는 안전할까?'

여러 생각이 머릿속을 스칩니다.

이는 많은 부모가 공통으로 경험하는 상황입니다. 유튜브, 틱톡, 디스코드는 오늘날 초등학생들의 놀이터이자 또래 문화의 중심지이지만, 대부분 부모에게는 낯설고 불안한 영역입니다. 이에 반해 아이들은 이 공간에서 자연스럽게 친구들과 소통하고, 다양한 콘텐츠를 소비하며, 때로는 직접 콘텐츠를 만들어 자신만의 정체성을 확립해 갑니다. 이러한 문화를 이해하려 노력하지 않고 단순히 위험하다며 차단하기만 한다면, 자녀와의 소통 기회는 점점 줄어들 수밖에 없습니다.

그렇다고 무조건 허용하는 것도 정답은 아닙니다. 중요한 것은 부모가 디지털 세계에 대한 정확한 이해와 분별력을 갖추고, 자녀에게 디지털 시민으로서 갖춰야 할 책임감과 비판적 사고력을 길러 주는 것입니다. "하지 마라."가 아닌, "이렇게 하자."라는 명확한 기준과 원칙을 함께 세우고 디지털 세상을 탐색할 필요가 있는 시대입니다.

단순한 기기 사용법 이상의 고민

"아이가 학교에서 돌아오자마자 태블릿부터 찾아요. 숙제는 안 하고 유튜브만 보고 있으니 걱정이에요."

"게임 시간 때문에 매일 싸워요. 30분만 하기로 했는데, 항상 1시간 넘게 하죠. 뺏으면 울고불고… 정말 난감해요."

"친구들이 다 하는 앱이라며 깔아 달라고 하는데, 그게 뭔지도 모르겠고 괜찮은 건지 걱정돼요."

많은 부모가 디지털 기기 자체보다 활용 방식과 의미에 대해 고민합니다. '하루에 얼마나 써야 적당할까?', '이 콘텐츠는 괜찮은 걸까?', '디지털 시간을 교육적으로 활용하려면 어떻게 해야 할까?' 이러한 질문들이 부모의 머릿속을 떠나지 않습니다. 시간 관리, 유해 콘텐츠 필터링, 기기 의존도 조절 등 여러 노력을 기울이지만, 적절한 기준점을 찾기는 쉽지 않습니다.

실제로 최근 정부 조사 결과를 보면 상황이 심각합니다. 2024년 청소년의 40%가 넘는 비율이 스마트폰 과의존 위험군으로 분류되었고[3], 일상생활에 지장을 받는 청소년만 22만 명을 넘어섰습니다. 또한 초등학교 1학년부터 스마트폰 사용 지도가 필요한 아이들이 1만 6천 명이 넘는 것으로 나타났습니다.[4] 이처럼 디지털은 단순한 기술이 아니라, 부모와 자녀 사이의 갈등을 유발하는 요인이 되기도 합니다.

달라진 학습 환경

디지털 매체의 확산은 아이들의 학습 방식도 완전히 바꾸어 놓았습니다. 종이책 대신 태블릿으로, 칠판 대신 영상으로 배우는 세대가 되고 있습니다. 대학내일20대연구소(2024)의 「알파 세대 미디어 기획조사」에 따르면, 후기 밀레니얼 세대 부모 중 40%는 종이책보다 태블릿을 자녀의 학습 도구로 더 선호한다고 응답한 설문 조사 결과도 있습니다.[5]

이러한 변화는 실제 학습 장면에서도 자연스럽게 드러납니다. 다음은 요즘 초등학생들의 디지털 학습 모습을 보여 주는 단편적인 사례입니다.

"오늘 배운 수학 내용을 잘 모르겠어요."

초등학교 4학년 서연이가 말합니다. 엄마가 설명을 시작하려는데 서연이는 이미 태블릿을 켰습니다.

"엄마, 잠깐만요, 유튜브에서 이 단원 설명해 주는 선생님 영상을 찾아볼게요."

금세 검색 결과가 나오고, 서연이는 헤드폰을 끼고 집중합니다.

10분 후, "아, 이제 알겠어요! 이렇게 풀면 되는 거구나."
서연이가 환하게 웃으며 문제를 풀기 시작합니다.

초등학교 3학년 민우는 태블릿으로 밀크T 앱을 열고 국어 학습을 시작합니다.
"민우야, 또 게임하니?"
할머니의 물음에 "아니에요, 공부해요. 이거 진짜 재미있어요!"라고 대답합니다.

민우는 화면에 나타난 짧은 이야기를 읽고 관련 문제를 풀고 있습니다. 정답을 맞힐 때마다 귀여운 캐릭터가 응원해 주고 포인트가 쌓입니다. 틀린 문제는 다음 학습에 다시 나타나 복습할 수 있게 해 줍니다. 앱 속 학습 코치는 민우가 문제를 풀며 보인 반응 시간과 오답 패턴을 기록해 학습 진도표를 만들어 줍니다. 저녁 시간, 엄마가 민우의 태블릿을 확인하자 오늘 학습한 내용과 취약한 부분이 요약된 리포트가 나타납니다. "어휘력 부분이 조금 부족하네. 내일은 이 부분을 더 해 보자."라고 엄마가 말합니다.

초등학생 사이에서는 AI 기반 학습 앱 '밀크T'가 대표적인 학습 도구로 꼽히고 있으며, 전체 초등 자녀 중 30.5%가 사용한 경험이 있다고 합니다.[6] 이제는 어려운 문제를 부모에게 묻기보다 유튜브 영상을 찾아보거나 AI 학습 앱을 활용하는 것이 자연스러운 일이 되었습니다. 부모의 눈에는 다소 삭막하고 걱정스럽게 보일 수 있지만, 아이들은 이를 통해 스스로 정보를 찾고 문제를 해결하는 새로운 배움의 방식을 익혀 가고 있는 것입니다.

디지털 시대는 이제 되돌릴 수 없을 만큼 우리의 삶에 깊이 뿌리내렸습니다. 우리나라의 인터넷 이용률은 97.6%, 모바일 연결 건수가 인구보다 많으며, 한 사람이 여러 디지털 기기를 사용하는 시대입니다.[7] 이러한 변화 속에서 가장 중요한 것은 부모의 시선과 역할 변화입니다. 디지털을 완벽히 아는 것이 아니라, 함께 배우고 이해하려는 태도가 무엇보다 중요합니다.

"처음에는 아이가 게임만 하는 게 걱정됐어요. 그런데 옆에 앉아 같이 해보니 의외로 집중력과 순발력이 필요한 게임이더군요. 그 이후로 게임이 대화의 매개가 되면서 아이와의 소통이 훨씬 자연스러워졌습니다."

이처럼 아이의 디지털 활동을 무조건 통제하기보다 관심을 두고 함께 참여하며 이해하려는 자세가 세대 간 간극을 좁히는 열쇠가 될 수 있습니다.

디지털 기술은 분명 양날의 검입니다. 무조건 허용하는 것도, 완전히 차단하는 것도 바람직하지 않습니다. 중요한 것은 균형 잡힌 시각으로 아이들이 디지털 세계에서 건강하게 자라날 수 있도록 이끌어 주는 것입니다.

이 책에서는 다음과 같은 질문에 대한 답을 함께 찾아갈 것입니다.

① 디지털 세대 격차를 어떻게 이해하고 극복할 수 있을까요?
② 디지털 세상에서 자녀와의 소통을 어떻게 이어 갈 수 있을까요?
③ 디지털 시대에 필요한 역량은 무엇이며, 어떻게 키울 수 있을까요?
④ 아날로그와 디지털의 적절한 균형은 어떻게 찾을 수 있을까요?

그리고 제3장에서 이러한 질문에 대한 구체적인 전략과 방법을 제시할 것입니다. 이 질문들을 마음속에 품고 한 장 한 장 책장을 넘겨주세요. 그 과정에서 아이의 디지털 세상에 조금씩 더 가까워지고, 아이가 나아갈 세상을 더욱 깊고 긍정적인 시선으로 함께 바라보는 부모가 될 수 있을 것입니다.

- 자녀는 언제, 어떻게 디지털 기기를 처음 접했나요? 그 순간을 기억해 보면 부모로서 어떤 감정이 떠오르나요?
- 자녀가 즐겨 사용하는 콘텐츠나 앱 중 낯설거나 이해되지 않았던 것이 있었나요? 그것을 이해하기 위해 자녀와의 대화를 시도해 보셨나요?
- 우리 집에서는 디지털 기기 사용에 대해 어떤 규칙을 세우고 있나요? 그 규칙은 자녀와 충분한 대화를 통해 함께 만든 것인가요?
- 디지털 세계에서 자녀가 갖추어야 할 진짜 역량은 무엇이라고 생각하나요? 단순한 기술보다 더 중요하다고 생각되는 가치나 태도가 있다면 어떤 것인가요?
- 우리 가족은 디지털과 아날로그 사이의 균형을 어떻게 만들어 가고 있나요? 일상에서 그 균형을 만들기 위해 어떤 대화를 나누고 시도를 해 본 적이 있는지 떠올려 보세요.
- 부모로서 자녀에게 어떤 '디지털 나침반'을 쥐여 주고 싶으신가요? 그 안에 담아야 할 가장 중요한 메시지나 가치는 무엇일까요?

교실의 변화와 문밖의 학부모

"우리 아이가 학교에서 무엇을 어떻게 배우고 있을까요?"

아이를 등교시킨 후 문득 이런 궁금증이 드신 적 있으신가요? 부모님들은 대개 자신의 학창 시절 경험을 바탕으로 지금의 교실을 상상합니다. 칠판에 분필로 판서하는 선생님, 공책에 필기하는 아이들, 교과서를 함께 읽고 문제를 푸는 시간 같이 말이에요. 하지만 우리 아이들이 경험하는 교실은 학부모님의 경험과는 상당히 달라지고 있습니다.

"학교는 예전과 크게 다르지 않아. 똑같이 교실에서 수업 듣고, 선생님이 가르치고, 숙제하고 시험 보는 곳이잖아."

많은 학부모님이 이렇게 생각하시지만 최근의 교실 문을 들어서 보면, 변화하고 있는 학습 환경을 만날 수 있습니다. 일부 초등학교에서는 전자칠판이 기존의 분필칠판을 대체하고 있고, 학교에 따라 태블릿과 노트북 등 디지털 기기를 활용한 수업이 늘어나고 있습니다. 특히 디지털 선도 학교나 AI 중점 학교로 지정된 곳에서는 선생님이 디지털 도구로 수업 자료를 공유하고 학생들은 패들렛이나 클래스팅, 하이러닝 같은 온라인 플랫폼과 다양한 AI 앱을 활용해 수업하는 모습을 볼 수 있습니다.

물론 이러한 변화가 모든 학교에 균일하게 적용되는 것은 아닙니다. 아직 많은 교실에서 기존의 칠판과 종이 교과서를 사용하고 있으며, 디지털 교육 전환은 점진적으로 이루어지고 있습니다. 다만 분명한 것은 아이들의 교실은 우리가 경험했던 것과는 점점 다른 방향으로 변화하고 있다는 점입니다.

이런 변화 속에서 학부모인 우리는 종종 교실 문밖에 서서 아이들의 학습 경험을 이해하려 합니다. 때로는 불안감을 느끼며 '정말 이렇게 해도 될까?', '예전 방식이 더 좋지 않을까?'라는 질문을 던지기도 하면서 말입니다.

스마트 기기의 확산과 AI 디지털 교과서의 도입

최근 교육 현장의 큰 변화 중 하나는 교육부가 추진한 AI 디지털 교과서와 AI 학습 도구의 도입입니다. 교육부는 2024년부터 일부 학교에서 디지털 교과서를 시범 운영하기 시작했으며, 기존 디지털 교과서에 AI 튜터 기능을 추가한 'AI 디지털 교과서'를 2025년 학교 현장에 도입했습니다. AI 디지털 교과서는 종이 교과서의 단순한 기능을 넘어 학생의 학습 데이터를 기반으로 실시간 피드백을 제공하고 일대일 맞춤형 학습을 지원하는 것을 목표로 합니다.

이러한 새로운 교육 도구와 방식은 여러 가능성을 제시하면서도, 준비 과정과 실행에서 다양한 도전 과제들을 마주하고 있습니다. 학교 현장에서는 새로운 기술에 적응하고, 인프라를 구축하며, 교육 격차를 해소하기 위한 여러 현실적인 고민이 이어지고 있습니다. 그럼에도 불구하고, 급변하는 세상 속에서 우리 아이들에게 적절한 교육을 제공하기 위한 디지털 교육으로의 전환은 피할 수 없는 방향으로 보입니다.

　물론 이 모든 시도는 아직 시범 단계이며 효과와 한계에 대한 논의가 활발히 이루어지고 있는 과정입니다. 학부모로서 우리는 이러한 변화의 흐름을 이해하고, 자녀들이 디지털 도구의 혜택은 최대한 누리되 부작용은 최소화할 수 있도록 지원해야 하는 과제를 안고 있습니다.

　이런 변화에 대한 학부모님들의 반응은 다양합니다. 일부 학부모님들은 AI 디지털 교과서의 혁신적 기능에 긍정적인 반응을 보이지만, 다른 한편에서는 우려의 목소리가 높습니다. 실제로 한 설문 조사에 따르면 85%의 학부모가 AI 디지털 교과서 도입에 반대 의사를 표했으며, 다수의 학부모가 디지털 과의존이나 문해력과 집중력 저하를 걱정한다고 응답했습니다.

　"학교에서도 태블릿을 쓰고, 집에서도 스마트폰을 보면 아이들 건강이 염려되요."
　"손으로 직접 쓰는 것보다 기억에 더 잘 남을까요?"
　"기계에 너무 의존하면 기초 학습 능력이 떨어지지 않을까요?"

　학부모들과의 만남에서 자주 듣게 되는 고민입니다. 이러한 우려를 반영하듯 실제 교육 현장에서는 균형을 추구하고 있습니다. 많은 학교에서 디지털 활동과 아날로그 활동을 적절히 병행하며, 전통적인 학습법의 장점을 기반으로 새로운 도구를 활용하고 있습니다.

　학부모님들이 디지털 교육에 대해 느끼는 불안감은 자연스러운 것입니다. 우리가 경험하지 못한 방식으로 아이들이 배우고 있기 때문입니다. 하지만 이러한 불안감을 해소하기 위해서는 현재 교실에서 실제로 어떤 변화가 일어나고 있는지 이해하는 것이 중요합니다. 교실 문밖에 서서 불안해 할 것이 아니라 현상을 이해하고 함께 배우는 열린 자세가 필요한 시점입니다.

AI가 선생님의 동반자가 되다

인공 지능(AI) 기술도 초등 교육에 새로운 바람을 일으키고 있습니다. 대표적인 사례로 교육부와 한국교육학술정보원(KERIS)이 공동 개발한 초등 수학 학습 프로그램 '똑똑! 수학탐험대'를 들 수 있습니다. 이 AI 학습 도구는 학생 한 명 한 명의 학습 데이터를 분석하여 개인별 맞춤형 문제를 제공합니다.

과거에는 모든 아이가 같은 문제집으로 공부했지만, 이제는 AI가 각 아이의 취약한 부분을 파악해 그에 맞는 문제와 설명을 제공하는 방법을 고민합니다. 이러한 기술이 교실에서 상용화된다면 아이들은 마치 개인 과외 선생님이 옆에서 지도해 주는 듯한 경험을 하며 자신의 학습 속도에 맞춰 성장하는 것이 가능하게 됩니다.

AI 맞춤형 학습은 교사에게도 큰 도움이 될 수 있습니다. 학기 초 모든 학생의 수준을 파악하고 개별 학습 지도 계획을 세우는 것은 교사에게 큰 부담입니다. 그런데 AI가 생성해 주는 학습 리포트의 도움을 받는다면 어떤 학생이 어떤 개념을 어려워하는지 보다 쉽게 파악할 수 있습니다.

이 정보를 바탕으로 교사는 도움이 필요한 학생들을 집중적으로 지도하고, 여유가 있는 학생들에게는 보다 도전적인 과제를 제공할 수 있습니다. AI가 단순 반복 작업과 기초 학습 관리를 도와주면서 교사는 아이들과의 소통과 정서적 지원에 더 집중할 수 있게 되는 것이지요.

교실 너머로 확장되는 학습 공간

메타버스(Metaverse), 가상 현실(VR), 증강 현실(AR) 기술은 아이들의 학습 공간을 교실 너머로 확장하고 있습니다. 이제 아이들은 교실에 앉아서도 세계 곳곳을 여행하고, 위험한 실험을 안전하게 체험하며, 상상 속 세계를 탐험할 수 있게 되었습니다.

실제로 EBS와 한화시스템이 개발한 교육용 메타버스 플랫폼 '위캔버스'는 2022년 말 시범 운영되었습니다. 전국 1,200여 명의 초등학생들이 참여한 이 프로그램에서 아이들은 가상 세계 안에서 프로그래밍을 배우고, 실제로 가 보기 어려운 장소를 VR로 견학하는 등 새로운 형태의 체험 학습을 했습니다.[8] '무엇이든 할 수 있는 곳'이라는 이름처럼, 위캔버스 안에서는 영어 단어를 게임으로 배우거나, 역사 유적지를 3D로 탐방하는 등 교과와 연계된 다양한 활동이 가능했습니다. 실제로 이 시범 수업에 참여한 한 초등학생은 "직접 가지 않고도 여러 경험을 할 수 있어서 신기하고 재미있었다."라고 소감을 밝히기도 했습니다.

일부 학교에는 VR · AR 기기를 갖춘 가상 체험실이 마련되어 있습니다. 과학 시간에 태양계를 배우면서 VR로 우주를 여행하거나, 미술 시간에 AR로 눈앞에 나타난 명화의 질감을 살펴보는 식입니다. 또한 가상 현실 스포츠실에서는 아이들이 티볼(야구의 일종)이나 축구 같은 스포츠를 안전하게 체험할 수도 있습니다. 한 연구에 따르면, VR 스포츠실을 활용한 체육 수업이 학생들의 신체활동 흥미와 학업 성취도를 높이는 효과가 있었다고 합니다.[9] 이처럼 디지털 기술은 아이들의 학습 경험을 시공간의 제약에서 벗어나 더욱 풍부하고 다양하게 만들고 있습니다.

메이커스페이스: 만들면서 배우는 창의 융합 공간

최근 많은 초등학교에 '메이커스페이스(Maker Space)'가 도입되어 아이들의 창의력과 문제 해결력을 키우는 공간으로 활용되고 있습니다. 과거의 과학실이나 컴퓨터실에서 발전한 이 공간에는 3D 프린터, 코딩 드론, 전자

회로 키트 등 첨단 도구들이 갖춰져 있습니다. 아이들은 메이커스페이스에서 책으로만 배우던 개념을 직접 만들고 실험하면서 체득합니다. 예를 들어, 교과서에서 배운 전기 회로의 원리를 활용해 불이 켜지는 미니하우스를 만들거나, 수학 시간에 배운 입체 도형의 개념과 비율을 적용해 구조물을 설계하고 3D프린터로 출력해 보며 학습의 폭을 넓힐 수 있습니다. 그리고 환경 프로젝트를 진행하는 아이들은 미세 먼지 데이터를 AI로 분석하고, 그 결과를 바탕으로 3D 프린터로 환경 개선에 도움이 되는 제품을 직접 설계·제작하기도 합니다.

○ 성남 장안초등학교 메이커스페이스 운영 사례[10]

메이커스페이스의 의미는 단순히 첨단 장비를 갖춘 것에 그치지 않습니다. 이 공간은 배움의 주체를 교사에서 학생으로 옮겨 놓습니다. 아이들이 스스로 질문을 던지고, 답을 찾아가며, 무언가를 직접 만들어 내는 과정에서 진정한 학습이 일어나기 때문입니다.

정부의 그린스마트 미래 학교 사업(현재는 공간재구조화로 사업명 변경)도 이러한 흐름을 반영하여 진행되고 있습니다. 이 사업을 통해 노후화된 학교 건물들을 리모델링하거나 새로 짓고, 교실에는 초고속 무선망과 스마트 기기를 갖춘 교실 환경을 조성하고 있습니다. 또한 학교 공간도 변화하고 있습니다. 이동식 책상과 의자는 물론 자유롭게 공간을 분리·확장할 수 있는 폴딩 도어 설치 등으로 수업 목적에 따라 다양하고 유연한 융복합형 학습 배치가 가능한 공간으로 변화하고 있습니다.

도서관, 과학실, 예술공작실 등 교실 밖 공간도 디지털 기술과 접목되어 변모하고 있습니다. 도서관에는 태블릿으로 전자책을 읽는 디지털 열람 구역을 만들거나, 과학실에는 VR로 위험한 실험을 안전하게 체험하거나 AR로 화산 폭발이나 화석 발굴 과정을 시각화하는 활동이 가능한 시설을 갖추

○ 그린 스마트 미래 학교_포천 화현초등학교 AI 융합 교실

기도 합니다. 이런 미래형 학습 환경에서 아이들은 교과서 지식을 넘어 프로젝트와 체험 중심의 깊이 있는 학습 기회를 가질 수 있습니다.

디지털 교실의 빛과 그림자

지금까지 살펴본 것처럼 AI와 디지털 기술이 바꾸어 놓은 교실은 우리 아이들에게 많은 가능성을 열어 주고 있습니다. 멀티미디어 자료로 학습 흥미가 높아지고, 개인별 맞춤 학습으로 자기 속도에 맞게 성장할 수 있습니다. 또한 온라인 협업 도구로 의사소통 능력도 향상됩니다.

하지만 그 이면에는 우리가 주의 깊게 살펴야 할 문제들도 있습니다. 가장 큰 우려는 과도한 스크린 노출에 따른 부작용입니다. 장시간 디지털 기기를 사용하면 아이들의 시력이 나빠지거나 집중력이 저하될 수 있습니다.

또한 디지털 자료에만 의존한 학습은 아이들이 몸으로 직접 경험하고 느끼는 활동을 줄여, 체험을 통한 학습 기회를 제한할 수도 있습니다. 특히 저학년 아이들은 오감을 통한 직접 경험이 매우 중요한데, 디지털 기기에 지나치게 의존하면 이런 활동이 줄어들 수 있다는 우려가 큽니다. 디지털 수업이 늘어날수록 이 부분이 소홀해지지 않도록 주의해야 한다고 전문가는 조언합니다.

결국 디지털 교육의 효과는 그것을 어떻게 활용하느냐에 달려 있습니다. 장점은 극대화하고 한계는 보완하는 균형 잡힌 접근이 필요합니다. 교실에서는 디지털 활동과 아날로그 활동을 균형 있게 배치하고 수업 중간에 스크린 없는 시간을 두어 눈을 쉬게 하는 등 AI·디지털 시대에 맞는 학습 기준과 규칙에 대한 논의도 함께 이루어져야 합니다.

문밖의 학부모가 안으로 들어가는 법: 디지털 교실 이해하기

"아이가 학교에서 태블릿으로 뭘 하는지 잘 모르겠어요."
"디지털 교과서가 정확히 뭔가요? 종이 교과서는 이제 안 쓰나요?"
"학교에서 AI를 사용한다고 하는데, 그게 정말 좋은 건가요?"

이런 질문은 학부모님들이 느끼는 교실과의 거리감을 보여 줍니다. 디지털 기술이 교실에 도입되면서 학부모님들은 종종 문밖에 서서 안을 들여다보는 것 같은 답답함을 느낍니다. 정확한 정보가 부족하거나 명확한 이해가 어려워 발생하는 불안과 거부감도 함께합니다.

학부모님들이 교실의 변화를 잘 이해하지 못하는 데에는 몇 가지 이유가 있습니다. 첫째, 자신이 겪었던 학창 시절과 현재 교실의 간극이 크기 때문입니다. 둘째, 학교와 가정 간의 소통이 충분하지 않은 경우가 많습니다. 셋째, 디지털 교육에 대한 불안과 우려를 담은 정보가 확산하면서, 부모들의 혼란과 걱정을 키우는 경우도 있습니다. 이처럼 잘못된 정보와 오해로 문밖에 머무르지 않고 학교와 가정의 간극을 좁히고 자녀의 배움 과정에 더 가까이 다가가는 방법은 없을까요?

❶ 학교 디지털 교육의 실제 모습 알아보기

학교 공개 수업이나 교육 과정 설명회에 적극적으로 참여해 보세요. 모든 학교에서 디지털 도구 체험 기회를 제공하는 것은 아니지만 학교 활동에 관심을 두고 참여하면 아이들의 학습 환경을 더 잘 이해할 수 있습니다. 담임 선생님과의 상담이나 학부모 간담회 시 디지털 교육에 대해 구체적으로 질문해 보는 것도 좋은 방법입니다.

❷ 아이와의 구체적인 대화로 교실 들여다보기

"오늘 학교에서 태블릿으로 뭐 했어?", "그 AI 수학 프로그램은 어떻게 문제를 내주었지?" 등 구체적인 질문으로 대화를 시작해 보세요. 아이가 디지털 학습 경험을 말로 설명하면서 자신의 배움을 정리하고 학부모님은 교실 안에서 일어나는 일을 간접적으로 경험할 수 있습니다.

❸ 디지털 교육의 목적과 가치 이해하기

디지털 도구는 단순히 편리함을 위한 것이 아니라, 미래 사회에 필요한 역량을 키우기 위한 것임을 이해하는 것이 중요합니다. 정보 검색과 선별 능력, 창의적 표현, 협업 역량 등은 디지털 시대에 매우 중요합니다. 아이들이 디지털 도구를 통해 어떤 역량을 키우고 있는지 관심을 가져 보세요.

❹ 가정에서 함께 디지털 역량 기르기

학교와 가정에서 디지털 도구 사용의 균형을 이루고, 학교에서 배운 디지털 역량을 바탕으로 창의력을 발휘할 수 있는 가족 활동을 계획해 보는 것도 좋습니다. 일상생활에서 디지털 도구를 어떻게 활용할지 아이와 함께 고민하며 실천해 나가는 것도 좋은 방법입니다.

❺ 학부모의 디지털 리터러시 키우기

학부모님도 새로운 디지털 도구와 교육 방식에 대해 배워 보세요. 유네스코(UNESCO) 보고서에 따르면 가정에서 부모가 디지털 학습에 적극적으로 참여할수록 자녀의 학업 성취가 높아지고 학습 태도에도 긍정적인 영향을 줍니다.[11] 학부모 대상 디지털 교육 프로그램이나 온라인 강좌를 활용하는 것도 좋은 방법입니다.

교실 문을 열고 함께 걸어가기: 학부모의 역할

"제가 어렸을 때는 이렇게 배우지 않았는데, 이게 맞는 방법일까요?"
"디지털만 사용하면 기초 학력이 떨어지지 않을까 걱정돼요."
"학교에서의 디지털 활동이 집에서의 스마트폰 중독으로 이어질까 봐 불안해요."

이런 고민은 많은 학부모님이 공통으로 느끼는 감정입니다. 불안하고 혼란스러울 수 있지만 이런 감정은 아이를 향한 관심과 사랑에서 비롯된 자연스러운 반응입니다. 교실의 변화를 이해하고 수용하는 과정은 학부모님에게도 배움의 여정입니다. 우리가 어린 시절 익숙했던 교실의 모습을 잊는 일은 쉽지 않지만 아이들이 살아갈 미래를 위해 필요한 변화라면 우리도 그 흐름을 이해하고 함께할 필요가 있습니다.

처음에는 디지털 교육에 대한 걱정이 앞서기 마련이지만 학교 현장을 직접 살펴보고 교사와 아이들의 이야기에 귀 기울이다 보면 새로운 관점을 발견하게 됩니다. 결국 디지털 기술은 도구일 뿐 그것을 어떻게 의미 있게 활용하느냐가 핵심이기 때문입니다. 학부모님이 새로운 교육 여정에 함께할 때 아이들의 배움은 더 깊어지고 더 큰 힘을 얻게 될 것입니다.

교실 문밖에 서서 불안해하기보다, 그 문을 열고 들어가 아이들의 세계를 이해하려고 노력할 때 더 좋은 학부모가 될 수 있습니다. 디지털 교육의 장점을 살리고 한계를 보완하는 지혜로운 안내자가 되어 아이들이 디지털 시대에 균형 잡힌 인재로 성장할 수 있도록 돕는 것이 오늘날 학부모의 역할일 것입니다.

오래된 집을 리모델링할 때처럼, 교육의 변화 앞에 선 우리에게는 익숙한 것을 떠나보내는 아쉬움과 새로운 가능성에 대한 기대가 동시에 존재합니다. 낡은 벽을 허물고 새 창을 내는 과정이 먼지와 소음으로 다소 불편할 수는 있지만, 그 결과 더 많은 빛과 새로운 전망을 얻을 수 있지요. 지금 학교는 디지털 교육을 통해 아이들의 배움을 새롭게 리모델링하고 있습니다. 이 과정에서 학부모님은 가정이라는 공간에서 아이들의 배움을 함께 설계하고 지원하는 든든한 건축가이자 동반자가 되어야 합니다. 아이들이 더 넓은 세상과 무한한 가능성을 발견할 수 있도록, 지금은 곁에서 함께 배우고 걷는 지혜가 필요한 때입니다.

초등, AI·디지털 교육의 골든타임

"초등학교 때는 책 읽기나 공부 습관 같은 기본이 더 중요하지 않을까요? 벌써 AI 수업이나 코딩 교육을 하는 건 너무 빠른 건 아닌지 걱정스럽습니다."

최근 학부모 간담회를 하면 자주 듣는 질문 중 하나입니다. 언론에서 많이 언급된 AI 디지털 교과서 도입 논란은 물론 AI 기술의 급격한 변화 소식 등으로 불안감이 높아진 학부모님들에게 초등학교에서 코딩 교육이나 AI를 활용한 수업 진행을 안내하면 점점 더 빨라지는 디지털 교육 속도가 정말 옳은 것인지 불안을 호소합니다. 아이들이 잘 따라갈 수 있을지, 이러한 교육이 진짜 필요한지에 대한 우려가 깊어지고 있습니다.

하지만 이러한 불안의 근본적인 이유는 아이들의 능력 부족이 아니라, 부모들이 느끼는 세대적 거리감에서 비롯된 것입니다. 세계적인 교육 사상가 마크 프렌스키(Marc Prensky)는 "오늘날의 아이들은 어른들이 디지털 이민자로 뒤늦게 익힌 언어를 태어나면서부터 자연스럽게 사용하는 디지털 네이티브다. 그들에게 디지털 교육은 '빠른' 게 아니라 오히려 '적절한' 때 이루어지는 교육이다."라고 말했습니다.[12]

🖱️ 뇌과학이 말하는 디지털 교육의 최적기

과학적 연구에 따르면 초등학교 시기는 아이들의 논리적 사고력, 문제 해결력, 계산적 사고력이 비약적으로 발달하는 단계입니다.[13] 인지심리학자 피아제(J. Piaget)의 이론에 따르면, 6~12세에 해당하는 구체적 조작기 아이들은 제 생각을 보다 체계적으로 구성하고 논리적으로 추론하는 능력을 갖추게 됩니다.[14] 이 시기의 아이들은 사물을 논리적으로 분류하고, 인과 관계를 이해하며, 눈앞의 구체적 대상이 없어도 개념적으로 사고할 수 있는 능력을 갖추게 됩니다.

이러한 구체적 조작기의 인지 발달은 컴퓨팅 사고(computational thinking)와 프로그래밍 학습의 중요한 토대가 됩니다. 특히 다음의 세 가지 측면에서 깊은 연관성을 가지고 있습니다.[15]

첫째, 논리적 분류 능력이 컴퓨팅 사고의 핵심인 알고리즘적 사고를 위한 기반이 됩니다.

아이들은 사물이나 정보를 일정한 기준에 따라 범주화하고 체계적으로 조직할 수 있게 되며, 프로그래밍 또한 문제 해결을 위해 필요한 절차를 단계별로 구분하고 논리적으로 구성하는 과정이기에 아이들이 프로그래밍에서 요구되는 논리적 구조를 보다 쉽게 이해하고 습득할 수 있습니다.

둘째, 이 시기에 발달하는 인과 관계의 이해 능력은 프로그래밍에서 사용하는 조건문과 반복문과 같은 논리적 구조와 밀접하게 연결됩니다.

이 시기의 아이들은 원인과 결과의 관계를 점차 논리적으로 파악하며,

프로그래밍의 '만약 ~라면(if), 그렇지 않다면(else), 반복(loop)'과 같은 명령 구조를 보다 자연스럽게 이해하고 적용할 수 있게 됩니다.

셋째, 구체적 대상 없이도 개념적으로 사고할 수 있게 되는 능력은 컴퓨팅 사고에서 요구하는 추상화 능력을 기르는 데 중요한 토대가 됩니다.

이 시기의 아이들은 구체적인 사물이 눈앞에 없어도 머릿속으로 문제 상황을 상상하고 분석하는 능력이 점차 발달합니다. 그렇기 때문에 프로그래밍이나 디지털 학습 과정에서 문제를 개념적으로 이해하고 핵심만을 추려내는 추상화 능력을 효과적으로 발달시킬 수 있습니다.

이러한 인지적 특성은 뇌의 가소성(brain plasticity)과도 밀접한 관련이 있습니다. 두뇌 가소성은 뇌가 새로운 자극이나 학습 경험에 반응하여 신경 회로를 재구성하는 능력을 의미합니다. 초등학교 저학년 시기의 아동들은 두뇌 가소성이 특히 높아 새로운 개념이나 기술을 빠르고 효과적으로 흡수할 수 있습니다.[16] 이처럼 두뇌 발달이 가장 활발한 초등학교 시기는 디지털 교육을 시작하기에 가장 적절한 시기, '디지털 교육의 최적기'입니다. 이 시기에 적절한 디지털 학습 경험을 제공하면, 아이들의 신경망이 효과적으로 활성화되어 향후 고급 인지 능력을 발달시키는 데 중요한 기반이 됩니다.

아이들이 외국어를 배우는 과정을 떠올려 봅시다. 어른들은 문법과 단어를 암기하며 힘겹게 공부하지만, 아이들은 자연스럽게 언어를 습득합니다. 초등학생들이 컴퓨팅 사고와 프로그래밍을 받아들이는 방식도 이와 비슷합니다. 아이들은 마치 새로운 언어를 습득하듯이 코딩과 디지털 개념을 자연스럽게 배우고 이해할 수 있습니다. 미국 하버드 대학의 연구에서도 어린 시절 코딩 교육을 받은 아이들이 문제를 작은 조각으로 나누어 체계적으로 접근하고 해결하는 능력이 크게 향상되는 것으로 나타났습니다.[17]

실제로 코딩은 우리가 생각하는 복잡한 프로그래밍 언어가 아닙니다. 초등학생들은 '스크래치'나 '엔트리' 같은 블록형 코딩 도구를 통해 코딩에 쉽고 재미있게 접근합니다. 레고 블록을 끼워 맞추듯 블록을 배열하면서 게임이나 간단한 애니메이션을 만들며 논리력을 키웁니다. 즉, 초등학생들이 배우는 디지털 교육은 아이들이 흥미롭게 참여하면서 자연스럽게 습득할 수 있는 수준에서 진행되고 있습니다.

디지털 기기 노출 현실에 따른 초등학교 디지털 교육의 필요성

초등 시기 디지털 교육의 필요성은 이미 현실에서 아이들이 디지털 기기에 노출되는 현황을 통해 더욱 분명해집니다. 지금은 초등학생뿐 아니라 유아기 아이들까지 일상적으로 스마트폰과 태블릿 등 다양한 디지털 매체를 접하는 이른바 '디지털 네이티브(digital native)' 세대입니다.[18]

국내 조사에 따르면 3~9세 어린이의 절반 이상이 만 2세 이전에 이미 TV나 스마트폰 사용을 시작했으며, 특히 3~4세 유아 중 절반 가까이가 두 돌 전에 스마트폰을 접했습니다.[19] 이는 세계보건기구(WHO)가 권고한 '만 2세 미만 영유아의 스크린 노출 금지' 기준이 현실적으로 지켜지기 어렵다는 점을 명확히 보여 줍니다.[20]

더 나아가 학령 전후 아이들의 디지털 기기 이용률은 우리가 상상하는 것보다 훨씬 높습니다. 한국언론진흥재단의 '어린이 미디어 이용 조사'에 따르면 최근 일주일 동안 스마트폰을 사용한 3~9세 어린이는 무려 82.8%에 달하는 것으로 나타났습니다. 태블릿 PC 사용률은 62.6%, 컴퓨터 사용률도 41.6%에 이르렀습니다.[21]

이는 유치원이나 초등학교 저학년 어린이 상당수가 스마트폰뿐만 아니라 태블릿, 인공 지능 스피커, 컴퓨터 등 다양한 인터넷 연결 기기를 이미 능숙하게 다루고 있다는 사실을 시사합니다. 현실적으로 디지털 환경에 처음 노출되는 연령이 점점 낮아지고 있으며, 초등학교에 입학할 즈음이면 아이들 대부분이 여러 디지털 기기에 친숙한 상태가 되는 것입니다.

해외 주요 국가의 상황도 크게 다르지 않습니다. 유니세프(UNICEF)에 따르면 전 세계 인터넷 이용자의 3명 중 1명이 만 18세 미만의 아동이라고 보고할 만큼 오늘날 아동·청소년이 온라인 환경을 활용하는 비중이 큽니다.[22] 미국의 한 조사에서도 8세 이하 어린이의 51%가 자신의 스마트폰이나 태블릿을 가지고 있고, 만 4세 아동의 58%가 개인용 태블릿을 소유하고 있는 것으로 나타났습니다.[23] 이처럼 국내외를 막론하고 아이들은 이미 유아기부터 디지털 세계 속에서 성장하고 있습니다.

문제는 이렇게 이른 시기의 디지털 노출이 교육적으로 적절하게 관리되지 않으면 나타나는 부작용입니다. 실제로 우리나라의 경우, 스마트폰을 사용하는 3~9세 어린이 4명 중 1명이 과의존 위험군에 속한다는 조사 결과도 있어,[24] 보호자의 적절한 지도와 관리가 절실합니다. 이런 이유에서 초등학교에서의 체계적인 디지털 리터러시(digital literacy) 교육이 더욱 강조되는 것입니다.

결국 디지털 환경은 이미 우리 아이들 삶의 일부가 되었으며, 이를 교육적으로 올바르게 관리하고 지도하는 것이 가장 현실적인 대응입니다. 아이들이 디지털 기기를 단순히 소비하고 수동적으로 수용하는 것을 넘어, 창의적으로 활용하고 올바른 사용 습관을 기를 수 있도록 학교와 가정에서 함께 돕는 역할이 필요합니다. 특히 초등학교 시기에 형성된 바람직한 디지털 사용 습관은 청소년기뿐 아니라 성인이 되어서까지 이어지며, 평생의 디지털 생활을 좌우할 만큼 중요한 기반이 됩니다.

학교에서 실제 배우는 디지털 수업은 어떤 모습일까?

초등학교 교실을 직접 들여다보면 부모님들이 우려하는 정도의 어려운 프로그래밍 언어 수업은 없습니다. 아이들이 배우는 것은 블록형 코딩으로 간단한 명령어를 조합해 스스로 문제를 해결하는 과정입니다. '길 찾기 게임'을 통해 원하는 목표까지 캐릭터가 도착하도록 명령어 블록을 배열하는 것과 같은 활동이지요. 이러한 활동을 통해 아이들은 자연스럽게 논리적 사고와 문제 해결력을 기릅니다.

AI 교육 또한 어렵지 않습니다. 초등학교에서는 사진 속 동물을 인식하는 AI가 어떻게 작동하는지, AI가 왜 가끔 실수하는지를 배우며 AI의 한계와 가능성을 자연스럽게 이해합니다. 복잡한 알고리즘을 다루는 것이 아니라 일상생활 속에서 AI 기술을 어떻게 올바르게 활용할 수 있는지 이해하는 수준에서 이루어지고 있습니다. 이렇게 실제 수업 내용은 어렵지 않고 아이들의 수준에 맞게 설계되어 있음을 확인할 수 있습니다.

우리나라의 디지털 교육 속도, 정말 빠를까?

우리나라의 디지털 교육 도입 속도는 세계적인 흐름과 비교하면 결코 빠르지 않습니다. 에스토니아는 이미 초등 1학년부터 코딩을 시작하고 있으며, 핀란드는 수학이나 미술과 같은 기존 교과에 자연스럽게 코딩을 융합해 가르치고 있습니다.[25] 또한 영국은 초등학교부터 두 가지 이상의 프로그래밍 언어를 접하게 하고 있습니다.[26] 일본 역시 초등학교 저학년부터 코딩을 필수 교육으로 도입하여 점점 교육의 범위를 확대하고 있습니다.[27] 미국도 AI를 포함한 컴퓨터 과학 교육 프로그램을 유치원 단계부터 운영하며 어린 나이부터 AI 기술과 친숙해지도록 돕고 있습니다.[28]

이러한 국제적 흐름을 볼 때, 우리나라의 초등 디지털 수업 도입은 늦지도 빠르지도 않은 적정 수준이라고 할 수 있습니다. 국제적 경쟁력을 갖추고 아이들이 미래의 변화에 능동적으로 대응하기 위해서는 지금의 디지털 교육이 필수적이라고 전문가들도 입을 모읍니다.[29]

하지만 아이들이 배우는 디지털 교육 속도가 적정하다고 해도, 부모님의 불안은 여전히 존재합니다. '혹시나 디지털 수업 때문에 아이들의 기초 학습이 흔들리지 않을까?', '건강 문제는 없을까?' 하는 걱정들이 그것입니다.

학교는 이러한 학부모님들의 우려를 인지하고 있으며, 실제로 아이들의 기초 학습을 병행하며 디지털 교육을 진행합니다. 기초 수학이나 읽기, 쓰기 등 기본적인 학습을 더욱 탄탄히 다지며, 그 위에 디지털 학습을 쌓아 가는 방식입니다. 또한 학교 현장에서는 디지털 기기를 지속해서 사용하는 것이 아니라, 다양한 놀이와 체험 활동을 병행하여 균형 잡힌 교육을 하고 있습니다.[30]

제3장에서 소개되는 다양한 아날로그 놀이 활동은 가정에서도 디지털 교육의 균형을 맞출 수 있는 방법입니다. 아이들의 디지털 감각을 키우는 동시에 건강하고 균형 잡힌 발달을 지원하는 방법을 제시하는 것이 이 책에서 추구하는 목표입니다.

지금이 바로 아이들의 미래를 생각할 때

디지털 교육은 아이들이 미래를 준비하는 과정에서 필수적입니다. 현재 초등학생들이 사회에 나갈 때는 지금 존재하지 않는 새로운 직업과 환경 속에서 살아가게 될 것입니다. 이들에게 필요한 것은 단순히 컴퓨터를 잘 다루는 기술이 아닌 문제를 분석하고 해결하는 논리적이고 창의적인 사고력입니다.

학부모님이 느끼는 불안감은 자연스러운 현상입니다. 하지만 학교의 디지털 교육은 아이들의 발달 수준과 흥미를 반영하여 충분히 따라갈 수 있는 난이도로 이루어집니다. 더 중요한 것은 학부모님께서 학교에 디지털 교육을 맡기고 지켜보는 것에 그치지 않고, 학교의 디지털 교육 내용과 방법을 이해하고 아이와 함께 가정에서 실천하는 것입니다. 이런 관점에서 학교 디지털 교육의 구체적인 내용과 흐름을 제2장에서 안내하며, 가정에서 아이와 함께 실천할 수 있는 방법을 제3장에서 구체적으로 다룹니다.

학교와 가정이 함께 노력할 때 아이들은 디지털 기술의 단순 소비자가 아닌 창의적이고 바람직한 디지털 생활인으로 성장합니다. 부모님께서도 가정에서 디지털 활용 규칙을 정하거나 함께 간단한 디지털 프로젝트를 진행하면서 아이들의 성장을 적극적으로 지원해 주세요.

디지털 교육 속도,
학부모님의 보폭은 어떠한가요?

"디지털 소양을 높이고, 컴퓨팅 사고력(Computational Thinking)을 길러 주세요."

요즘 학교에서 보내오는 가정통신문이나 공지 사항을 보다 보면 익숙하지 않은 표현을 마주하게 됩니다. 학교 현장에서는 '디지털역량실천학교', 'AISW 체험주간', '디지털 원패스 가입', '온라인 코딩파티', '교육플랫폼', '에듀테크' 같은 디지털 관련 용어의 사용이 점점 늘고 있습니다. 익숙한 듯하지만 동시에 생소한 용어들 앞에서 어떤 마음이 드시나요?

얼마 전 학교 설명회에 참석한 학부모님들의 솔직한 이야기입니다.

"대략 무슨 말인지는 알겠는데, 구체적인 내용이나 방식은 잘 모르겠어요. 익숙하지 않은 용어들로 머릿속이 복잡했습니다."

"학교에서 E알리미로 쏟아지는 안내문을 읽다 보면, 아이가 배우는 내용인데도 이해하기 어려워 답답할 때가 있어요."

스마트폰과 SNS는 능숙하게 다루는 부모님들도 학교 현장의 AI·디지털 전환 앞에서는 주춤하게 됩니다. 그럴 수밖에 없습니다. 일상에서 사용하는 디지털과 교육에서의 디지털은 다르기 때문입니다. 더욱이 AI·디지털 교육 관련 에듀테크 분야는 부모 세대가 경험해 보지 못한 속도로 변화하고 있고, 처음 듣는 개념과 교육 방법이 끊임없이 등장하고 있기 때문입니다.

하지만 이제는 학부모인 우리도 변화에 맞는 걸음을 찾아야 할 때입니다. 자녀의 배움을 제대로 이해하고 뒷받침하기 위해 당황스럽고 불편한 상황에 유연하게 대처하기 위한 적극적인 태도가 필요합니다. 디지털 대전환의 시기, 학부모는 자녀와 함께 어떤 준비를 해야 할까요?

학부모는 무엇을 알고 준비해야 할까?

각자의 상황과 디지털 교육을 지원하기 위한 보폭은 다르더라도 모든 학부모가 공통으로 이해하고 준비해야 할 필수적인 영역들은 존재합니다. 디지털 기술의 세부 사항에 대한 완벽한 이해가 아닌 AI·디지털 교육에 대한 최소한의 이해와 안목이 그것입니다.

첫째, 디지털 시대 교육 철학과 방향성에 대한 이해가 필요합니다.

왜 지금 디지털 교육이 필요한지, 미래 사회가 요구하는 역량은 무엇이고 전통적인 교육과 디지털 교육이 어떻게 조화를 이뤄야 하는지에 대한 관점을 가져야 합니다. 이런 큰 그림을 이해해야 세부적인 교육 방법들에 대해서도 균형 잡힌 판단을 할 수 있습니다.

둘째, 교육 과정 변화에 대한 이해가 필요합니다.

2022 개정 교육과정에서 디지털 교육은 어떻게 변화했을까요? 단순히 컴퓨터를 다루는 기술 교육에서 벗어나 창의적 사고력, 문제 해결력, 협업

능력을 기르는 방향으로 바뀌었습니다. 학년별로 어떤 디지털 역량을 기르게 되는지, 평가 방식은 어떻게 달라졌는지에 대한 기본적인 이해가 필요합니다. 이를 알아야 아이가 학교에서 배워 오는 내용을 제대로 이해하고 지원할 수 있습니다.

셋째, 자녀의 학교에서 사용하는 디지털 교육 환경과 도구에 대한 이해가 필요합니다.

학교나 교실에서 사용하는 주요 플랫폼들, 교육용 AI 도구들이 무엇인지 알고 있어야 합니다. 모든 기능을 완벽히 익힐 필요는 없지만, 아이가 "오늘 패들렛으로 친구들과 생각을 공유했어요.", "AI로 그림을 그려 봤어요."라고 말했을 때 최소한 무엇에 대해 이야기하는지는 파악할 수 있어야 합니다.

넷째, 가정에서도 디지털 리터러시 교육이 연계될 수 있도록 학부모의 역할을 분명히 인식해야 합니다.

학교에서 배운 디지털 역량이 가정에서도 올바르게 발휘될 수 있도록 돕는 것이 학부모의 역할입니다. 특히 디지털 시민성, 디지털 균형, 정보 판단력은 가정에서 꾸준히 기르고 점검해야 할 핵심 영역들입니다. 이를 위해서는 학부모 자신도 이 영역들에 대한 기본적인 이해와 실천 능력을 갖춰야 합니다.

학교 디지털 변화에 적응하기

디지털 교육에 대한 이해를 바탕으로 다음과 같은 구체적인 실천 방법으로 학교의 디지털 변화에 적응해 보세요.

❶ 디지털 이야기 시간 정례화하기

주말이나 저녁 시간, 매주 한 번 정도 '디지털 이야기 시간'을 정해 대화를 나눠 보세요. 아이에게 한 주 동안 경험한 디지털 수업이나 활동을 이야기하게 하고, 학부모는 듣고 질문하며 함께 정리하는 시간을 갖는 것입니다. 이런 정례적인 대화는 아이에게는 배움을 돌아보는 기회가 되고, 학부모에게는 교육 변화의 흐름을 놓치지 않는 기회가 됩니다.

❷ 아이의 설명을 들으며 함께 탐색하기

디지털 이야기 시간을 통해 알게 된 정보를 아이와 함께 탐색하는 시간을 가져 보세요. 아이가 "오늘은 AI로 그림 그리는 활동을 했어요."라고 말했을 때, "어떤 프로그램이야?", "직접 해 보니까 어땠어?"와 같이 관심을 표현하고 아이의 설명을 먼저 들은 뒤 함께 찾아보거나 체험해 보세요. 학부모가 자녀와 함께 '배우는 부모'가 될 때 아이는 더 적극적으로 디지털 활동을 공유하게 됩니다.

어떻게 준비할 수 있을까?

자녀의 디지털 교육에 보폭을 맞추기 위해 학부모가 알아야 할 사항을 이해하는 것으로 모든 준비가 끝난 것은 아닙니다. 현재의 이해에 머물지 않고 자녀와 함께 지속해서 성장하기 위한 노력, 즉 지속 가능성이 핵심입니다. 단기간에 모든 것을 해결하려고 하기보다는 꾸준히 관심을 두고 조금씩 성장하는 것이 더 의미 있습니다. 아이도 하루아침에 디지털 역량을 기르는 것이 아니듯 학부모도 마찬가지이기 때문입니다.

그렇다면 디지털 교육에 대한 기본적인 이해를 바탕으로 학부모 자신의 디지털 역량은 어떻게 신장할 수 있을까요?

첫째, AI·디지털 리터러시를 키우는 것이 가장 근본적인 방법입니다.

기초적인 디지털 소양 체크리스트를 활용해 디지털 교육에 대한 학부모님의 준비도를 확인해 보세요. 부족한 부분이 있다면 AI 교육 관련 온라인 강의나 웹사이트를 통해 학습할 수 있습니다. 교육청이나 지역 도서관에서 운영하는 부모 대상 디지털 교육 프로그램에 참여하는 것도 좋은 방법입니다. 또한 디지털 교육 관련 도서나 자료를 통해 체계적으로 학습할 수도 있습니다.

둘째, 정보 접근과 활용 능력을 기르는 것도 중요합니다.

신뢰할 만한 디지털 교육 정보원을 구분하는 방법을 익혀야 합니다. 교육부, 교육청, 한국교육학술정보원 등 공신력 있는 기관의 자료를 우선으로 참고하세요. 온라인 부모 커뮤니티나 교육 자료를 활용할 때도 정보의 출처와 신뢰성을 확인하는 습관을 가져야 합니다. 학교에서 주최하거나 안내하는 강연이나 워크숍에도 적극적으로 참여해 보세요. 직접적인 소통을 통해 얻는 정보가 더 정확하고 실용적입니다.

셋째, 아이와의 디지털 소통력을 강화하는 것이 무엇보다 중요합니다.

아이가 학교에서 경험한 디지털 활동에 대해 구체적으로 물어보고 함께 이야기 나누는 시간을 가져 보세요. 학교생활에 대한 대화 중 새로운 디지털 도구 활용에 관한 얘기가 나오면 "어떤 프로그램을 사용했니?", "그 활동을 하면서 어떤 기분이었니?", "어려운 부분은 없었니?" 같은 질문들을 통해 아이의 경험을 이해하려고 노력하세요. 때로는 자녀를 통해 새로운 디지털 도구의 종류를 알게 되거나 사용 방법을 접할 수도 있습니다. 이런 순간들을 부담스러워하지 말고 함께 배우는 자세로 접근해 보세요.

자기 진단을 위한 체크 포인트

아이의 디지털 교육을 효과적으로 지원하고, 앞으로 나아갈 방향을 설정하기 위해 다음 질문들을 통해 종합적으로 진단해 보시길 바랍니다.

현재 상태 진단
- 새로운 디지털 도구나 프로그램을 처음 접했을 때, 어떤 감정이나 생각이 먼저 드는가?
- 아이가 학교에서 배우는 디지털 활동들에 얼마나 관심을 보이고 있는가?

정보 판별 및 선택 역량
- 어떤 정보가 진정 도움이 되고, 아이에게 의미 있는지 구별하는 기준이 있는가?
- 교육에 빠르게 쏟아지는 디지털 정보 중 내가 꼭 집중해야 할 핵심은 무엇인가?

소통 및 실행 방안
- 아이의 디지털 학습 과정에서 학부모의 역할은 무엇인가?
- 아이와 효과적인 디지털 소통을 위해 학부모인 나는 어떤 기준과 방법을 선택해야 하는가?

이 질문들에 대한 답을 정리하면서 자신만의 접근 방식을 확인해 보세요. 모든 답이 완벽할 필요는 없습니다. 무엇보다 중요한 것은 아이의 디지털 학습에 함께 참여하고, 배우며 성장하려는 부모의 태도입니다. 그런 마음가짐이야말로 아이의 든든한 조력자가 되는 첫걸음입니다.

AI와 교사, 협력의 시대가 오다

> "우리는 아이들에게 아직 존재하지 않는 직업을 위해, 아직 발명되지 않은 기술을 사용하도록 준비시키고 있다."
>
> _ 리처드 라일리(Richard Riley), 전 미국 교육부 장관

AI 교사가 무엇일까? 로봇 선생님일까?

'AI 교사' 하면 TV나 영화에 등장하는 로봇 교사가 가장 먼저 떠오르실 겁니다. '교사와 AI 교사가 협력하는 시대'라 하면 교실에 있는 두 명의 교사, 사람 교사와 휴머노이드 형태의 로봇 교사를 떠올리실 겁니다. 하지만 이미 AI 교사는 우리 아이들의 교실에 조용히 들어와 있습니다.

AI 교사란 쉽게 말해 인공 지능이 탑재된 교육용 프로그램입니다. 로봇처럼 생겼을 수도, 그렇지 않을 수도 있지만, 중요한 건 외형이 아니라 작동 방식입니다. 주로 태블릿이나 컴퓨터에서 실행되는 AI 기반 소프트웨어로, 사람처럼 학습하고 판단하며 적응하는 인공 지능 기술을 활용합니다. AI 교

사는 아이들의 학습 패턴을 분석하고, 개인에게 맞는 맞춤형 학습을 제공하기 위한 목적을 가진 프로그램입니다.

AI 교사의 가장 큰 특징은 '학습 능력'입니다. 일반 교육 프로그램은 미리 정해진 내용만 보여 주지만, AI 교사는 아이가 어떤 문제를 잘 풀고 어떤 부분에서 어려움을 겪는지 계속 기록하고 분석합니다. 그리고 이를 바탕으로 각 아이에게 가장 적합한 학습 자료와 문제를 제공합니다. 예를 들어, 영어 단어를 외울 때 일반 학습 앱은 모든 아이에게 같은 순서로 같은 단어를 제시하지만, AI 교사는 "이 아이는 동물 관련 단어는 잘 외우지만 숫자 관련 단어를 자주 틀리는구나. 숫자 단어를 더 자주 복습시켜야겠다."라고 '판단'하고 학습 내용을 '조정'하는 차이점을 나타냅니다. 실제 학교와 교실에서는 다양한 AI 교사 프로그램을 활용하고 있습니다. 그중 몇 가지를 간략히 살펴보면 다음과 같습니다.

❶ 학생 학습을 지원하는 AI 교사

이러한 AI 교사들은 태블릿이나 컴퓨터에서 작동하며 아이들은 이들과 상호 작용하며 배우도록 지원합니다. 마치 개인 과외 선생님이 옆에서 지켜보며 도움을 주는 것과 비슷합니다.

- **국어 학습**
  「자작자작」: 생각 중심 글쓰기, 글감, AI 피드백, 디지털 북 발행까지 글쓰기 중심 수업을 지원하는 AI 기반 글쓰기 플랫폼입니다.

- **수학 학습**
  「클래스팅 AI」: 학생의 학습 데이터를 분석해 개별 맞춤 문제를 추천하고, 진단 평가 결과와 학습 리포트를 제공하는 AI 기반 학습 플랫폼입니다. 학생이 문제를 풀면 다음 학습 과제를 제안할 수 있고, 교사는 학생의 오답 유형을 학습 리포트나 대시보드를 통해 확인하여 지도할 수 있습니다.

● 영어 학습

「AI 펭톡」: EBS에서 제공하는 AI 영어 학습 도우미 앱으로 학생이 말하기 연습을 하면 AI가 발음과 표현력을 평가하고 피드백을 줍니다. 아이들이 영어를 자연스럽게 말할 수 있도록 도와줍니다.

○ 자작자작

○ 클래스팅 AI

○ AI 펭톡

② 교사를 돕는 AI 도구

● **클래스123**: 학생들의 학습 상황을 한눈에 파악할 수 있도록 학습 데이터를 종합해서 보여 주는 대시보드 기능을 제공합니다. 교사는 이 데이터를 통해 학생별 학습 참여도나 학생들이 어려워하는 영역을 쉽게 파악하고 효과적으로 지도할 수 있습니다.

● **클래스팅**: 학습 관리와 학습 분석 기능을 포함한 플랫폼으로, AI 기능을 활용해 교사가 학생별 학습 수준을 진단하고 맞춤형 학습을 설계하는 데 도움을 줍니다.

> 교사와 AI 교사는 어떻게 다른가?

AI 교사가 아무리 똑똑해도 교사(사람)를 완전히 대체할 수는 없습니다. 두 교사는 서로 다른 강점이 있고 서로의 강점으로 단점을 보완해 아이들의

교사의 강점	AI 교사의 강점
• 아이의 감정과 기분을 이해하고 공감할 수 있습니다. • 창의적인 질문과 생각을 끌어낼 수 있습니다. • 교육 과정을 유연하게 조정하고 상황에 맞게 가르칠 수 있습니다. • 가치관과 인성을 형성하는 데 도움을 줄 수 있습니다. • 아이들 사이의 협동과 소통을 끌어낼 수 있습니다.	• 지치지 않고 반복적으로 설명하고 연습 문제를 제공할 수 있습니다. • 아이의 학습 데이터를 체계적으로 기록하고 분석할 수 있습니다. • 아이 수준에 맞는 학습 자료를 빠르게 추천할 수 있습니다. • 시공간 제약 없이 언제든지 아이의 학습을 지원할 수 있습니다. • 실수 없이 일관된 평가가 가능합니다.

학습 효과를 상승시키는 역할을 할 수 있습니다.

이처럼 교사와 AI 교사는 서로 다른 점에서 고유한 강점을 가지므로, 각자의 강점을 살려 함께 일할 때 가장 좋은 결과를 만들어 낼 수 있습니다.

교실에서 이루어지는 교사와 AI 교사의 협력 유형

교사와 AI 교사는 여러 방식으로 함께 일할 수 있는데, 대표적인 협력 유형은 다음과 같습니다.

❶ 번갈아 가르치기

교사가 기본 개념을 먼저 설명하고, 이후 AI가 각 학생의 수준에 맞는 개별 문제와 맞춤형 피드백을 제공하는 형태입니다. 마치 의사가 환자의 증상을 진단한 후, 간호사가 진단에 맞게 환자의 상태를 지속해서 체크하고 돌보는 것과 비슷합니다. 예를 들어, 교사가 분수의 개념을 설명하면 학생들은 태블릿의 '클래스팅 AI'로 개인의 이해 수준에 맞춘 문제를 풀고 피드백을 받습니다. 교사는 AI의 분석 결과를 바탕으로 개별 지도가 필요한 학생들에게 더 집중하여 도움을 줄 수 있습니다.

❷ 동시에 다른 역할 맡기

교사와 AI 교사는 같은 수업 시간에 서로 다른 역할을 맡아 협력합니다. 과학 수업에서 교사는 식물 성장에 대한 기본 개념과 실험 목적을 안내하고, 학생들이 어떤 요소가 식물의 성장에 영향을 미치는지 탐구할 수 있도록 질문과 설명을 제공합니다. 동시에 학생들은 각자의 태블릿을 이용하여 AI 기반 시뮬레이션 앱에서 빛의 세기나 물의 양을 자유롭게 조정하며 식물이 자라는 모습을 관찰합니다. 이렇게 학생들은 교사의 설명을 듣는 동시에 각자의 속도에 맞게 학습 경험을 할 수 있습니다.

❸ AI가 조수 역할 하기

교사가 주도적으로 수업을 이끌고 AI 교사는 필요할 때 보조적으로 정보를 제공합니다. 사회 수업 중 교사가 세계 문화에 대해 설명할 때 전자 칠판과 연결된 AI가 관련 사진, 영상, 통계 자료를 실시간으로 보여 주거나 학생들의 추가 질문에 즉시 답을 찾아 보여 줄 수 있습니다. 이렇게 교사는 AI 교사의 보조를 바탕으로 더 깊이 있는 수업을 진행할 수 있습니다.

❹ 데이터 기반 맞춤 교육

AI 교사는 아이들의 학습 데이터를 수집·분석하고, 교사는 이를 바탕으로 더 효과적인 수업을 계획합니다. 또한 단원 평가 후 AI 교사가 개별 학생의 강점과 약점을 분석한 보고서를 제공하면, 교사는 이 데이터를 검토해 다음 수업을 계획합니다. 어떤 개념을 다시 설명해야 할지, 어떤 학생들에게 추가 지원이 필요한지를 효율적으로 파악할 수 있습니다.

이러한 다양한 협력 방식은 학교마다, 과목마다, 심지어 같은 교사라도 수업 상황에 따라 다르게 활용할 수 있습니다. 물론 현재 AI가 예시에서 설명한 역할을 완벽하게 구현하는 것은 아니지만, 기술은 지속해서 발전하고 있으며 점차 이와 같은 협력 방식을 더 효과적으로 지원할 것으로 예측됩니다. 중요한 것은 교사와 AI 교사가 각자의 강점을 살려 학생들에게 최상의 교육 경험을 제공하기 위해 지속해서 협력하고 발전해 나가는 것입니다.

AI 교사와 함께하는 교실, 한계를 넘어 새로운 미래로!

AI 교사가 교실에 들어오면서 우리 아이들의 학습 경험은 어떻게 달라질까요?

우선 25명 이상의 아이들이 모두 같은 내용을 배우던 전통적인 수업과 달리, AI 교사는 각 아이의 속도와 수준에 맞춰 학습 내용을 조정합니다. 빠르게 이해하는 아이는 지루함 없이 더 어려운 내용으로 나아갈 수 있고, 이해가 느린 아이는 충분한 시간을 가지고 기초를 다질 수 있습니다. 수업 중에 모르는 것이 있어도 손을 들고 기다릴 필요 없이, AI 교사에게 바로 물어보고 답을 들을 수 있기에 질문하기를 부끄러워하는 아이들에게 큰 도움이 됩니다.

AI 교사 앞에서는 틀려도 부끄러울 일이 없습니다. 아이들은 더 자유롭게 도전하고 실수를 통해 배울 수 있습니다. 이런 환경에서 아이들은 '실패를 두려워하지 않는 마음가짐'을 기를 수 있습니다. AI가 기초적인 설명과 연습 문제 채점을 담당하면, 선생님은 아이들의 창의성, 비판적 사고력, 사회성 발달 등 더 중요한 부분에 집중할 수 있습니다. 선생님이 아이 한 명 한 명에게 더 깊이 관여할 시간이 생깁니다. 하지만 장밋빛 미래만 기다리고 있는 것은 아닙니다. AI 교사에 대한 우려와 걱정이 많은 것도 사실이기 때문입니다. 다음은 매일경제 신문 기사[31]와 기사에 달린 댓글 일부입니다.

프로그램이 가진 한계와 AI 교사로 인한 학생들의 사고력 저하, 장난스럽지만 교사의 존재 가치에 대한 본질적 질문 등 몇 개 되지 않는 댓글 속에서도 아직 많은 문제점과 우려가 존재함을 확인할 수 있습니다. 빠르게

"선생님이 꼭 필요한가요?"
… 요즘 학생들, 수학 문제 막히면 카메라부터 '찰칵'

○○○ 기자
입력: ○○○○. ○○. ○○

수학 AI 학습 플랫폼 '콴다' 모르는 문제 스마트폰 촬영 시 AI가 5초 만에 풀이 과정 내놔
9개국 언어도 빠르게 인식 이용자 800만 중 670만이 해외 KT, 100억 투자·구독제 출시

gou4**** 2025.02.28 13:43
근데 찍으면 바로 나오는 게 좋은 걸까요? 그러면 너도나도 모르겠으면 다하는데요? 그럼, 생각의 폭이 좁아져요. 그러니 선생님께 물어보는 게 정답이에요.

twgu**** 2025.03.02 01:17
현 학생입니다. AI 정답률이 처참합니다.

ocea**** 2025.03.01 21:50
스스로 생각할 시간이 있어야 실력이 오르는데, 잘 쓰면 약 잘못 쓰면 독. 양면성이 있습니다.

owk**** 2025.03.01 11:29
세상이 변하는 거죠. 뭐, 거기에 맞춰서 변화되는 거고.

jjur**** 2025.03.04 11:07
문제집 풀다가 풀이 해답 보는 것과 뭐가 다르죠? 그럼 스스로 푸는 방법을 익힐 수 없는데??

변화하는 기술이지만, 그 속도만큼이나 보완해야 하는 빈 여백이 많은 것이 현실임을 부정할 수 없습니다. 하지만 우려와 걱정에도 불구하고 기술의 진보는 교사와 AI 교사 간 협력의 필요성을 더 많이 끌어내게 될 것입니다. 기술이 발전함에 따라 AI 교사는 아이의 학습 패턴뿐만 아니라 현재 부족하다고 판단되는 아이의 감정 상태까지 파악하고 그것에 맞게 반응할 수 있도록 발전할 수도 있을 것입니다.

아이가 지루해 보이면 더 흥미로운 콘텐츠를, 좌절감을 느끼면 더 쉬운 문제를 제시하는 식으로 아이의 반응에 따라 적응하는 모습도 보일 것입니다. 또한 VR·AR 기술이 AI와 결합해 책이나 교과서 속 지식을 눈앞에서 생생하게 체험할 수 있도록 몰입감 높은 학습 경험을 제공할 수도 있을 것입니다. 태양계를 직접 여행하듯 탐험하거나, 역사 속 중요한 순간을 목격하는 것처럼 말이지요.

AI 교사는 학습에 있어 학교와 가정의 경계를 점점 더 옅어지게 할 수 있습니다. 학교에서 배운 내용을 AI가 기억하고, 집에서도 그 연장선에서 학습을 이어 갈 수 있게 도와줄 수 있을 것입니다. 또한 미래에는 모든 아이가 완전히 같은 교육 과정을 따르기보다, AI의 도움으로 각자의 관심사, 적성, 학습 스타일에 맞는 맞춤형 교육과정을 경험하게 될 수 있을 것입니다. 그러나 무엇보다 중요한 것은 현재 기술의 한계를 어떻게 보완해 아이들의 배움과 삶에 유익하게 녹여 낼 것인지 교사와 학부모 모두 꾸준히 관심을 기울여야 한다는 점입니다.

교사와 AI 교사의 진정한 협력은 단순히 AI 교사의 기술을 잘 활용하는 데 그치지 않습니다. 교사의 인간적 공감 능력과 AI의 기술적 강점이 조화롭게 결합해 교육 활동이 이루어질 때, 아이들은 세상을 더 깊이 이해하고 자신의 잠재력을 발견하며 성장할 수 있습니다.

모든 아이가 자신의 속도와 방식으로 배울 수 있는 교육 환경에 적합한 협력적 AI 교사는, 결국 사람을 통해 완성된다는 사실을 잊지 말아야 할 것입니다.

생각해 보셨나요?
미래 공부를 위해 진짜 필요한 것

　2022년 8월 29일 미국 콜로라도주 푸에블로에서 열린 콜로라도 주립 박람회 디지털 아트 부문에서 AI가 생성한 작품이 사람의 작품을 제치고 우승하는 사건이 있었습니다. 알렌(Jason M. Allen)이라는 참가자가 이미지 생성 AI인 '미드저니(Midjourney)'를 이용해 만든 작품이 디지털 아트 및 디지털 합성 사진 부문에서 1등을 차지하며, 큰 화제가 된 것입니다. 최근에는 챗GPT가 미국의 대학 입학시험과 변호사 자격시험을 무난히 통과했다는 뉴스가 연이어 보도되기도 했습니다. 불과 얼마 전만 해도 상상 속에서나 가능했던 일들이 이제는 현실이 된 것입니다.
　이 사례들을 통해 우리는 이미 급속히 변화하는 AI·디지털 시대의 중심에 서 있다는 사실을 더 분명히 느낄 수 있습니다. 주목해야 할 점은 이런 변화 속에서 우리의 자녀가 알파 세대로 성장하고 있다는 사실입니다. 종이 교과서와 태블릿, AI 기반 학습 앱이 함께 활용되는 학교의 수업 장면처럼 부모 세대가 경험하지 못한 완전히 새로운 학습 방식이 아이들의 일상으로 자리 잡아 가고 있습니다.

그동안 우리는 올바른 양육법, 독서 교육, 엄마표 영어, 놀이 육아 등 전통적인 아날로그 방식의 교육 방법을 고민하며 자녀를 양육해 왔습니다. 아날로그 교육법은 전통적인 교육 이론과 더불어 수많은 부모가 오랜 시간 공유하고 축적해 온 경험 사례가 기반이 되었기 때문에, 부모만의 교육적 기준과 역할을 정립하는 데 큰 어려움은 없었습니다.

하지만 AI · 디지털 교육 분야는 아직 이러한 가이드나 축적된 사례가 부족합니다. 분명한 기준과 체계가 마련되지 않은 상태에서 부모 스스로 자녀 교육의 기준과 전략을 능동적으로 찾아 나서야 하는 상황이 된 것입니다. 아직 경험하지 못한 세상을 준비할 수 있도록 디지털 교육에 대한 안목과 이해를 갖춰야 하지만 부족하고 산재한 정보 속에서 부모의 혼란과 고민은 깊습니다.

이런 상황에서 자녀의 AI · 디지털 교육을 지원하기 위해 부모님들에게 필요한 것은 아이들에게 무엇을 가르칠지 생각하기 전 중요한 질문 한 가지를 스스로 던지는 것입니다.

"미래 사회에서 우리 아이들에게 정말 필요한 역량은 무엇일까?"

이 질문을 바탕으로 AI · 디지털 시대, 미래 공부의 본질은 물론 부모로서 갖추어야 할 명확한 안목과 태도에 대해 보다 깊이 있게 생각해 봐야 합니다.

미래의 상상을 현실로 만드는 6가지 핵심 역량

> "상상력은 지식보다 중요하다. 지식은 한계가 있지만, 상상력은 온 세상을 포용한다."
> _ 알베르트 아인슈타인(Albert Einstein), 물리학자

아인슈타인의 이 말처럼 상상력은 단순한 지식을 뛰어넘는 힘입니다. 상상력은 막연한 생각이나 꿈에서 저절로 생겨나지 않습니다. 아이들이 자유롭고 풍부한 상상력을 발휘하려면 이를 뒷받침하는 탄탄한 역량들이 필요합니다.

AI와 디지털 기술이 급속히 발전하며 이미 단순한 정보 습득은 인공 지능이 대체하고 있는 상황입니다. 예측 불가능한 속도로 발전하는 AI 앞에서 단순 암기로 지식을 쌓는 것은 무의미한 학습이 되었습니다.

우리 아이들에게 진짜 필요한 공부란 창의적으로 생각하고 문제를 주도적으로 해결하며 변화하는 세상에 유연하게 적응할 수 있는 역량을 갖추는 것입니다. 이를 위해 교육부는 2022 개정 교육과정을 통해 아이들이 반드시 키워야 할 여섯 가지 핵심 역량을 제시했는데, 이를 AI · 디지털 교육과 연계하여 살펴보면 다음과 같습니다.

첫째, 자기 관리 역량입니다.

아이가 스스로 목표를 정해 주도적으로 학습을 계획하며, 디지털 환경 속에서 자신의 행동과 학습을 조절할 수 있는 능력입니다. 이 역량은 AI 학습 앱, 태블릿, 온라인 콘텐츠 등 디지털 도구와 환경을 효율적이고 균형 있게 활용하며 스스로를 조절하는 데 필요한 핵심 역량입니다. 부모는 아이들이 디지털 도구 활용 계획을 스스로 세우고, 적절하고 책임감 있게 사용할 수 있도록 지속해서 격려하고 지지해 주어야 합니다.

둘째, 지식 정보 처리 역량입니다.

디지털 시대에는 넘쳐 나는 정보 가운데 신뢰할 수 있는 정보를 선별하고 비판적으로 판단해 활용하는 능력이 필수적입니다. 아이들은 디지털 생활 전반에서 정보를 수동적으로 소비하기 보다 스스로 탐색하고 판단하는 적극적이고 능동적인 태도를 가져야 합니다. 부모는 자녀와 일상적 대화와 질문을 통해 자녀가 정보를 주체적으로 탐색하고, 얻은 정보를 비판적으로 판단해 올바르게 활용하도록 도와야 합니다.

셋째, 창의적 사고 역량입니다.

문제를 새롭게 바라보고 독창적인 방법으로 해결하는 능력입니다. AI는 정보를 제공하지만, 창의적 접근과 독창적 해결책은 인간만의 몫입니다. 아이가 AI가 제공한 정보를 바탕으로 새로운 그림이나 이야기를 만드는 등 창의성을 발휘할 수 있도록 부모의 지지와 격려가 필요합니다.

넷째, 심미적 감성 역량입니다.

아무리 AI 기술이 발전해도 인간의 예술적 감성과 창의적 표현력은 대체할 수 없습니다. 디지털 도구를 활용해 창의적으로 예술 활동을 경험하고 표현할 수 있도록 부모는 아이들이 자유롭게 자신만의 감성과 생각을 표현하도록 격려해 주어야 합니다.

다섯째, 협력적 소통 역량입니다.

디지털 플랫폼과 온라인 협업 도구를 통해 타인과 생각을 나누고 의견을 조율하며 원활하게 소통하고 협력하는 능력입니다. 부모는 자녀가 온라인에서 다른 사람과 소통할 때 정중하고 명확하게 메시지를 전달하며 상대의 의견을 경청하며 존중하는 태도를 유지하도록 도와야 합니다.

여섯째, 공동체 역량입니다.

일본의 교육 혁신가 사토 마나부 교수는 배움은 혼자가 아니라, 타인과의 대화와 협력 속에서 깊어진다고 했습니다. 공동체 역량은 디지털 환경에서도 타인을 배려하고 책임감을 갖추며 공동의 목표를 위해 함께 행동하는 능력을 의미합니다. 온라인상에서 공동 프로젝트를 수행하거나 함께 목표를 이루기 위해 협력하는 태도가 중요합니다. 부모는 자녀가 디지털 환경 속에서도 책임감 있고 윤리적으로 행동하며, 다른 사람과 협력하는 디지털 시민으로 성장할 수 있도록 꾸준히 지도하고 격려해야 합니다.

이 여섯 가지 핵심 역량은 AI·디지털 시대를 살아갈 우리 아이들에게 필수적인 능력입니다. 부모님들은 이러한 역량을 정확히 이해하고 가정에서 균형 있게 키워갈 수 있도록 구체적인 전략과 기준을 마련해야 합니다. 디지털 환경 속에서 아이들이 바르게 성장하도록 올바른 안목과 태도를 갖추고 자녀와 함께 꾸준히 배우고 성장하기 위한 부모의 노력이 필요합니다.

AI·디지털 시대, 세상을 바꿀 아이들을 위해

미국의 청소년 과학자 기탄잘리 라오(Gitanjali Rao)는 미시건주 수질 오염 사태를 계기로 수질 내 납 성분을 즉시 검출하는 디지털 센서 '테터스(Tethys)'를 개발해 큰 주목을 받았습니다.[32] 또한 사이버 괴롭힘 방지를 위한 AI 앱 '카인들리(Kindly)'를 개발해 유니세프와 협력하는 등 디지털 기술로 사회 문제를 해결하는 창의적 성취를 이어 가고 있습니다.[33] 라오는 부모의 열린 태도와 다양한 경험을 장려하는 교육적 지원 속에서 어릴 때부터 창의적 사고와 사회적 책임감을 키울 수 있었습니다.[34]

영국의 닉 달로이시오(Nick D'Aloisio)는 15세에 뉴스 기사를 짧게 요약해 주는 모바일 앱 '섬리(Summly)'를 개발해 큰 인기를 끌었고, 불과 17세 나이에 야후에 약 3천만 달러에 앱을 매각하는 성과를 이루었습니다.[35] 닉은 자기주도적으로 프로그래밍을 독학하며 창의적 아이디어를 구현하는 데 성공했습니다. 부모는 일찍부터 그의 관심사를 알아보고 기술을 익히도록 적극 지원하는 동시에 컴퓨터 사용 규칙과 책임감을 함께 가르쳐 균형 잡힌 성장을 도왔습니다.[36] 이러한 사례는 몇몇 뛰어난 어린 인재의 특별한 이야기처럼 들릴 수 있습니다. 하지만 이런 성취의 이면에는 자녀의 성장을 위해 관심을 가지고 함께한 부모가 있다는 점에 주목해야 합니다.

우리 아이들은 누구나 AI · 디지털 시대를 주도적으로 살아가기 위한 핵심 역량을 충분히 키울 수 있고, 그 출발은 부모의 올바른 안목과 태도에서 비롯됩니다. 부모의 올바른 안목과 태도란 성취에만 주목하는 대신 자녀가 AI · 디지털 세상 속에서 배우고 성장하는 과정에 진심으로 관심을 기울이며 지속적인 격려와 따뜻한 지지로 함께하는 것을 의미합니다.

다시 한번 강조하고 싶은 것은 AI · 디지털 시대의 진정한 공부는 아이들이 스스로 미래를 만들어 가는 힘을 키우는 것이라는 점입니다. 부모가 올바른 안목으로 디지털 환경을 이해하고 자녀가 핵심 역량을 갖추도록 구체적 방법과 능동적 태도로 지원할 때 아이들은 상상 속 꿈을 현실로 만들 수 있습니다.

AI · 디지털이라는 낯설고 새로운 길에서, 아이와 함께 호기심 어린 질문을 던지고 열린 마음으로 배우며 창의적 도전을 격려하는 부모의 태도야말로 우리 아이들의 무한한 가능성을 현실로 이끄는 가장 든든한 길잡이가 될 것입니다.

한걸음 더 교실 속으로: 파이보 로봇과 함께하는 디지털 소양 수업

학교 자율 시간 진행된 3학년 디지털 소양 수업, 아이들은 휴머노이드형 로봇 '파이보'를 직접 조작하며 디지털 세상의 원리를 체험하고 익혔습니다. 크롬북으로 프로그램에 접속해 파이보 로봇의 눈 색깔을 바꾸고, 가슴에 나타날 글자를 입력하고, 로봇을 움직이게 하는 과정에서 교실은 아이들의 호기심으로 가득 채워집니다.

❶ 파이보와 함께한 배움의 단계

- **1단계**: 파이보의 눈 색깔과 글자를 바꾸며 디지털 정보의 표현 원리 이해하기
- **2단계**: 음악과 소리를 제어하며 멀티미디어 데이터 다루기
- **3단계**: 로봇의 움직임을 조정하며 명령의 순서와 결과의 관계 탐구하기

스스로 입력값을 수정하며 색과 글자를 조정하고, 친구의 문제를 함께 해결하는 모습이 자연스럽게 이어졌어요.

❷ 호기심과 즐거움 속에 자라는 디지털 역량

아이들은 흥미와 호기심 가득한 활동을 통해 정보를 디지털로 표현하고 다루는 힘, 멀티미디어를 제어하고 활용하는 감각, 문제를 나누고 해결하는 컴퓨팅 사고력을 자연스럽게 익히게 됩니다. 이처럼 디지털 적기 교육은 디지털의 작동 원리를 스스로 이해하고 문제 해결 과정을 즐길 수 있도록 돕는 데 의미가 있습니다.

이날 귀여운 파이보는 아이들의 배움을 확장시키는 교실 속 새로운 학습 파트너였어요. 작은 로봇 하나가 아이들의 눈빛을 반짝이게 한 시간, AI·디지털 시대 변화된 배움을 확인하는 순간입니다.

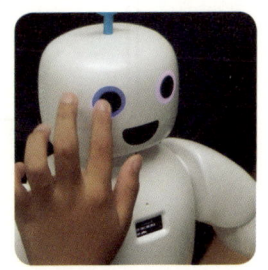

◆ 파이보 로봇 눈 색깔 바꾸기

제2장

들여다보다
지금 우리 아이는 AI 교실에 갑니다

AI 시대, 학교에서 무엇을 배우게 될까요?

국·영·수를 넘어 언어, 수리, 그리고 디지털 소양으로

우리나라에서 공부라는 단어를 들으면 자동으로 떠오르는 과목들이 있습니다. 바로 국어, 영어, 수학, 이른바 국·영·수입니다. 오랜 시간 입시 중심의 교육 시스템 속에서 형성된 자연스러운 반응입니다. 학교생활 12년 대부분이 대학 입시 준비 과정으로 최종 수렴하다 보니, 이 세 과목에 모든 관심과 에너지를 쏟는 것이 당연하게 느껴지는 것이지요.

하지만 잠시 입시라는 렌즈를 벗어나 볼까요? 학교에서 배우는 과목은 국·영·수 세 과목이 전부가 아닙니다. 사회, 과학, 예체능 등 모든 교과목은 각각 고유한 가치와 목표가 있습니다. 아이들이 균형 있게 성장하려면 특정 과목에 치우치지 않고 모든 교과의 목표와 가치를 존중하는 배움이 이루어져야 합니다.

초·중·고를 아우르는 교육 과정은 각 교과를 통해 길러야 할 능력을 구체적으로 제시하고 있으며, 이를 통해 최종적으로 갖추어야 할 핵심 역량을 명확히 제시하고 있습니다. 학교에서의 모든 교육 활동은 교육 과정을 기반으로 실행됩니다. 따라서 부모님들도 이제는 단순한 지식 전달을 넘어 실생활 문제를 해결할 수 있는 역량을 기르는 방향으로 변화하고 있는 교육 과정에 주목할 필요가 있습니다.

2024년 초등 1, 2학년부터 단계적으로 적용되기 시작한 '2022 개정 교육과정'은 기존 교육 과정과 비교하여 기초 소양의 개념에 큰 변화를 제시하고 있습니다.[37] 기존 교육 과정에서 기초 소양은 '읽기, 쓰기, 셈하기'를 의미했지만, 이제는 '언어, 수리, 디지털 소양'으로 변화된 것입니다. 이는 단순한 용어 변경이 아닌 미래 사회의 불확실성에 능동적으로 대응하고 평생 학습을 이끌어 갈 수 있는 실질적 역량을 갖추도록 교육의 중심축이 완전히 전환되었음을 의미합니다.

기초 소양	개념(안)
언어 소양	언어를 중심으로 다양한 기호, 양식, 매체 등을 활용한 텍스트를 목적과 맥락에 맞게 이해하고, 생산·공유 및 사용하여 문제를 해결하고 공동체 구성원과 소통하고 참여하는 능력
수리 소양	다양한 상황에서 수리적 정보와 표현 및 사고 방법을 이해, 해석, 사용하여 문제 해결, 추론, 의사소통하는 능력
디지털 소양	디지털 지식과 기술에 대한 이해와 윤리 의식을 바탕으로, 정보를 수집·분석하고 비판적으로 이해·평가하여 새로운 정보와 지식을 생산·활용하는 능력

○ '2022 개정 교육과정 총론' 주요 사항(시안)에 제시된 기초 소양

첫째, 언어 소양은 다양한 상황과 매체에서 정보를 이해하고 표현하며 타인과 소통·공감할 수 있는 능력입니다. 둘째, 수리 소양은 일상과 학습

속에서 수학적 사고를 활용하여 문제를 논리적으로 분석하고 합리적으로 해결하는 능력입니다. 셋째, 디지털 소양은 디지털 환경에서 정보를 비판적으로 이해하고 윤리적으로 활용하며 창의적으로 문제를 해결할 수 있는 능력을 말합니다.[38] 특히 디지털 소양은 빠르게 변화하는 AI·디지털 시대에 단순한 정보 검색과 활용에서 나아가 정보를 윤리적으로 평가하고 창의적으로 활용하는 데 필요한 능력으로 더욱 강조되고 있습니다.

세계 각국의 교육 선진국들도 이미 디지털 소양을 중심으로 교육을 재편하고 있으며, 우리나라 역시 이러한 흐름을 따르고 있습니다. 더 이상 국·영·수 시험 점수만으로 아이들의 경쟁력을 판단할 수 없습니다. 디지털 소양을 바탕으로 기술을 이해하고 문제를 창의적으로 해결하는 능력을 갖춘 아이들이 미래 사회를 주도하게 될 것입니다.

부모님들 역시 이 변화에 적응해야 합니다. 우리 아이들이 AI와 디지털과 관련하여 무엇을 배우고 있고, 그것이 왜 중요한지 이해하려는 태도가 필요합니다. 이제는 전통적인 국·영·수 중심의 교육이 아닌 디지털 소양을 중심으로 균형 잡힌 인재를 양성하는 교육의 흐름에 함께해야 합니다.

AI·디지털 리터러시란 무엇일까?

"엄마, 내 게임 아이디랑 비밀번호를 친구한테 알려 줬는데, 갑자기 접속이 안 돼요. 어떻게 해야 할까요?"

초등학교 5학년 민수가 걱정스럽게 엄마에게 말합니다. 민수는 단짝 친구가 게임을 도와주겠다며 아이디와 비밀번호를 요구하자 아무 생각 없이 알려 줬던 것입니다. 엄마는 침착하게 민수의 이야기를 듣고 상황을 파악한 뒤 말했습니다.

"비밀번호는 다른 사람에게 절대 알려 줘서는 안 되는 중요한 정보야. 앞으로는 더 신중하게 행동하자. 우선 비밀번호를 바꾸는 방법부터 엄마랑 같이 알아볼까?"

이처럼 아이들은 디지털 환경에서 다양한 상황과 문제를 경험합니다. 부모님들이 먼저 AI·디지털 리터러시를 이해해야 하는 이유가 바로 여기에 있습니다. AI·디지털 리터러시는 디지털 시대에 필수적으로 요구되는 복합적이며 통합적인 능력을 의미합니다. 단순히 디지털 기기나 프로그램을 다루는 기술 활용 능력을 넘어, 디지털 기술과 AI의 원리를 이해하고 정보를 정확히 평가하며, 문제를 효과적으로 해결하고 디지털 환경에서 책임 있게 행동하는 능력을 말합니다.

유네스코는 디지털 리터러시를 기기와 소프트웨어 조작, 정보와 데이터 이해, 커뮤니케이션과 협력, 디지털 콘텐츠 창조, 디지털 안전, 문제 해결의 여섯 가지 역량으로 제시하고, 전 세계적으로 이를 교육 과정에 통합할 것을 권장하고 있습니다.[39] 또한 세계경제포럼(WEF)은 디지털 기술을 배우고 활용할 줄 아는 능력이 미래 세상을 살아갈 아이들의 새로운 경쟁력이 될 것이라고 강조합니다.[40]

우리나라도 2022 개정 교육과정을 통해 AI·디지털 리터러시를 체계적으로 교육하여, 디지털 전환의 시대를 살아갈 학생들이 능동적이고 책임 있게 AI와 디지털 기술을 활용할 수 있도록 계획하고 있습니다.

'2022 개정 교육과정'에서 제시하는 AI·디지털 리터러시

2022 개정 교육과정에서는 아이들이 디지털 시대를 살아가는 데 꼭 필요한 능력으로 AI·디지털 리터러시를 강조하고 있습니다. 한국교육학술정보원(KERIS)은 「2022 개정 교육과정 디지털 리터러시 가이드라인」을 통해

다음과 같이 디지털 리터러시 구성 체계를 제시하고 있습니다.

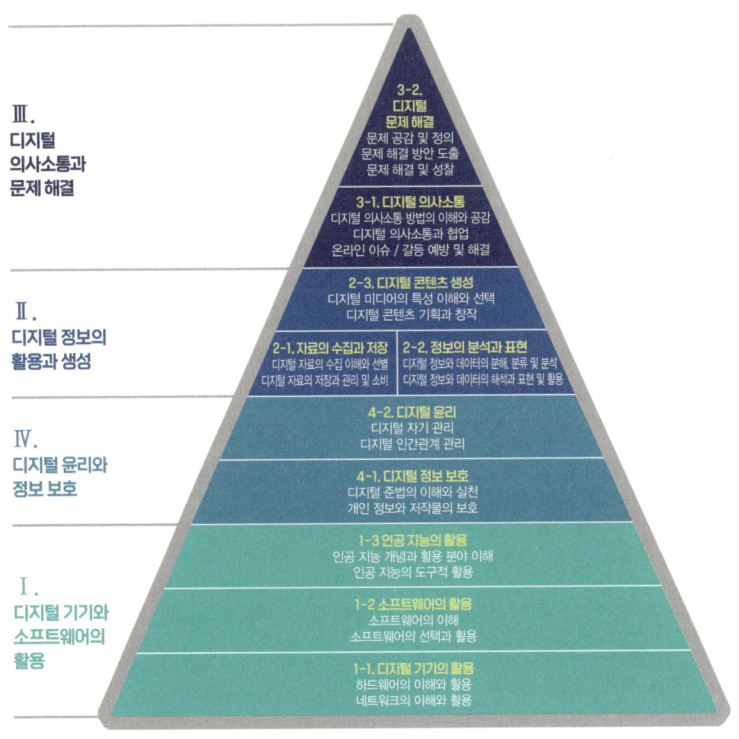

🔷 디지털 리터러시 구성 체계표

 디지털 리터러시 구성 체계표는 다소 복잡해 보이지만, 핵심은 명확합니다. AI·디지털 리터러시는 아이가 디지털 기기를 능숙하게 다루고, 정보를 비판적으로 살펴보며, 창의적으로 활용하는 능력입니다. 또한 온라인에서 효과적으로 소통하며 문제를 해결하고, 안전하고 윤리적으로 디지털 세상을 살아가는 능력으로 요약·정리할 수 있습니다.
 AI·디지털 리터러시를 구성하는 네 가지 영역을 좀 더 구체적으로 살펴보면 다음과 같습니다.

❶ 디지털 기기와 소프트웨어 활용하기

디지털 기기와 소프트웨어 활용 능력은 컴퓨터, 태블릿, 스마트폰 등 다양한 디지털 도구를 능숙하게 사용하고, 필요한 앱이나 소프트웨어를 바르게 선택하여 효과적으로 활용하는 능력입니다. 이를 위해 디지털 기기의 기본적인 조작법과 소프트웨어의 기능, 용도에 따른 활용 방법을 체계적으로 배우게 됩니다. 특히 인공 지능 기술을 기반으로 한 다양한 학습 도구나 소프트웨어를 이해하고 활용하는 방법도 포함해 배우게 됩니다.

❷ 디지털 정보를 활용하고 생성하기

디지털 정보 검색 및 활용 능력은 디지털 환경에서 신뢰할 수 있는 정보를 효과적으로 검색하고, 찾은 정보를 비판적으로 평가하여 올바르게 선택하는 능력입니다. 또한 이렇게 수집한 정보를 창의적으로 가공하고 표현하는 능력도 포함됩니다. 아이들은 교과 수업을 통해 신뢰할 수 있는 정보 출처를 판단하고, 다양한 디지털 매체(글, 이미지, 영상, 데이터 시각화 등)를 활용해 자신만의 콘텐츠를 만들어 표현하는 방법을 배우게 됩니다.

❸ 디지털 소통과 문제 해결하기

디지털 소통과 문제 해결 능력은 온라인 환경에서 효과적으로 타인과 협력하고 소통할 수 있는 능력과 함께 디지털 기술과 도구를 활용하여 문제 상황을 창의적이고 효율적으로 해결할 수 있는 능력입니다. 아이들은 학교에서 메신저, 이메일, 협업 소프트웨어 등 다양한 디지털 커뮤니케이션 도구를 익히고 친구들과 함께 온라인상에서 공동 프로젝트를 수행하거나, 간단한 프로그래밍과 컴퓨팅 사고력을 활용해 생활 속 문제를 해결하는 경험을 하게 됩니다.

❹ 디지털 윤리와 정보 보호하기

 디지털 윤리 및 정보 보호 능력은 디지털 환경에서 개인 정보와 타인의 정보를 책임감 있게 관리하고, 올바른 윤리적 태도를 갖추는 것을 의미합니다. 학교에서는 개인 정보 보호의 중요성을 강조하고, 온라인 공간에서 지적재산권과 저작권을 존중하고 보호하는 방법을 가르칩니다. 또한 사이버 폭력과 같은 온라인 공간의 문제 상황에서 안전하게 대처하는 방법도 교육합니다. 이를 통해 아이들은 책임 있고 성숙한 디지털 시민으로 성장할 수 있습니다.

 AI·디지털 시대에서 강조되는 배움에 대한 새로운 시각이 보이시나요? 이제 학교에서의 배움이 시대에 맞춰 어떻게 변화하고 있으며, 변화하는 이유가 무엇인지 이해하셨으리라 생각합니다. 하지만 이러한 변화가 학교 울타리 안에만 머물러서는 안 됩니다.

 아이들이 학교에서 익힌 역량을 실제 삶 속에서 활용하기 위해 가정에서의 관심과 참여가 꼭 필요합니다. 부모님께서 학교교육과정과 교실 속 배움을 꾸준히 들여다보시고 자녀와 함께 디지털 기술과 도구를 건강하게 활용하는 습관을 함께 만드는 것이지요. 함께 정보를 탐색하고 평가하며 일상생활 속에서 간단한 디지털 프로젝트나 활동을 시도해 보는 것만으로도 아이는 스스로 배우고 생각하는 힘을 키울 수 있습니다.

무엇이 달라졌을까?
수업에 스며든 AI · 디지털

"선생님, 이 문제는 제가 풀었는데, AI가 제가 푼 방법을 더 정확히 알고 있는 것 같아요!"

수학 수업 시간, 한 학생이 신기하다는 듯 말합니다. 태블릿 화면에서는 AI 수학 도우미가 학생의 풀이 과정을 실시간으로 분석하며 맞춤형 힌트를 제공합니다. 학생은 AI의 힌트를 통해 문제를 더 깊이 이해하게 됩니다.

수학뿐 아니라 다른 과목에서도 이런 변화를 볼 수 있습니다. 과학 시간에는 VR(가상 현실) 기기를 활용해 학생들이 지구의 대기 변화를 직접 탐구합니다. 또한 사회 시간에는 학생들이 AI 챗봇과 대화하며 역사적 인물의 생생한 이야기를 실시간으로 확인하기도 합니다.

이제 AI · 디지털 기술은 특별한 수업 도구가 아니라, 일상적 수업에서 교사의 계획 혹은 학생들의 선택에 따라 필요한 학습 자료를 선택해 활용하는 것으로 변화하고 있습니다. 학생들이 배우는 방식 자체가 변화하고 있는 것이지요.

그러면, 실제 수업에서 AI와 디지털 기술은 어떻게 활용되고 있을까요? 교실 수업의 모습을 가상 인터뷰로 살펴보겠습니다.

Interview 1 저학년 담임 교사와의 대화
AI와 디지털을 처음 만난 아이들

Q 저학년 교실에서도 AI나 디지털 도구를 많이 활용하나요?

A 교사 저학년 특히 1~2학년은 주변 환경을 직접 관찰하거나 탐구하고, 실물을 만지고 느끼는 활동이 중심이라 디지털 도구 활용은 제한적입니다. 아이들의 발달 단계상 직접 체험과 구체적인 경험이 더 중요하기 때문이에요.

Q 실제로 저학년 학생들과 AI·디지털 도구를 활용할 때 어떤 어려움이 있나요?

A 교사 1~2학년 아이들이 직접 AI·디지털 도구를 활용하는 활동은 많지 않습니다. 디지털 도구에 노출되는 것을 최소화할 필요가 있는 연령대이기 때문입니다. 저학년 아이들은 기기 사용법이나 앱 조작법을 익히는 데 많은 시간이 필요해서 교사가 처음부터 일일이 안내하다 보면 수업 흐름이 끊기고 아이들의 집중력이 떨어지는 어려움이 있습니다.

Q 혹시 AI를 활용한 구체적인 수업 사례가 있으면 소개해 주세요.

A 교사 최근 2학년 수학 수업에서 '똑똑! 수학탐험대' 앱을 활용했습니다. 학생들이 게임 형태로 수학 개념을 익히고, AI가 즉각적인 피드백을 제공합니다. 초반에는 태블릿을 켜고 끄는 것부터 시작해 앱 사용법을 익히기까지 제 도움이 많이 필요해서 어려움이 있었습니다. 하지만 시간이 지나며 앱 사용에 익숙해진 후에는 아이들이 재미있게 참여하며 적극적으로 학습에 참여하고 있습니다.

Q 저학년 교실에서 AI 활용 수업이 원활히 이루어지려면 어떻게 보완해야 할까요?

A 교사 아이들이 앱이나 프로그램의 조작 방식을 쉽게 이해하고 다룰 수 있도록 화면 구성과 사용 방법을 단순하게 구성하는 것이 필요합니다. 또한 초기 단계에서는 보조교사나 인력의 지원이 있어야 교사의 부담이 줄고 아이들에게도 세밀한 도움이 가능합니다.

Q '똑똑! 수학탐험대'를 수업에 활용한 이후 아이들에게 어떤 변화가 있었나요?

A 교사 아이들이 기기 사용법에 익숙해지자 수업 참여도가 크게 높아졌습니다. 평소 수학을 어려워하던 아이들도 게임 같은 방식 덕분에 틀려도 다시 도전하며 적극성을 보였습니다. AI 덕분에 성취감과 자신감이 향상된 모습이었습니다.

Q 저학년에서도 AI나 디지털 교육이 필요하다고 보시나요?

A 교사 과목별 수업에서 AI나 디지털 도구를 전면적으로 활용하는 것은 아직 권장되지 않으며, 실제 수업 현장에서 적용하는 데에도 어려움이 있습니다. 하지만 저학년 수준에 맞는 디지털 리터러시 교육은 필요합니다. 앞으로 아이들이 살아갈 세상은 디지털 환경이 점점 더 보편화되고, 이로 인한 위험 요소도 존재하기 때문에 어릴 때부터 디지털 환경을 이해하고 올바른 사용 습관을 형성하는 것이 중요합니다. 저학년 발달 수준에 맞춰 디지털 도구나 앱을 활용하지 않고 아날로그 방식으로 놀이처럼 자연스럽게 접근할 수 있도록 지도하는 것이 효과적이겠지요. 디지털 소양을 기르기 위한 언플러그드 활동은 1~2학년에게 적합합니다.

Q 마지막으로 디지털 학습에 대해 고민하는 저학년 학부모님들께 조언 부탁드립니다.

A 교사 저학년 시기는 디지털 도구 활용보다는 세상에 대한 호기심과 직접 경험을 쌓는 것이 중요합니다. 디지털 도구는 아이들이 자연스럽고 안전하게 접할 수 있도록 지도해 주세요. 학부모님도 관심을 가지고 아이와 디지털 도구를 탐색하며 올바른 디지털 사용 습관을 기르도록 지도하시면 좋겠습니다.

Interview 2 초등학교 고학년 교사와의 대화
AI · 디지털 기술로 달라진 수업

Q 고학년 교실에서 AI · 디지털 기술은 어떻게 활용되나요?

A 교사 AI·디지털 기술은 특정 과목에만 국한되지 않고 전체적인 학습 과정에서 자연스럽게 접하고 활용하는 형태로 변화하고 있습니다. 개별 학생들의 수준과 관심에 맞춘 맞춤형 학습이 아직 초보적인 수준이지만 점진적으로 가능해지고 있고, 단순 정보 습득을 넘어 비판적이고 창의적인 사고를 이끄는 데 효과적으로 사용되고 있어요.

Q AI를 활용한 수업 사례를 구체적으로 소개해 주실 수 있나요?

A 교사 최근 사회 수업에서 '환경 보호'를 주제로 프로젝트를 진행했습니다. 학생들은 먼저 통계청이나 환경부 홈페이지에서 우리나라 쓰레기 배출 현황에 대한 기본 통계 자료를 찾아보고 챗GPT를 활용해 관련 환경 개념을 조사했습니다. 이후 교실과 급식실에서 직접 학교 쓰레기 배출량을 측정·기록한 뒤 디자인 제작 플랫폼인 '캔바(Canva)'로 수집한 데이터를 그래프로 표현했습니다. 이렇게 조사한 내용을 바탕으로 학교의 쓰레기 배출이 어떤 특징이 있는지, 문제점이 무엇인지 분석한 뒤 쓰레기 줄이기 캠페인을 기획했습니다. 이 과정에서 AI가 관련 개념의 설명과 데이터 시각화를 효과적으로 지원해서 학생들이 직접 조사한 아이디어를 창의적으로 발전시키는 데 집중할 수 있었습니다.

Q AI 도입 후 교사의 역할에도 변화가 있었나요?

A 교사 AI를 도입한 이후 교사의 역할도 점차 달라지고 있습니다. 이전에는 교사가 모든 정보를 일방적으로 전달하는 역할을 했다면, 지금은 AI가 기본적인 정보를 제공하고 반복적인 학습 지원을 부분적으로 담당하기도 합니다. 반면 교사는 학생들이 정보를 비판적으로 이해하고 창의적으로 활용할 수 있도록 안내하고 지원하는 역할로 변화해 가고 있지요. 아직 초보적인 수준이긴 하지만 AI와 교사가 점차 협력하는 방향으로 나아가고 있다고 느낍니다.

Q 교사가 수업에서 AI 도구를 활용하기 전에 반드시 인지하고 주의해야 할 점은 무엇인가요?

A 교사 무엇보다 학생들의 연령과 발달 수준에 맞는 AI 도구를 신중히 선택하는 것이 중요합니다. AI 도구들은 대부분 권장 사용 연령대가 정해져 있는데 아무리 유용한 AI 도구라도 연령대가 맞지 않는 학생들에게 무리하게 활용하지 않는 것이 바람직합니다. 예를 들어, AI 글쓰기 도구인 '뤼튼(Wrtn)'을 활용한 이야기 창작 수업을 계획할 수 있습니다. 뤼튼 AI는 만 13세 이상을 권장 연령으로 설정하고 있으므로 교사는 사전에 도구의 목적과 안전성, 개인 정보 보호 방안에 대해 학부모님께 충분히 설명한 뒤 동의를 얻고 활용해야 합니다. 또한 학생들이 AI와 올바른 방식으로 상호 작용할 수 있도록 디지털 윤리와 사용법에 대해 미리 지도해야 합니다. 이러한 준비 과정이 이루어지지 않으면 오히려 교육 효과가 떨어지거나 학부모와 학생 모두 혼란을 겪을 수 있습니다.

Q 마지막으로 앞으로 AI 활용 수업이 더욱 효과적으로 이루어지기 위해 어떤 노력이 필요하다고 보시나요?

A 교사 무엇보다도 교사와 학생 모두 AI가 제공하는 정보가 완벽하지 않다는 한계를 명확히 이해하는 것이 가장 중요합니다. AI의 도움을 받더라도 스스로 생각하고 판단하는 능력을 계속 키워야 합니다. 이와 함께 학교 현장에서 AI를 올바르게 사용하기 위해 지속적인 교사 연수와 지원 체계도 함께 마련되어야 하겠지요. AI가 우리 교실에 성공적으로 자리 잡으려면, 교사와 AI의 역할을 분명하게 이해하고 AI를 적절히 활용할 수 있는 환경이 제대로 갖추어져야 합니다.

AI와 디지털이 만들어 가는 미래 교실

AI와 디지털 기술이 스며든 교실은 단지 기술적 변화가 아닌 학습 방식의 근본적 변화를 의미합니다. 인터뷰를 통해 알 수 있듯이 AI는 학생 개개인의 학습을 효과적으로 지원하는 조력자가 될 수 있습니다. AI가 제공하는 정보와 맞춤형 콘텐츠, 몰입형 VR·AR을 통한 경험 등은 전통적인 수업 방식에서 경험할 수 없는 새롭고 풍성한 학습을 가능하게 합니다.

하지만 이러한 변화 속 교사의 역할은 더욱 중요해졌습니다. AI는 지식을 전달하지만, 비판적이고 창의적인 사고력을 길러 주는 건 여전히 교사의 몫입니다. 디지털 리터러시 교육의 핵심은 AI의 정보를 그대로 받아들이는 것이 아니라, 이를 주체적으로 분석하고 활용하는 능력을 기르는 것입니다.

부모님들도 이 같은 변화에 함께해야 합니다. 가정에서도 AI 기반의 디지털 학습 도구를 활용하는 데 관심을 가지고 아이들과 함께 탐구하며 배운 내용을 공유하는 습관을 만들어야 합니다. 이 과정을 함께 살펴보고 도와주는 부모님의 역할은 앞으로 더 중요해질 것입니다.

미래 교실은 이미 우리 곁에 와 있습니다. 중요한 것은 우리가 이 변화를 어떻게 이해하고 활용하느냐입니다.

정보 UP! 수업에 스며든 AI·디지털 도구

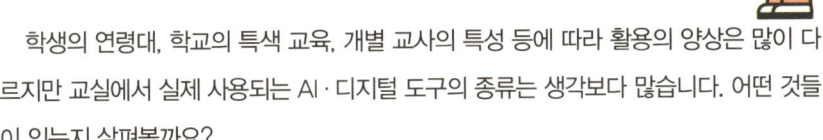

학생의 연령대, 학교의 특색 교육, 개별 교사의 특성 등에 따라 활용의 양상은 많이 다르지만 교실에서 실제 사용되는 AI·디지털 도구의 종류는 생각보다 많습니다. 어떤 것들이 있는지 살펴볼까요?

똑똑! 수학탐험대

- **도구 개요:** AI 기반 수학 학습 앱으로, 수학 개념을 게임 형태로 학습하며 즉각적인 맞춤형 피드백을 제공합니다.
- **활용 사례:** 학생들이 게임을 통해 수학 문제를 해결하고, 틀린 문제에 대한 즉각적인 피드백을 통해 문제를 깊이 이해합니다.
- **교육적 효과:** 저학년 학생들이 수학 개념을 재미있고 적극적으로 익히며, 성취감과 자신감을 높이는 데 효과적입니다.
- **권장 연령대:** 초등 저학년(만 6세 이상)부터 활용할 수 있으며, 교사나 부모의 지도 아래 사용하는 것을 권장합니다.

챗GPT

- **도구 개요:** 텍스트를 기반으로 생성하는 AI로, 복잡한 자료나 정보를 요약하거나 토론 시 상대방의 역할을 맡을 수 있습니다.
- **활용 사례:** 고학년 사회 수업에서 학생들이 환경 보호 프로젝트 진행 시 복잡한 데이터와 정보를 이해하기 쉽게 요약하고 정리하는 데 사용합니다.
- **교육적 효과:** 방대한 정보를 신속하게 처리하는 데 도움을 줍니다.
- **권장 연령대:** 만 13세 이상 사용 가능하며, 만 13세 미만은 부모의 사전 동의와 보호자의 지도가 필요합니다.

💡 **뤼튼(Wrtn) AI**

- **도구 개요:** 한국어 기반 생성형 AI 플랫폼으로, 글쓰기뿐 아니라 아이디어 발상·자료 요약·콘텐츠 제작 등 창의적 표현 전반을 지원합니다.
- **활용 사례:** 초등학교 고학년 학생들이 창의적인 글쓰기 활동 시 사용되며 권장 연령대는 만 14세 이상입니다.
- **교육적 효과:** 아이디어를 구체화하고 글쓰기 능력을 발전시키는 데 효과적이지만 연령대에 따라 부모의 사전 동의가 필요합니다.

💡 **AI 기반 글쓰기 도구:** 글쓰기를 맞춤으로 도와줘요.

- **자작자작:** AI 피드백 기능으로 학생들의 글쓰기를 실시간으로 첨삭하고 점수로 평가하여, 개별 맞춤형 글쓰기 지도가 가능한 교육 플랫폼입니다.
- **키위티·키위런(KEEwiT·KEEwi-Learn):** AI 글쓰기 평가와 피드백 시스템으로 학생들이 글을 완성하며 글쓰기 실력을 체계적으로 향상할 수 있습니다.

💡 **협업 및 소통 도구:** 친구들과 함께 생각을 나누고 협력해요.

- **패들렛(Padlet):** 누구나 쉽게 의견을 나누고 친구의 생각에 피드백을 줄 수 있는 온라인 게시판입니다.
- **멘티미터(Mentimeter):** 실시간 설문 조사와 워드 클라우드로 모든 친구의 생각을 한눈에 모아 보고 공유할 수 있습니다.
- **구글 클래스룸:** 교실 밖에서도 친구들과 함께 과제를 할 수 있도록 도와줍니다.
- **띵커벨:** 실시간 퀴즈, 토의·토론, 의견 공유 보드 등 다양한 방식으로 친구들과 소통하며 참여하는 수업을 만들 수 있습니다.

💡 **정보 검색 및 자료 제공 도구:** 필요한 정보를 바로 찾을 수 있어요!

- **통계 놀이터(KOSIS):** 다양한 통계 자료를 찾아 분석할 수 있습니다.
- **EBS 클립 뱅크:** 신뢰도 높은 영상 자료로 학습을 더 깊고 풍부하게 만들어 줍니다.

💡 콘텐츠 제작 도구: 직접 만들어 보며 배우는 재미!

- **캔바(Canva):** 포스터나 카드 뉴스를 멋지게 디자인하며 창의력과 발표력을 키웁니다.
- **투닝(Tooning):** 자신만의 웹툰을 만들어 창작의 즐거움을 느낄 수 있습니다.
- **스크래치(Scratch):** 블록을 퍼즐처럼 맞춰서 게임이나 애니메이션을 만들며 프로그래밍의 기초를 재미있게 배울 수 있습니다.

💡 기타 학습 보조 도구: 공부도 놀이처럼 즐겁게!

- **띵커벨 퀴즈(Thinkerbell Quiz), 퀴즐렛(Quizlet):** 재미있는 게임으로 공부한 내용을 점검하고 기억력을 높입니다.
- **카훗(Kahoot!):** 실시간 퀴즈 게임으로 친구들과 경쟁하며 재미있게 학습 내용을 복습하고 점검할 수 있습니다.
- **AI 이미지 생성 도구:** 그림을 자동으로 생성해 주며, 창의적 표현을 도와줍니다.
- **메타버스와 VR·AR 도구:** 교실에서 학습 주제나 활동과 관련된 가상 체험이 가능합니다.
- **구글어스와 AR 동물 체험:** 지구 반대편을 직접 여행하거나, 교실에서 실제 동물을 만나는 듯한 경험을 할 수 있습니다.

이렇게 다양한 디지털 도구를 통해 아이들이 더 즐겁고 효과적으로 공부할 수 있도록 돕고 있습니다. 학교뿐 아니라 가정에서도 아이들이 접하는 디지털 도구에 관심을 가지고 부모님과 함께 활용해 보시는 것도 좋습니다. 다만 이 과정에서 꼭 기억해야 할 점이 있습니다.

교실에서 AI와 디지털 도구를 활용할 때 각 도구의 특성과 권장 연령을 고려한 사전 준비가 필요하듯, 가정에서도 아이들이 사용하는 디지털 도구의 적절성을 살펴보고, 활용 목적을 이해하는 부모님의 안목이 중요합니다. 도구를 선택하기 전 '이 도구가 우리 아이에게 어떤 배움과 경험을 줄 수 있을까'를 함께 고민해 보는 것 말이지요.

AI 디지털 교과서(AIDT), 혁신인가 실험인가?

    2023년 교육부는 초등학교 3학년에서 중학교 3학년까지 AI 디지털 교과서(AIDT)의 단계적 도입을 발표했습니다. 이후 AIDT 도입 관련 사회적 논란이 이어진 끝에 적용 과목 축소 및 학교 자율 선택이라는 변경된 방식으로 2025년 3월 학교에 도입됩니다. 논란과 찬반 의견이 이어졌고, 결국 2025년 8월 법개정을 통해 AIDT는 교과서가 아닌 교육 자료로 최종 규정됩니다.

    AIDT 도입 이후 현장의 의견은 대체로 부정적이었습니다. 전국 도입률은 약 30%에 그쳤고, 학생들의 일일 평균 접속률은 10%대에 머물렀습니다. 일부 학교에서는 로그인 오류, 접속 지연, 화면 멈춤 같은 기술적 문제가 반복되었고, 행정적 부담과 데이터 신뢰성 문제도 드러났습니다.

    하지만 적극적으로 활용한 교사들 중 학생 참여도가 높아지고 개별 맞춤형 학습 지원이 가능해졌음을 긍정적으로 평가한 사례도 있었습니다. 교사 대시보드를 통해 아이들의 이해 수준을 한눈에 확인하고 필요한 보충이나 심화 학습을 즉각 제시할 수 있어 과목에 따라 활용의 장단점이 달라진다는 의견도 들을 수 있습니다.

교과서에서 교육 자료로 지위가 바뀐 AIDT를 둘러싼 논란은 여전히 이어지고 있습니다. 개발사들은 막대한 투자 비용을 이유로 법적 대응을 예고했고, 학교가 교육 자료로 활용하려면 예산을 어떻게 마련할지에 대한 논의도 필요한 상황입니다.

AIDT는 지금 당장 완성된 해답이 아니며 완전히 사라진 것도 아닙니다. 여전히 교육 자료로서 보완과 개선을 거쳐 계속 활용될 가능성이 남아 있습니다. 교육 자료로 계속 활용될 경우에 대비해 AIDT의 개념과 작동 원리를 제대로 이해하고, 어떤 방식으로 보완·활용할 수 있을지 살펴보는 것이 필요합니다. AIDT는 진정한 교육 혁신일까요, 아니면 신중하게 검토해야 할 실험일까요?

AI 디지털 교과서(AIDT)의 개념과 작동 원리

초기의 디지털 교과서(DT)는 기존의 종이 교과서를 전자책 형태로 변환한 것에서 출발했습니다. 쉽게 말해 종이책을 스마트폰이나 태블릿에서 볼 수 있도록 만든 것이지요. 이런 형태는 기본적인 글과 그림을 보여 주는 수준에 머물렀고, 일부는 동영상이나 음성 기능을 지원하기도 했지만 사용자와 상호 작용하는 기능은 제한적이었습니다.

하지만 최근에는 인공 지능 기술이 접목되며 학생 개개인의 학습 데이터를 분석하여 맞춤형 학습을 제공하는 형태로 발전하고 있습니다. AIDT는 기존 디지털 교과서와 달리 인공 지능이 실시간으로 학습 데이터를 분석하고 개인 맞춤형 콘텐츠를 제공하기 위해 온라인으로 연결되어 끊임없이 업데이트되는 방식을 사용합니다.

AIDT는 고정된 파일 형태로 존재하는 것이 아니라 인터넷을 통해 실시간으로 연결되어 개별 학습자에게 맞춤형 학습 경로를 제공하는 시스템으로 작동합니다. 따라서 학습자는 학습 내용을 단순히 보기만 하는 것이 아니라 AI가 제공하는 퀴즈, 피드백, 개인화된 학습 콘텐츠를 실시간으로 활용할 수 있습니다.

다시 말해, 디지털 교과서가 '전자책 형태의 고정된 내용'이라면 AIDT는 기존 디지털 교과서를 한 단계 발전시킨 형태로 '인공 지능을 활용하여 학생 개개인의 학습 과정을 실시간으로 분석하고 맞춤형 학습을 제공하는 지능형 교과서'라는 점에서 구별됩니다. 그래서 단순히 정보를 보여 주는 것에 그치지 않고 학생의 학습 패턴을 파악하고 피드백을 제공하여 최적의 학습 환경을 만들어 준다는 점이 특징입니다.

AIDT는 크게 세 가지 주요 과정을 통해 작동합니다.

첫째, AI가 학습 상황을 분석합니다.

AI는 학생이 문제를 푸는 시간, 틀리는 유형, 반복 학습 패턴 등을 분석하여 학습자의 수준을 파악합니다. 마치 옆에서 지켜보는 개인 선생님처럼 학생이 어떤 개념을 이해하지 못하는지 찾아내고 필요한 경우 추가 학습 자료를 준비할 수 있습니다.

둘째, AI가 맞춤형 학습을 제공합니다.

AI는 개별 학습자의 성향과 진도에 맞춰 적합한 콘텐츠를 추천하고 학생이 특정 개념에서 어려움을 겪으면 자동으로 쉬운 설명이나 연습 문제를 제공합니다. 학생마다 다른 속도와 방식으로 학습할 수 있도록 도와주는 것입니다.

셋째, 교사와 AI가 협력합니다.

교사는 AI가 분석한 학습 데이터를 기반으로 학생들의 학습 상태를 종합적으로 파악하고, 필요할 경우 보충 지도나 개별 상담을 진행할 수 있습니다.

AIDT는 교사와 학생 간의 협력을 강화하는 역할도 합니다. AI는 교사의 역할을 대신하는 것이 아니라 교사에게 학생 개개인의 학습 정보를 제공하여 더욱 효과적인 맞춤형 교육이 이루어질 수 있도록 돕는 보조 도구입니다. 이를 통해 교사는 학생의 강점과 약점을 더 정확하게 파악하고 개별적인 피드백을 제공할 수 있습니다. 학생들은 자신의 학습 진행 상황을 쉽게 확인하고 AI의 도움을 받아 학습 목표를 설정하며 스스로 학습할 수 있는 환경을 갖추게 됩니다.

AI 디지털 교과서 개발 형식

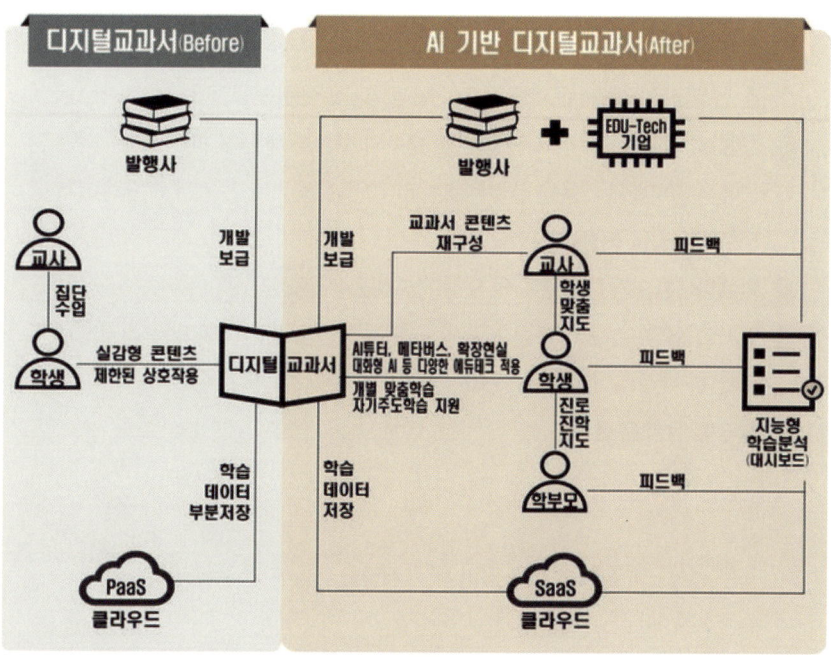

○ 스페셜리포트 AI 디지털 교과서, 공교육 '게임체인저' [41]

과목별 특성이나 교사의 수업 구성 의도, 계획에 따라 AIDT를 이용한 학습 과정은 다양한 흐름을 가질 수 있습니다. 하지만 일반적으로 교사의 개념 설명 → AIDT를 활용한 개별 학습 → AI 분석 및 맞춤형 피드백 → 교사의 추가 지도 및 피드백의 흐름에 따라 진행될 수 있습니다. 즉, AIDT가 학습의 모든 과정을 대체하는 것이 아니라, 기존 교사의 지도와 병행하면서 맞춤형 학습을 지원하는 역할을 한다는 점이 중요합니다.

AIDT 활용 수업의 예시

이상과 같은 AIDT 활용 수업의 흐름과 AIDT의 세 가지 작동 과정을 가상의 수업을 통해 살펴보겠습니다. 교사와 AI가 어떻게 협력하는지 그 흐름도 살펴볼 수 있습니다.

❶ 교사의 개념 설명 및 기본 학습

> 🖥 **수업 장면**: 5학년 2반 교실, 오늘 수업의 주제는 분수의 덧셈과 뺄셈이다. 이지훈 선생님은 칠판에 문제를 적으며 학생들에게 질문을 던진다.
>
> 👨‍🏫 **선생님**: "여러분, 우리 지난 시간엔 분수의 뺄셈을 배웠습니다. 오늘은 이번 단원에서 공부했던 내용을 잘 이해했는지 확인해 볼 거예요. 먼저 이 단원에서 공부한 내용들을 떠올려 볼까요?"
>
> 👧 **학생들**: "분모가 다른 분수의 덧셈과 뺄셈을 배웠어요."
>
> 👨‍🏫 **교사의 설명**: 분모가 다른 분수의 덧셈과 뺄셈을 하기 위해서는 어떻게 해야 하나요?
>
> 🖥 **칠판에 적힌 문제**
>
> $\frac{5}{6} + \frac{3}{8} = (\quad)$, $\frac{3}{2} - \frac{1}{9} = (\quad)$, $1\frac{8}{15} + 1\frac{7}{12} = (\quad)$, $5\frac{1}{6} + 3\frac{7}{12} = (\quad)$
>
> 학생들은 선생님과 함께 문제를 풀며 배운 개념을 다시 한번 확인한다.

❷ AIDT를 활용한 개별 학습 진행

수업 장면: 개념 확인이 끝난 후, 학생들은 각자의 태블릿을 켜고 AIDT를 실행한다. 학생들은 개념을 적용하여 기본 문제를 푼다. AIDT는 학생들의 개념 이해도를 분석하며 개인별 맞춤 문제를 제공한다.

민수의 태블릿 화면: 문제 [2/5 + 3/10 = ?]
- AI가 자동으로 공통분모 개념이 필요한 문제를 출제한다.
- 민수는 문제를 풀다 공통분모를 만드는 과정에서 실수한다.

AI_ 반응: AI는 민수가 반복적으로 공통분모를 찾는 데 어려움을 겪고 있다는 것을 감지한다.

AI_ 피드백: "공통분모를 찾는 과정에서 오류가 감지되었습니다. 공통분모를 어떻게 구하는지 다시 학습해 볼까요?"

AI는 공통분모 개념을 시각적으로 이해할 수 있도록 애니메이션 영상과 추가 연습 문제를 제공한다.

교사
- 교사는 학생들의 학습 진행 상황을 태블릿으로 모니터링한다.
- AI가 민수에게 보충 학습을 추천한 내용을 확인한 뒤 민수가 AI의 피드백을 이해하고 있는지 옆에서 지켜보고 도움이 필요한 상황에 보조한다.
- 민수가 계속해서 같은 실수를 반복하는 경우 개별 지도를 위해 체크한다.

❸ AI의 실시간 분석 및 자동 피드백 제공

수업 장면: 학생들이 AI의 맞춤 문제를 풀면서 학습을 진행하는 동안, AI는 개별 학습 데이터를 실시간으로 분석한다.

AI_ 분석 결과: 교사 대시보드
- 민수는 공통 분모를 구하는 문제에서 오답률이 높다.
- 지영이는 덧셈은 잘하지만, 뺄셈 문제에서 자주 실수한다.
- 태훈이는 기본 개념을 적용해 문제 풀이를 정확하고 빠르게 풀고, 응용문제도 해결할 수 있다.

🤖 AI_ 자동 조치

- 민수에게는 공통분모를 구하는 연습 문제를 추가 제공한다.
- 지영이에게는 분수 뺄셈 문제에서 실수한 유형을 다시 연습할 수 있는 보충 문제를 제공한다.
- 태훈이에게는 도전 문제(응용문제)를 제공하여 실력을 확장할 기회를 준다.

👨‍🏫 교사

- AI가 분석한 데이터를 실시간으로 확인하고 개별 학생들의 학습 수준을 점검한다.
- 학습 도중 질문하는 학생들에게 적절한 힌트를 제공하며 학습을 보조한다.
- AI가 제시한 도움 자료로 해결이 어려운 학생들에게 개별적인 설명과 추가 활동으로 이해를 돕는다.
- AI의 보충 학습 제공 후에도 여전히 어려움을 겪고 있는 학생들을 체크한다.
- AI가 추천한 응용문제를 푸는 학생들에게는 추가적인 도전 과제를 제시할지 고려한다.

❹ 교사의 추가 지도 및 피드백

- 🖥 **수업 장면:** 선생님은 AI의 분석 데이터를 확인해 추가 지도가 필요한 학생들을 살펴보고 가장 도움이 필요한 학생을 개별 지도한다.
- 👨‍🏫 **교사_ 개별 지도:** 선생님은 민수와 지연이가 공통분모 개념을 어려워함을 파악하고 1:1 피드백을 진행한다.
- 👦 **민수:** "선생님, 저는 공통분모를 만드는 게 너무 어려워요."
- 👨‍🏫 **교사:** "괜찮아, 그림을 그리면서 공통분모 만드는 방법을 다시 알아보자."
  - 교사는 그림을 그리는 활동을 통해 학생들이 직접 2/5와 3/10을 시각적으로 비교할 수 있도록 돕는다.
  - 시각적 이해가 끝나면 공통분모를 구하는 과정에서 중요한 개념을 다시 설명하며, 학생들이 AI가 제시하는 문제를 다시 풀어보도록 유도한다.

❺ 수업 종료 후

> 👨‍🏫 교사
> - AI 대시보드로 전체 학생의 학습 상황을 확인하고 추가 지도가 필요한 학생을 검토한다.
> - 필요하면 개별 상담을 예약하고 학습 목표를 조정하여 다음 시간에도 연계 학습이 이루어질 수 있도록 준비한다.

AIDT 활용 수업에서 AI는 학생 개개인의 학습 패턴을 분석하고, 맞춤형 학습 자료를 제공하며, 교사가 개별적으로 지도할 수 있도록 돕는 역할을 합니다. AI만으로 해결되지 않는 개념은 교사가 추가로 설명하고, 실제 조작 활동 등을 통해 학생들이 더욱 깊이 이해할 수 있도록 지원합니다. 학생들은 AI의 피드백을 바탕으로 자기 주도 학습을 수행하고, 교사의 개별 지도를 통해 부족한 부분을 채우며 성장할 수 있습니다.

비록 AIDT가 교과서에서 교육 자료로 지위가 바뀌었더라도, 교실에서 수행하는 이러한 보조적·지원적 기능은 달라지지 않습니다. 학교와 교사가 필요와 목적에 따라 선택적으로 활용할 수 있는 자료로 자리매김하며 학생 맞춤형 학습을 돕는 가능성은 여전히 유효합니다.

AIDT 도입의 장점과 단점, 스웨덴 사례가 주는 교훈

AIDT의 가장 큰 장점은 학생 개개인의 수준에 맞춘 맞춤형 교육이 가능하다는 점입니다. AI가 학생의 학습 데이터를 분석하여 취약한 부분을 보완하는 학습 경로를 제공함으로써 학습 격차를 줄이고, 학생들이 더 적극적으로 학습에 참여할 수 있도록 도울 수 있습니다. 또한 교사의 업무 부담을 덜어 주는 데도 기여할 수 있습니다.

하지만 AI가 제시하는 학습 경로가 항상 적절하지 않을 수 있으며, 학생들이 AI의 판단에 익숙해지면서 주도적인 학습 태도가 약화될 수 있다는 우려도 존재합니다. 디지털 기기 사용이 늘어날수록 학습 몰입도 저하나 과몰입, 피로감 등의 부작용도 함께 고려해야 합니다. 이러한 문제를 해결하기 위해서는 AI 기반 학습을 보완할 수 있는 교육적 장치와 지도 전략이 함께 마련되어야 합니다.

이와 관련하여 스웨덴의 사례는 중요한 시사점을 제공합니다. 스웨덴은 2010년대부터 디지털 교과서를 적극적으로 도입하며 종이 교과서를 줄이고 전면적인 디지털 학습으로 전환하려 했습니다. 그러나 최근 연구에서 디지털 매체 중심 학습이 일부 학생의 독해력과 집중력에 부정적 영향을 미칠 수 있음이 보고되면서, 2023년부터 종이 교과서 사용을 다시 확대하는 방향으로 정책을 조정했습니다. 스웨덴 정부는 '디지털 학습이 반드시 학습 효과를 높이는 것은 아니다'라는 점에 주목하며, 종이 교과서와 디지털 교과서의 균형 있는 활용을 새로운 교육 방향으로 제시했습니다.

이 사례를 통해 우리가 참고해야 할 점은 디지털 교과서와 AI 기반 학습만이 미래 교육의 전부가 아니므로, 전통적인 학습 방법과 균형을 이루는 것이 중요하다는 점입니다. AI 기술을 활용하되 학생들이 스스로 사고하고 학습할 수 있도록 지원하는 교육 방식이 병행되어야 합니다. 따라서 우리나라도 AIDT 도입에 기술의 활용만을 강조할 것이 아니라 학생들의 학습 태도와 몰입도를 고려한 좀 더 포괄적인 관점에서의 정책적 접근이 필요합니다. 법적으로 교과서인 종이 교과서와 교육 자료인 AIDT가 각각의 장점을 살려 균형을 이루는 방향을 모색해야 하는 것입니다.

학부모의 준비와 역할

　AIDT는 이미 교과서가 아닌 교육 자료로 규정되었습니다. 따라서 학교마다 운영위원회 심의와 예산 편성 여부에 따라 활용 상황이 달라질 수 있고, 도입한 학교와 도입하지 않은 학교의 교실 모습도 차이가 날 수 있습니다. 동시에 교육 자료 구입을 위한 예산 확보, 학교 간 인프라 격차 해소, 교사 연수와 같은 행정적·재정적 보완 과제도 여전히 해결해야 할 문제로 남아 있습니다.

　하지만 정책 추진 과정의 여러 문제점과는 별개로 AIDT를 둘러싼 논쟁은 디지털 대전환이라는 시대 변화 속에서 촉발된 것임을 주목할 필요가 있습니다. AIDT가 도입되지 않더라도 이미 교실 속에는 AI 기반 디지털 도구와 생성형 인공 지능 기반 에듀테크를 활용한 학습 활동이 증가하고 있습니다. 자고 나면 새로운 인공 지능 기술에 관한 이야기들을 접하게 되는 세상입니다.

　AIDT가 아니더라도 AI가 학습자의 성취 수준을 진단하고 개인 맞춤형 학습 과제를 제시하는 플랫폼은 늘어나고 있습니다. 과목이나 학습 영역에 따라 AI가 제공하는 개별화된 맞춤 학습이 학생의 성취도를 높이는 데 더 큰 도움이 되기도 합니다.

　실제로 사교육 시장의 AI 튜터 플랫폼과 공교육의 AIDT는 작동 원리만 놓고 보면 거의 유사합니다. 둘의 차이점이라면 사교육 플랫폼은 부모가 자유롭게 선택해 단기간 성과를 확인할 수 있는 구조이고, AIDT는 국가 교육 과정 속에서 모든 학생이 교사와 함께 사용한다는 점입니다. 사교육 플랫폼이 개인의 성취와 단기 효과를 중심으로 운영된다면, AIDT는 공적 책무성을 바탕으로 모든 학생의 학습 기회를 보장하기 위해 활용됩니다. 사교육 시장에서 AI 기반 학습 플랫폼의 활용이 빠르게 확산되고 있는 현상을 볼 때 AIDT 역시 변화와 발전을 거치며 학교 현장에 정착할 여지가 남아 있습니다.

이처럼 교실과 가정 속 배움의 과정에는 분명 변화가 도래하고 있기에 이런 흐름에 대한 대비가 필요합니다. 자녀의 학교에서 AIDT를 활용하거나 인공 지능 기반 학습 플랫폼을 활용한다면 학부모님은 인공 지능 기반 학습 방식에 대한 기본적인 이해를 갖추는 것이 필요할 것입니다. 또한 AI가 제공하는 학습 경로를 자녀와 함께 점검하고 필요할 경우 교사와 협력하여 보완 학습을 지원해야 합니다. AI가 모든 학습을 해결해 줄 수 없다는 점을 인식하고 아이들이 스스로 사고하고 문제 해결 능력을 기를 수 있도록 이끌어야 합니다.

AI 기반 교육이 학교나 교실에서 진행된다면 자녀의 학습 데이터가 어떻게 활용되는지도 지속해서 관심을 가지고 개인 정보 보호 및 데이터 보안 문제에 대해 학교와 협력해야 합니다. 이와 함께 디지털 기기 사용에 대한 가정에서의 적절한 기준도 마련해 학습과 놀이의 균형을 유지하며 지나친 디지털 기기 사용이 집중력을 저하하지 않도록 조절하는 것도 필요합니다.

과연 AIDT는 어떻게 될까요? 당분간 혼란을 피할 순 없을 듯합니다. 하지만 정책의 혼란과는 별개로 우리 아이들에게 필요한 것은 비판적 사고, 창의적 문제 해결, 협력과 소통과 같은 미래 핵심 역량입니다. AI 디지털 시대를 살아가기 위해 필요한 이 역량들은 디지털 리터러시를 바탕으로 길러져야 합니다. 학부모와 교사, 정책 입안자 모두 기술 도입 여부에 매몰되지 않고 "디지털 대전환 시대, 우리 아이들에게 진정 필요한 교육은 무엇인가?"라는 근본적 질문에 대한 답을 찾아야 합니다. 그것이야말로 어떤 정책 변화에도 흔들리지 않는 교육의 나침반이 될 것입니다.

한눈에 보는
초등 AI·디지털 교육 로드맵

"국어, 수학, 사회는 교과서라도 있으니 뭘 배우는지 알겠는데 요즘 학교에서 강조한다는 AI나 디지털 교육은 도대체 뭘 가르치는지 잘 모르겠어요. 교과서도 없고, 자료도 없고…."

최근 많은 부모님이 AI·디지털 교육에 대해 비슷한 고민을 이야기합니다. 실제로 교과서가 존재하는 과목은 자녀가 어떤 내용을 배우는지 비교적 쉽게 파악할 수 있습니다. 하지만 아이들의 일상을 함께하는 AI·디지털에 대한 교육적 접근은 아직 생소하고 학교 수업 시간에 어떤 방식으로 교육이 이루어지는지 감이 잘 잡히지 않는 것이 사실입니다. 어떤 활동이 교육인지 헷갈리고 가정에서는 어떻게 지도해야 할지 막막하게 느껴지지요.

2022 개정 교육과정은 모든 초등학생이 AI와 디지털 기술에 대한 이해를 바탕으로 안전하고 책임감 있게 디지털 기술을 사용할 수 있는 역량을 갖추도록 설계되어 있습니다. 그런데 문제는 이 교육이 정해진 교과나 교

과서로 이루어지는 것이 아니라는 점입니다. 여러 교과와 창의적 체험, 프로젝트 활동 등 학교에서 이뤄지는 교육 활동 속에 자연스럽게 스며들어 있고, 내용과 방법은 학년이 올라가며 조금씩 심화하는 나선형 구조로 설계되어 있습니다.

아이들이 초등학교 6년 동안 디지털 세상과 어떻게 만나고 어떤 방식으로 배움을 쌓아 가는지 디지털 교육의 전체적인 흐름을 이해할 필요가 있습니다. 이 흐름을 이해하면 가정에서 자녀의 디지털 학습을 지원하기 위한 장기적인 계획과 세부적인 방법을 효율적으로 그릴 수 있을 것입니다.

초등 AI·디지털 교육은 무엇을 기르려 할까?

2022 개정 교육과정은 초등학교의 AI·디지털 교육을 단순한 기술 수업이 아닌 디지털 환경에서 주체적으로 살아갈 수 있도록 하기 위한 세 가지 요소를 기반으로 설계하고 있습니다.

첫째, 디지털 기기와 소프트웨어를 바르게 다루는 기초 능력입니다.

이는 컴퓨터나 태블릿과 같은 기기를 조작할 줄 아는 기술뿐 아니라 학습에 필요한 디지털 도구를 상황에 맞게 선택하고 활용할 수 있는 실천적 감각까지 포함합니다. 초등 저학년부터 놀이와 생활 속 활동을 통해 디지털 환경에 익숙해지는 것이 자연스럽게 시작됩니다.

둘째, 정보를 비판적으로 해석하고, 디지털 환경에서 효과적으로 소통하며 협업하는 능력입니다.

아이들이 일상에서 마주하는 수많은 정보 속에서 무엇을 믿고 어떻게 받아들일지, 어떻게 표현하고 누구와 나눌지를 스스로 판단하는 힘이 중요해졌습니다. 글과 영상, 이미지와 데이터 등 다양한 형태의 디지털 자료를 비판적으로 바라보는 관점과 더불어, 내 생각을 표현하고 타인과 협업하려는 태도 또한 함께 갖추어야 합니다.

셋째, AI의 원리를 이해하고, 이를 활용해 창의적으로 문제를 해결하는 역량입니다.

컴퓨터가 정보를 어떻게 처리하는지, AI는 어떤 방식으로 학습하고 판단하는지를 이해하는 경험을 통해 아이들은 점점 더 문제를 절차적으로 분석하고, 도구를 활용해 창의적으로 해결책을 찾아내는 힘을 기르게 됩니다. AI 그림 생성기나 챗봇 체험처럼 눈에 보이는 결과보다 그 원리에 대한 호기심을 자극하는 활동이 핵심입니다.

이러한 세 가지 교육 요소는 단절된 기술 습득이 아니라, 연결된 사고, 태도, 실천으로 이어지는 교육의 흐름입니다. 디지털 기술을 단순히 '쓸 줄 아는 사람'이 아니라 '비판적으로 판단하고 창의적으로 사용하는 사람', 나아가 '책임 있는 디지털 시민'으로 아이들을 성장시키는 것이 AI·디지털 교육이 지향하는 본질입니다.

학년별 디지털 소양 교육의 특징

초등학교의 AI·디지털 교육은 아이들의 발달 수준에 맞춰 점진적으로 넓어지고 깊어지는 구조로 구성되어 있습니다. 저학년에서는 놀이와 감각 중심의 활동으로 시작하여, 중학년에는 탐색과 표현을 중심으로 확장되고, 고학년에 이르면 비판적 사고와 책임 있는 활용으로 나아가는 방식입니다.

❶ 1~2학년: 디지털을 '익숙한 도구'로 받아들이는 시기

이 시기의 아이들은 세상을 놀이로 배우는 시기입니다. 수업에 활용되는 디지털 기술도 마찬가지입니다. 이론이나 지식을 배우기보다는 직접 만지고, 눌러 보고, 반응을 경험하는 방식으로 자연스럽게 디지털 환경에 친숙해지는 것이 중심입니다.

첫째, 놀이가 곧 학습입니다.

복잡한 프로그래밍이나 어려운 컴퓨터 조작 대신, 동화 읽기, 그림 그리기, 역할 놀이 같은 아이들이 좋아하는 활동 속에 디지털 요소가 자연스럽게 녹아 있습니다. 아이들은 '공부한다'는 부담 없이 재미있게 참여하면서 디지털 감각을 기릅니다.

둘째, 직접 체험하며 익힙니다.

이론적인 설명보다는 태블릿을 직접 만져보고, 간단한 앱을 사용해 보며, 몸으로 움직이는 언플러그드 활동을 통해 컴퓨팅 사고의 기초를 다집니다. "아, 이렇게 하면 되는구나!" 하는 깨달음이 자연스럽게 일어나지요.

셋째, 안전하고 건전한 첫 만남을 중시합니다.

디지털 기기와의 첫 만남에서 올바른 사용법과 예절을 배우며, '디지털도 우리 생활을 도와주는 좋은 친구'라는 긍정적 인식을 형성합니다.

❷ 3~4학년: 자기 주도적으로 탐색하고 표현하는 시기

중학년에 들어선 아이들은 궁금한 것을 스스로 찾아보고 정리하며 표현하는 능력이 발달합니다. 인터넷을 활용해 정보를 탐색하고 찾은 자료를 발표나 글쓰기 활동에 활용하면서 디지털 도구를 학습 도구로 인식하게 됩니다.

첫째, 탐구가 곧 학습입니다.

1~2학년의 놀이 중심 활동에서 한 걸음 더 나아가, 아이들은 스스로 질문을 던지고 답을 찾아가는 탐구 활동을 통해 배웁니다. "왜 그럴까?", "어떻게 하면 더 좋을까?"라는 질문으로 시작되는 프로젝트 활동이 시작됩니다.

둘째, 실생활 문제 해결에 집중합니다.

학교나 동네에서 발견한 작은 문제들을 디지털 도구로 해결해 보는 경험을 통해 컴퓨팅 사고력을 기릅니다.

셋째, 창의적 표현과 소통을 중시합니다.

단순히 정보를 받아들이는 것을 넘어, 자신만의 아이디어를 디지털 매체로 표현하고 친구들과 공유하며 소통하는 능력을 기릅니다. 디지털 발표 자료 만들기, 온라인 전시회 열기 등의 활동을 통해 디지털 시민으로서의 소양을 갖춥니다.

넷째, 디지털 윤리 의식을 체득합니다.

디지털 세상에서 지켜야 할 예절과 올바른 사용법을 체계적으로 배웁니다. 사이버 폭력 예방, 개인 정보 보호, 저작권 존중과 같은 내용을 실제 상황에서 경험하며 익힙니다.

❸ 5~6학년: 비판적 사고와 디지털 시민 감각을 키우는 시기

고학년이 되면 디지털을 사용하는 것에서 한 걸음 더 나아가 정보의 진위를 판단하고, 윤리적으로 책임 있게 활용하는 태도를 배우기 시작합니다.

첫째, 총체적 역량의 시작점입니다.

1~4학년의 기초적 디지털 기기 활용을 바탕으로 5~6학년에서는 지식·이해, 과정·기능, 가치·태도의 세 가지 측면을 종합적으로 발전시킵니다. 아이들은 단순한 기능 습득을 넘어 문제를 해결하고 가치를 성찰하는 능력을 키웁니다.

둘째, 모든 교과와 깊은 연계가 이루어집니다.

국어에서는 매체 자료의 신뢰성을 평가하고, 수학에서는 공학 도구를 활용한 자료 분석을, 과학에서는 디지털 탐구 도구를 이용한 현상 관찰과 자료 분석을 경험합니다. 이처럼 디지털 소양이 모든 학습 영역에 자연스럽게 녹아듭니다.

셋째, 문제 해결과 창의적 사고가 핵심입니다.

아이들은 지능 정보 기술과 도구를 활용하여 효율적인 학습을 경험하고, 실과에서는 컴퓨팅 사고를 바탕으로 인공 지능을 활용하여 실생활 문제를 해결하는 역량을 기릅니다.

넷째, 디지털 시민으로서의 책임감을 기릅니다.

디지털 환경에서 정보 윤리를 지키고 타인을 존중하며 배려하는 태도를 기르는 것이 강조됩니다. 인공 지능을 올바르게 사용하는 방법을 배우고, 사이버 폭력의 위험성을 인식하며 개인 정보 보호의 중요성을 체감합니다.

다섯째, 자기 주도성과 성찰 능력이 향상됩니다.

학습자가 자신의 학습 계획을 수립하고, 학습 상황을 점검하며 조정하는 개별화 수업이 활성화됩니다. 디지털 매체를 통해 자신의 학습 경험을 기록하고 관리하며 자기 평가와 동료 평가를 통해 스스로 성장합니다.

여섯째, 체계적인 정보 교육이 본격 시작됩니다.

5~6학년에서는 실과와 창의적 체험 활동 시간을 연계하여 학년군에서 총 34시간 이상의 체계적인 정보 교육이 이뤄집니다. 컴퓨팅 사고력, 프로그래밍, 인공 지능 등 미래 사회 핵심 역량을 집중적으로 학습하며, 이는 중학교에서의 정보 교육으로 이어지는 중요한 기초가 됩니다.

디지털 리터러시 내용 체계로 알아보는 초등 AI·디지털 교육 로드맵

2022 개정 정보과 교육과정 시안 개발 연구[42]에서는 디지털 리터러시 내용 체계를 통해 각 학년군별 디지털 소양 교육의 내용 요소를 체계화하여 제시했습니다. 이를 통해 초등 AI·디지털 교육의 구체적인 로드맵을 한눈에 확인할 수 있습니다.

대영역	세부 요소	세부 요소 설명	내용 요소		
			초등 1~2	초등 3~4	초등 5~6
디지털 기기와 소프트웨어의 활용	디지털 기기의 활용	디지털 기기를 조작하는데 필요한 기본 원리와 기능을 이해 및 활용한다.	• 생활 주변에서 다양한 디지털 기기를 체험한다. • 디지털 기기 및 키보드, 마우스 등 주변 장치를 바른 자세와 방법으로 사용한다.	생활 속 디지털 기기의 다양한 활용 가능 사례를 탐색한다.	활용 목적에 따라 간단한 주변 장치(마이크, 웹캠 등)와 함께 디지털 기기를 활용한다.
	소프트웨어의 활용	소프트웨어의 기본 원리와 기능을 이해하고 다양한 작업에서 소프트웨어를 활용한다.		필요한 작업에 적절한 APP 등 간단한 소프트웨어를 찾아 디지털 기기에 설치하고 활용한다.	• 스프레드시트 등 소프트웨어를 활용하여 데이터를 입력하고 필요한 계산을 수행한다. • 워드프로세서, 프레젠테이션 툴 등의 간단한 기능을 활용하여 주제를 표현한다.
	인공지능의 활용	다양한 문제 해결 과정에 인공 지능 기술이 탑재된 도구를 활용한다.		우리 주변 실생활 속 인공지능을 활용한 서비스, 기기 등을 탐색하거나 경험한다.	인공 지능 서비스, 기기 등을 활용하여 필요한 정보를 탐색한다.
디지털 정보의 활용과 생성	자료의 수집과 저장	사용 목적을 고려해 자료를 수집하고, 비판적 시각으로 정확성을 평가하여 효율적으로 저장·관리한다.	• 우리 주변의 실생활 등에서 문자, 숫자, 이미지, 소리 등 다양한 유형의 자료를 탐색한다. • 인터넷 등을 이용하여, 디지털 미디어 콘텐츠에 접근한다.	• 우리 주변의 실생활 등에서 다양한 방법으로 필요한 각종 자료를 수집한다. • 다양한 방법으로 수집한 자료를 디지털 기기 등에 저장한다.	• 디지털 기기 등을 활용하여 다양한 종류의 자료를 효율적으로 수집한다. • 다양한 방법으로 수집한 자료를 디지털 기기 등을 활용하여 관리한다.

대영역	세부 요소	세부 요소 설명	내용 요소		
			초등 1~2	초등 3~4	초등 5~6
디지털 정보의 활용과 생성	정보의 분석과 표현	정보를 효과적으로 전달하기 위해 데이터를 분석, 종합, 시각화한다.	놀이 활동을 통해 다양한 방법(색, 그림, 기호 등)으로 자료를 표현한다.	여러 자료를 특성에 맞게 간단한 표 또는 그래프로 표현한다.	수집된 자료를 소프트웨어 등을 활용해 시각화하여 표현한다.
	디지털 콘텐츠 생성	디지털 미디어를 통해 제공될 수 있는 다양한 유형의 콘텐츠를 생성한다.		텍스트, 이미지, 소리 등의 디지털 콘텐츠를 생성(텍스트, 이미지, 소리 등)한다.	텍스트, 이미지, 소리 등의 디지털 콘텐츠를 활용한 새로운 콘텐츠를 생성한다.
디지털 의사 소통과 디지털 문제 해결	디지털 의사소통	디지털 환경에서 정보를 비판적으로 분석하고, 정보 공유, 의사결정 참여, 협업을 수행한다.	모바일 메신저를 이용하여 다른 사람과 의사소통 한다.	• 자신의 의견을 온라인 커뮤니티에 게시한다. • 온라인 수업 플랫폼을 활용하여 원격 수업에 참여한다.	• 디지털 콘텐츠를 소셜 네트워크 서비스(SNS)에 공유하고 댓글로 소통한다. • 이메일을 사용하여 정보를 교환한다.
	디지털 문제 해결	문제 해결 방안을 구안하고, 디지털 도구를 활용하여 실행한다.	실생활 속 자연 현상 등에서 단순한 규칙을 찾는다.	• 실생활 속 자연 현상 등의 문제 해결 상황에서 다양한 규칙성을 찾아 설명한다. • 규칙에 따라 문제 해결 순서를 정한다.	• 디지털 기술을 활용하여 해결 가능한 형태로 문제를 표현한다. • 문제 해결 절차를 간단한 프로그램으로 구현한다.
디지털 윤리와 정보 보호	디지털 윤리	디지털 사회의 성숙한 시민으로서 타인을 배려하고, 예절과 윤리를 실천한다.	사이버 공간에서 지켜야 할 디지털 예절을 실천한다.	디지털 과의존을 예방하는 방안을 계획하고 실천한다.	• 정품 소프트웨어 사용의 중요성을 이해하고 바르게 사용한다. • 디지털 저작물의 출처를 밝히고 활용한다. • 사이버 폭력의 위험성을 인식하고, 예방하는 방법을 실천한다. • 인공 지능을 올바르게 사용하는 방법을 알고, 생활 속에서 실천한다.
	디지털 정보 보호	자신과 타인의 정보를 보호하기 위한 방법을 실천한다.		생활 주변에서 개인 정보를 찾아보고, 개인 정보 보호의 중요성을 인식한다.	개인 정보의 뜻과 종류를 이해하고, 개인 정보의 보호 방법을 실천한다.

※ 초등 1~4학년에서는 생활 주변의 친숙한 소재를 활용한 활동으로 디지털 소양을 기른다.

🖱 언제, 어떤 수업 시간에 디지털 교육이 이루어질까?

학부모님들께서 AI·디지털 교육을 가장 막연하게 느끼는 이유 중 하나는 국어, 수학처럼 따로 교과서가 있는 과목으로 학습이 이뤄지는 것이 아니기 때문입니다.

하지만 초등학교에서는 이미 교과와 활동 속에 자연스럽고 체계적으로 디지털 교육이 스며들어 있습니다. 단지 그 방식이 전통적인 교과 수업과는 다르게 겉으로는 잘 드러나지 않을 뿐입니다.

❶ 1~2학년: 통합 교과와 놀이 중심 활동 속에서 접하기

이 시기에는 '슬기로운 생활', '즐거운 생활' 같은 통합 교과 시간에 디지털 기기를 접하게 됩니다. 동물에 대해 배우며 태블릿으로 영상을 보거나, 드로잉 앱으로 그림을 그리는 활동처럼 일상적 활동 안에서 디지털이 자연스럽게 녹아드는 방식입니다. 창의적 체험 활동이나 자율 시간을 활용한 디지털 놀이 활동, 기초적인 조작 경험도 중요한 부분을 차지합니다.

❷ 3~4학년: 디지털 도구를 학습의 도구로 인식하기

국어·사회·과학 등 교과 수업에서 자료를 스스로 찾고, 정리하고, 표현하는 활동이 활발해지며, 디지털 기기를 통해 정보에 접근하는 방법과 자료를 구성하는 능력을 자연스럽게 익히게 됩니다. 예를 들어, '우리 동네 안전 지도 만들기', '우리 반 친구들의 취미 조사하기' 같은 활동을 통해 디지털 기술이 어떻게 우리 생활을 도울 수 있는지 직접 체험할 수도 있습니다. 학교 상황에 따라 창의적 체험 활동 시간이나 동아리 활동을 통해 간단한 코딩 체험이나 콘텐츠 제작이 도입되기도 합니다.

❸ 5~6학년: 기술의 원리를 이해하고 책임감 있게 활용하기

고학년에서는 실과 교과 내 정보 영역을 통해 정규 수업 시간에 AI·디지털 교육이 본격화됩니다. 여기서는 블록 코딩 및 텍스트 기반 코딩, 간단한 알고리즘 작성, 데이터 처리, AI 개념 이해 등 실제 문제 해결을 위한 도구로서 디지털 기술을 배우게 됩니다. 국어·도덕·사회 교과 등을 통해 뉴스의 진위 판단, 정보의 출처 밝히기, 저작권 인식, 온라인 예절 등 디지털 윤리와 시민 감각도 함께 길러집니다.

이처럼 AI·디지털 교육은 교과서가 없는 대신 아이의 일상적인 수업과 활동 속에 단계적으로, 그리고 유기적으로 설계되어 있습니다. 학년이 올라갈수록 조금씩 깊어지고 넓어지는 이 흐름을 학부모님께서 인지하시면 가정에서도 훨씬 자연스럽고 건강하게 디지털 환경을 연결해 줄 수 있습니다.

디지털 교재나 평가지가 없다고 해서 자녀가 뭘 배우는지 알 수 없다고 생각하기보다 지금 이 시기 아이가 어떤 디지털 역량을 키우고 있는지, 학교에서 어떤 방식으로 그것을 경험하고 있는지에 대한 맥락을 이해하고 건네는 질문과 격려 한마디에 배움의 의미와 깊이는 더해질 수 있습니다.

1~2학년 수업 속으로: 놀이하며 만나는 디지털 세상

"엄마, 태블릿으로 그림 그리기 너무 재밌어요! 색깔도 바꾸기 쉽고 실수해도 지우개 없이 톡톡 누르면 돼요!"

"학교에서 태블릿으로 수업했구나? 그런데 태블릿 쓸 때 우리가 약속한 게 뭐였지?"

"선생님 말씀을 잘 듣고 하기, 그리고 아무거나 함부로 누르면 안 돼요!"

"맞아, 우리 지우가 참 잘하고 있네!"

초등학교 1, 2학년이 되면서 아이들은 본격적으로 학교에서 디지털 기기를 만나게 됩니다. "우리 아이가 벌써 컴퓨터를 배우나요?"라고 걱정하시는 학부모님들이 많으시지만, 걱정하지 마세요. 1~2학년의 AI·디지털 교육은 '공부'보다는 '놀이'에 가깝습니다. 아이들이 부담 없이 즐겁게 참여하며 자연스럽게 배울 수 있도록 구성되어 있습니다.

🖱️ 수업 속 디지털 소양 교육

　1~2학년군에서 진행될 수 있는 디지털 소양 교육 활동을 살펴보겠습니다. 이 활동은 2022 개정 교육과정의 성취기준을 디지털 소양 내용 요소 체계를 바탕으로 분석하여 구상한 예시 활동으로 자녀의 디지털 소양 배움 과정 체계와 흐름을 이해하는 기초 참고 자료로 활용하실 수 있습니다. 학교별 실제 수업은 지역, 학교, 교사의 상황에 따라 다양하게 운영되며 사용하는 도구나 앱, 아날로그 활동과 디지털 활동의 활용 비중과 방법 등도 다양합니다.

❶ 국어: 디지털로 만나는 새로운 읽기와 표현의 세계

> **관련 성취기준**
> [2국06-01] 일상의 다양한 매체와 매체 자료에 흥미와 관심을 가진다.
> [2국06-02] 일상의 경험과 생각을 글과 그림으로 표현한다.

　국어 시간의 디지털 교육은 아이들에게 가장 친숙한 '책 읽기'와 '글쓰기'에서 시작됩니다. 선생님이 전자 칠판에 동화책을 띄워 주시면, 아이들은 생생한 애니메이션과 함께 이야기를 감상합니다. 단순히 보는 것을 넘어서 화면 속 단어를 클릭하면 소리가 나오고, 그림이 움직이는 신기한 경험을 하게 됩니다.

👆 수업 예시: 디지털 그림일기, 우리 가족 이야기

　아이들은 태블릿의 그림판이나 키즈 드로잉 앱 등을 사용해 주말에 가족과 함께한 일을 그림과 글로 표현합니다. 종이에 그릴 때와 달리 색깔을 쉽게 바꿀 수 있고, 그림을 크게 했다가 작게 했다가 할 수 있어서 더욱 자유롭게 표현할 수 있습니다. 완성된 작품은 친구들과 화면으로 공유하며 서로의 이야기를 들어보는 시간을 가집니다.

이런 활동을 통해 아이들은 디지털 매체가 자기 생각을 표현하는 또 다른 즐거운 방법이라는 것을 깨닫게 됩니다.

❷ 수학: AI가 도와주는 맞춤형 수학 놀이

> **관련 성취기준**
>
> [2수03-02] 쌓기나무를 이용하여 여러 가지 입체도형의 모양을 만들고, 그 모양에 대한 위치나 방향을 이용하여 말할 수 있다.
>
> [2수04-01] 여러 가지 사물을 정해진 기준 또는 자신이 정한 기준으로 분류하여 개수를 세어 보고, 기준에 따른 결과를 말할 수 있다.
>
> [2수04-02] 자료를 분류하여 표로 나타내고, 자료를 표로 나타내면 편리한 점을 말할 수 있다.
>
> [2수04-03] 자료를 분류하여 ○, ×, / 등을 이용한 그래프로 나타내고, 자료를 그래프로 나타내면 편리한 점을 말할 수 있다.

수학 시간에는 아이들 개개인의 수준에 맞춰 AI가 문제를 내 주는 특별한 경험을 합니다. '똑똑! 수학탐험대' 같은 AI 기반 학습 앱을 통해 게임 하듯이 수학을 배울 수 있습니다.

🔍 수업 예시: AI 앱과 함께 하는 재미있는 수학 시간

['똑똑! 수학탐험대'로 하는 쌓기나무 입체 탐험]

아이들은 태블릿에서 '똑똑! 수학탐험대'의 교구 활동을 실행한 후, 가상의 쌓기나무를 드래그 앤 드롭으로 조작하며 다양한 입체도형을 만들어 봅니다. 실물 쌓기나무와 달리 화면을 돌려가며 위, 아래, 옆에서 입체적으로 관찰할 수 있어서 공간 감각을 기르는 데 효과적입니다. AI가 아이의 이해도를 파악해서 수준별 맞춤 활동을 제시할 수 있습니다. 선생님은 교사용 화면에서 각 아이의 학습 상황을 확인하며 필요한 도움을 제공합니다.

❸ 바른생활: 디지털 시대의 올바른 습관 기르기

> **관련 성취기준**
> [2바02-04] 새로운 활동에 호기심을 갖고 도전한다.
>
> **성취기준 적용 시 고려 사항**
> [2바02-04] 새로운 활동에 대한 도전과 관련하여 자기 인식과 자신감, 자기 주도성, 위험 감수, 비판적 사고, 창의성, 문제 해결력 등을 다룰 수 있다. 또한 다양한 매체를 활용하면서 디지털 소양과 연계할 수 있다.

바른생활 시간에는 디지털 기기와 함께하는 새로운 활동을 하며, 활용 시 지켜야 할 예절과 습관을 배웁니다.

💡 수업 예시: 디지털 기기와 친구하기

아이들은 태블릿을 처음 만져보면서 올바른 사용법을 배웁니다. "태블릿도 소중한 물건이니까 조심조심 다뤄야 해요."라며 기기를 아끼는 마음을 기르고, 여러 명이 함께 사용할 때는 '친구가 사용하는 동안 차례를 기다려 주기', 혼자 해결하기 어려운 상황에서는 '모르는 화면이 나오면 선생님께 물어보기' 같은 기본적인 디지털 예절을 자연스럽게 익힙니다.

또한 집에서의 스마트폰이나 태블릿 사용에 대해 함께 이야기하며, '하루에 게임 사용 시간을 규칙으로 정하기', '밥 먹을 때는 사용하지 않기' 같은 약속을 아이 스스로 정해 보는 활동도 합니다. 이를 통해 디지털 기기와 건강한 관계를 맺는 법을 배울 수 있습니다.

❹ 슬기로운생활: 지구 환경 지킴이가 되어 보는 언플러그드 코딩

> **관련 성취기준**
> [02슬03-04] 우리의 생활과 관련된 지속 가능성의 다양한 사례를 찾고 탐색한다.

슬기로운생활 시간에는 지속 가능성과 관련된 우리 주변의 환경 문제를 찾아보고, 이를 해결하는 방법을 컴퓨팅 사고를 활용해 접근합니다.

🔍 수업 예시: "지구를 부탁해!" 플라스틱 지킴이 로봇 게임

그림책 『플라스틱 인간』을 함께 읽으며 환경 오염 문제에 관해 이야기 나눕니다. "일회용품을 줄이려면 어떻게 해야 할까?", "환경 오염으로부터 동물을 지키려면 우리가 뭘 할 수 있을까?" 같은 질문을 통해 환경 문제를 함께 고민해 봅니다.

이어서 창의적 체험 활동과 연계한 언플러그드 코딩 활동을 진행합니다. 한 명은 '환경 지킴이 로봇' 역할을, 다른 친구들은 '프로그래머' 역할을 맡습니다. 프로그래머들이 '앞으로 한 칸 가기', '플라스틱 줍기', '오른쪽으로 돌기' 같은 명령어 카드를 순서대로 배열하면, 로봇 역할의 친구가 그 순서대로 움직여 교실 바닥에 흩어진 플라스틱 쓰레기 카드들을 주워 담습니다.

아이들은 즐겁게 활동하면서도 문제를 해결하는 절차적 사고와 순서의 중요성을 몸으로 익히게 됩니다. 또한 AI 로봇이 쓰레기를 자동으로 분류하고 치우는 모습을 보드게임을 활용해 체험하며, 기술이 환경 문제 해결에 어떻게 도움이 될 수 있는지 알아볼 수도 있습니다.

❺ 즐거운생활: 창의력을 키우는 디지털 예술 놀이

> **관련 성취기준**
> [2즐02-04] 다양한 세상을 상상하고 표현한다.

즐거운생활 시간의 디지털 활동은 아이들의 상상력과 창의력을 마음껏 펼칠 수 있는 시간입니다.

🔍 수업 예시: 마법의 세계 그리기

구글의 '오토드로우(AutoDraw)'를 사용해 자신만의 마법 세계를 표현합니다. 오토드로우는 아이들이 서툴게 그린 그림도 AI가 완성된 그림으로 바꿔 주는 도구입니다. 아이가 동그라미를 대충 그어도 '해, 달, 공' 등 다양한 선택지를 제시하고, 선택하면 깔끔한 그림으로 바뀝니다.

> **🎯 가정에서도 이렇게 함께해 주세요**
>
> ① **일상 대화로 연결하기**
> 아이가 "오늘 학교에서 태블릿으로 그림 그렸어요!"라고 말하면, "어떤 그림을 그렸는지 엄마, 아빠에게도 설명해 줄래?" 하고 관심을 보여 주세요. 아이의 디지털 경험을 긍정적으로 받아들이는 것이 중요합니다.
>
> ② **배움을 실천으로 연결하기**
> 아이가 학교에서 플라스틱 지킴이 활동에 참여했다면, 집에서도 함께 일회용품 줄이기, 분리수거 하기 등을 실천해 보세요. "우리도 지구 지킴이가 되어 보자!" 하며 학교 학습과 연결해 주시면 됩니다.
>
> ③ **가정에서도 함께 탐구하기**
> 학교에서 배운 주제를 집에서도 어린이용 교육 앱이나 영상을 보며 이야기 나누어 보세요. 더 깊이 알아보고 싶은 주제를 발견하면 디지털 자료를 활용할 수 있는 방법도 찾아보고, 활용 방법을 함께 탐구해 주세요.

④ **디지털 사용 규칙 함께 정하기**

학교에서 배운 디지털 예절을 바탕으로 가정에서의 스마트폰, 태블릿 사용 규칙을 아이와 함께 정해 보세요. '밥 먹을 때는 핸드폰 안 보기'와 같이 구체적인 약속이 좋습니다.

놀이하듯 즐기며 자라는 디지털 세대

초등 1~2학년 교실에서의 AI·디지털 교육은 거창하거나 어려운 것이 아닙니다. 동화 읽기, 놀이, 그림 그리기, 게임 같은 아이들의 일상 활동 속에 살짝 스며든 형태입니다. 아이들은 즐겁게 참여하는 가운데 자연스럽게 컴퓨팅 사고력과 디지털 활용법의 기초를 배우고 있습니다. 이러한 경험들은 단순히 기술을 익히는 것을 넘어, 문제를 해결하는 힘과 창의력, 바른 태도까지 길러 주는 밑거름이 됩니다. 2022 개정 교육과정의 목표도 바로 여기에 있습니다. 아이들이 미래에 새로운 기술을 접하더라도 스스로 배우고 활용할 수 있는 역량을 키우는 것이지요.

1~2학년 아이들의 디지털 교육에서 가장 중요한 것은 속도가 아닌 올바른 방향입니다. 우리 아이만의 속도로 천천히 디지털 세상에 적응해 나갈 수 있도록 따뜻하게 지켜봐 주세요. 무엇보다 아이들이 '디지털 기기는 나를 도와주는 좋은 도구'라는 생각을 가질 수 있도록 일상에서 함께 지도해 주세요. 이 시기에 형성된 건강한 디지털 관계는 아이가 평생 기술과 함께 성장하는 든든한 밑바탕이 될 것입니다.

3~4학년 수업 속으로: 탐구하며 성장하는 디지털 여행

"아빠, 오늘 창체 시간에 코딩으로 로봇을 움직이게 해 봤어요! 저는 앞으로 가라고 코딩했는데 계속 빙글빙글 돌기만 하더라고요."

"어? 왜 그랬을까?"

"처음엔 이유를 알 수 없었는데, 친구가 회전하기 명령을 잘못 넣은 것 같다고 해서 다시 살펴봤더니 회전하기 명령을 너무 많이 넣은 걸 찾아냈어요. 그래서 다시 고쳤더니 똑바로 갔어요."

"정현이가 스스로 문제를 찾아서 해결했구나. 문제가 해결됐을 때 기분은 어땠어?"

"제대로 움직여서 기분이 좋았어요!"

초등학교 3, 4학년이 되면서 아이들은 디지털 세상을 본격적으로 탐구하며 성장하기 시작합니다. 이때 AI·디지털 교육은 여전히 '재미'와 '호기심'에 기반하면서 조금 더 체계적이고 깊이 있는 탐구 활동으로 구성됩니다.

수업 속 디지털 소양 교육

　3~4학년군에서 진행될 수 있는 디지털 소양 교육 활동을 살펴보겠습니다. 이 활동들은 2022 개정 교육과정의 성취기준을 디지털 소양 내용 요소 체계를 바탕으로 분석하여 구상한 예시 활동입니다.

❶ 국어: 매체로 소통하는 똑똑한 정보 탐험가

> **관련 성취기준**
> [4국06-01] 인터넷에서 학습에 필요한 다양한 자료를 탐색하고 목적에 맞게 자료를 선택한다.
> [4국06-02] 매체를 활용하여 간단한 발표 자료를 만든다.
> [4국06-03] 매체 소통 윤리를 고려하여 매체 자료를 활용하고 공유한다.

　국어 시간의 디지털 교육은 정보를 찾고, 정리하고, 표현하는 전 과정을 다룹니다. 아이들은 인터넷에서 필요한 정보를 스스로 찾아보고 그 정보가 믿을 만한지 판단하는 법을 배웁니다.

수업 예시: 우리가 추천하는 책 소개하기

　아이들은 자신이 읽은 책 중에서 친구들에게 추천하고 싶은 책을 선택합니다. 먼저 그 책에 대한 더 자세한 정보를 얻기 위해 인터넷에서 작가 정보, 책 소개, 다른 사람들의 후기 등을 검색합니다. 어떤 사이트가 믿을 만한지 선생님과 함께 판단하며 신뢰할 수 있는 출처를 구분하는 방법을 익힙니다.

　수집한 정보를 바탕으로 프레젠테이션 프로그램을 사용해 책 소개 자료를 만듭니다. 책 표지 사진과 함께 줄거리, 재미있었던 부분, 추천 이유 등을 정리하며 "어떻게 하면 친구들이 이 책을 읽고 싶어 할까?"를 고민합니다.

자료를 만드는 과정에서 다른 사람의 사진이나 글을 사용할 때는 출처를 밝혀야 한다는 저작권 개념도 함께 배울 수 있습니다.

이런 활동을 통해 아이들은 디지털 매체가 자기 생각과 느낌을 친구들과 나눌 수 있는 생산적인 도구라는 것을 배울 수 있습니다.

❷ 사회: 지도와 데이터로 보는 우리 동네 이야기

> **관련 성취기준**
>
> [4사02-03] 지역의 변화상을 보여 주는 역사 자료를 분석하여 지역 사람들의 달라진 생활 모습을 파악한다.

사회 시간에는 디지털 지도와 다양한 온라인 자료를 활용해 우리 지역의 모습을 탐구합니다. 과거와 현재를 비교하며 변화의 모습을 발견하는 재미있는 시간 여행을 떠납니다.

수업 예시: 우리 동네 시간 여행 프로젝트

아이들은 디지털 지도(구글 어스, 네이버 지도 등)를 활용해 우리 동네의 현재 모습을 살펴봅니다. 위성 사진 모드로 바꿔 학교, 집, 공원 등을 찾아보면서 지도 읽기에 자연스럽게 익숙해집니다. 또한 지역 도서관이나 구청 홈페이지에서 옛날 사진을 찾아보고 현재와 비교해 봅니다. "여기 있던 논밭이 아파트가 되었네!", "이 길은 예전에는 없었구나!" 같은 발견을 하며 지역의 변화상을 파악합니다.

수집한 자료를 바탕으로 '우리 동네 변천사'라는 디지털 타임라인을 만들어 봅니다. 과거 사진과 현재 사진을 나란히 놓고 변화된 모습에 대한 설명을 덧붙여 온라인 전시관을 만들어 친구들과 공유합니다.

❸ 도덕: 디지털 세상의 올바른 시민 되기

> **관련 성취기준**
> [4도03-02] 디지털 사회에서 발생하는 다양한 문제를 살펴보고, 해결 방안을 탐구하여 정보 통신 윤리에 대한 민감성을 기른다.

도덕 시간에는 디지털 세상에서 지켜야 할 기본적인 예절과 올바른 사용법을 배웁니다. 온라인에서 친구들과 예의 바르게 소통하는 방법이나, 디지털 기기를 사용할 때 지켜야 할 기본 규칙들을 실제 상황을 통해 익힙니다.

🔍 수업 예시: 디지털 예절 배우기

선생님이 간단한 상황을 제시합니다.

"친구가 온라인 게임에서 속상한 일이 있었다고 해요. 어떻게 위로해 줄 수 있을까요?"

아이들은 소그룹으로 나누어 온라인에서도 친구를 배려하는 방법에 대해 이야기를 나눕니다.

'디지털 기기를 사용할 때 지켜야 할 약속'에 대해서도 함께 생각해 봅니다. 집에서 태블릿이나 컴퓨터를 사용할 때의 시간 약속, 가족과 함께 정한 규칙 등을 서로 나누며 건전한 디지털 사용 습관을 기릅니다. 아이들은 자신들이 정한 디지털 예절을 그림이나 간단한 글로 표현하여 교실에 전시하고 실천 방법을 친구들과 공유합니다.

❹ 수학: AI와 함께하는 데이터 탐험가

> **관련 성취기준**
>
> [4수04-01] 자료를 수집하여 그림그래프나 막대그래프로 나타내고 해석할 수 있다.
>
> [4수04-03] 탐구 문제를 해결하기 위해 자료를 수집 · 정리하여 막대그래프나 꺾은선그래프로 나타내고 해석할 수 있다.

수학 시간에는 데이터를 수집하고 분석하는 전 과정을 체험합니다. 온라인 설문 도구부터 그래프 생성 프로그램까지 다양한 디지털 도구를 활용합니다.

🔍 수업 예시: 우리 반 데이터 분석가

수업은 '우리 반 친구들이 가장 좋아하는 것은 무엇일까?'라는 궁금증으로 시작합니다. 모둠을 구성하여 각 모둠별로 조사 주제를 정합니다. 온라인 설문 도구를 활용해 친구들이 좋아하는 색깔, 음식, 취미 등을 조사합니다.

수집된 자료를 어린이용 그래프 만들기 도구를 사용해 막대그래프로 나타내 봅니다. 선생님은 교사용 화면을 통해 각 모둠의 그래프 작성 과정을 실시간으로 확인하며 피드백을 제공합니다. 아이들은 모둠별 협력을 통해 자료의 특성에 따라 적절한 그래프를 선택하는 방법을 자연스럽게 익히게 됩니다.

❺ 과학: 디지털로 조사하는 생명과학

> **관련 성취기준**
>
> [4과12-03] 우리 생활에 생명과학이 이용되는 사례를 소개하는 자료를 만들어 공유할 수 있다.

과학 시간에는 디지털 도구를 활용해 조사하고, 실험하고, 결과를 공유하는 과학자의 연구 과정을 체험합니다.

> **수업 예시: 생명과학과 우리 생활 디지털 조사단**

'우리 생활에서 생명과학이 어떻게 활용되고 있을까?'라는 주제로 모둠별 조사 활동을 시작합니다. 각 모둠은 태블릿이나 컴퓨터를 활용해 인터넷에서 생명과학 활용 사례를 조사합니다.

모둠별로 '음식 만들기에 사용되는 생명과학', '병을 치료하는 생명과학', '환경을 지키는 생명과학' 등 서로 다른 영역을 담당하여 자료를 수집합니다. 찾은 정보와 사진을 정리하여 간단한 디지털 자료집을 만들어 봅니다.

완성된 자료는 전자칠판을 통해 모둠별로 발표하며 공유합니다. 친구들은 각 모둠의 발표를 들으며 생명과학이 생각보다 우리 생활 곳곳에서 활용되고 있다는 것을 알게 됩니다. 선생님은 "어떤 사이트에서 정보를 찾았니?", "이 사례가 우리 생활에 어떤 도움이 될까?" 같은 질문으로 아이들의 사고를 확장해 줍니다.

❻ 체육: 건강한 디지털 라이프

> **관련 성취기준**
> [4체01-05] 자신의 신체적 특징을 긍정적으로 인식하고 운동 계획을 세워 안전하게 활동한다.
> [4체02-10] 다양한 스포츠 환경에 개방적인 태도를 갖고 적극적이고 안전하게 스포츠 활동에 참여한다.

체육 시간에는 디지털 기기를 활용해 자신의 건강 상태를 관리하고, 가상현실 스포츠도 체험합니다.

🔍 수업 예시: 나만의 건강 트레이너

스마트워치나 스마트폰 앱을 활용해 자신의 걸음 수, 활동량, 심박수 등을 측정해 봅니다. 일주일 동안 기록한 데이터를 그래프로 만들어 자신의 활동 패턴을 분석합니다.

VR 헤드셋을 이용해 가상의 스키장에서 스키를 타거나 바닷속에서 다이빙하는 등 평소 체험하기 어려운 스포츠를 간접 체험해 봅니다. 가상 현실 체험 시설을 검색하고 체험을 위한 방문 계획을 수립합니다. 이를 통해 다양한 스포츠에 관심을 가지고 도전 의식을 기릅니다.

❼ 음악: 디지털 음악 창작소

> **관련 성취기준**
> [4음01-04] 생활 속에서 음악을 경험하며 연주에 관심을 가지고 참여한다.
> [4음03-01] 느낌과 상상을 즉흥적으로 표현하며 음악에 대한 흥미를 갖는다.

음악 시간에는 디지털 도구를 활용해 나만의 음악을 만들고 공유하는 창작 활동을 합니다.

🔍 수업 예시: 디지털 음악 놀이터

'크롬 뮤직 랩'이나 '구글 아트 앤 컬쳐'의 음악 도구를 사용해 자신만의 소리를 만들어 봅니다. 마우스 클릭만으로 다양한 악기 소리를 조합하고 리듬을 맞추며 음악 창작을 경험할 수 있습니다.

기쁠 때의 기분, 깜짝 놀랐을 때의 느낌, 신나는 마음 등 자신의 감정과 상상을 디지털 도구로 즉흥적으로 표현해 봅니다. "이 음은 내가 신날 때 마음 같아요!", "이 리듬은 깜짝 놀란 기분이에요!"라며 자신의 느낌과 상상을 음악으로 자유롭게 표현합니다.

완성된 음악은 교실에서 함께 들으며 서로 어떤 소리를 표현했는지 맞히는 게임을 하거나, 친구들의 작품을 듣고 감상평을 나눕니다.

❽ 미술: 디지털로 발견하는 조형 요소

> **관련 성취기준**
> [4미01-01] 자연물과 인공물을 탐색하는 데 다양한 감각을 활용할 수 있다.

미술 시간에는 디지털 매체의 특성을 활용해 자연물과 인공물을 새롭게 탐색합니다.

🔍 수업 예시: 자연과 인공물 속 조형 요소 탐험가

별자리 누리집을 통해 다양한 별자리를 관찰하며 "별자리는 점과 선으로 이루어져 있구나!"를 발견합니다. 이어서 간단한 그리기 프로그램을 사용해 나만의 별자리를 점과 선으로 만들어 봅니다.

본격적인 탐험 활동으로 태블릿 카메라나 인터넷 검색을 통해 자연물과 인공물 사진을 수집합니다. 나뭇잎의 점무늬, 건물의 직선, 꽃잎의 둥근 형태 등에서 점, 선, 형의 조형 요소를 찾아보며 디지털 도구로 표시하고 정리합니다.

❾ 영어: 세계와 소통하는 디지털 영어

> **관련 성취기준**
> [4영01-08] 다양한 매체로 표현된 담화나 문장을 흥미를 가지고 듣거나 읽는다.
> [4영02-09] 적절한 매체나 전략을 활용하여 창의적으로 의미를 표현한다.

영어 시간에는 다양한 디지털 매체를 활용해 영어에 대한 흥미를 높이고, 창의적으로 표현하는 방법을 배웁니다.

🔍 수업 예시: 디지털로 만나는 영어 세상

아이들은 영어 동요 영상이나 전자책을 활용해 자연스럽게 영어를 접합니다. 태블릿으로 영어 e-book을 읽으며 단어를 클릭하면 소리가 나오는 기능을 체험하고, 영어로 된 간단한 게임이나 퍼즐을 풀어 봅니다.

간단한 영어 단어나 문장을 그림과 함께 디지털 카드로 만들어 보는 활동도 합니다. 'Hello', 'Thank you', 'Apple' 같은 기초 단어를 예쁜 그림과 함께 정리하며 나만의 영어 단어장을 만들어 봅니다.

온라인 영어 학습 프로그램을 통해 원어민 발음을 듣고 따라 말해 보며, 디지털 매체가 영어 학습에 어떤 도움이 되는지 체험합니다.

🎯 가정에서도 이렇게 함께해 주세요

① **자녀의 학습 주제에 관심 두기**

아이가 국어 시간에 발표 자료를 만든다면 집에서는 아이가 좋아하는 주제로 간단한 포스터를 함께 만들어 보세요. 종이나 색종이를 이용하거나, 스마트 기기의 그림 그리기 앱을 활용하면 아이도 흥미를 느낄 수 있습니다. "제목은 어떻게 할까?", "중요한 내용은 뭐지?" 같은 질문을 함께 던져 보며 내용을 정리해 보세요.

② **디지털 매체로 소통하기**

아이가 학교에서 디지털 발표 자료를 만들거나 온라인으로 작품을 공유하는 활동을 했다면, 집에서도 아이와 함께 간단한 디지털 도구를 활용해 소통해 보세요. 스마트폰으로 가족사진을 찍어 간단한 메시지와 함께 할머니께 보내거나 태블릿으로 그린 그림에 설명을 써서 가족들과 공유하며 디지털을 통한 소통 경험을 가정에서도 확장할 수 있습니다.

③ **생활 속 디지털 탐험하기**

주말에는 '우리 집 디지털 보물찾기'를 해 보세요. 스마트폰, 냉장고, 로봇청소기처럼 집에 있는 디지털 기기를 함께 찾아보고 디지털 기술이 가전제품에서 어떤 역할을 하는지 알아봅니다. "이건 어떻게 작동할까?", "우리 생활에서 어떤 도움이 될까?" 같은 질문으로 사고를 확장해 보세요.

함께 생각하고 표현하는 디지털 교실

초등 3~4학년 교실에서의 AI·디지털 교육은 아이들이 스스로 질문하고 답을 찾아가는 탐구자로 성장하도록 돕습니다. 이 시기의 디지털 교육은 교과 수업과 자연스럽게 연결되어 아이들이 디지털 도구를 학습의 친구처럼 여길 수 있도록 도와줍니다.

단순히 기술을 익히는 것을 넘어 문제를 발견하고 해결하는 능력, 창의적으로 표현하는 능력, 타인과 소통하고 협력하는 능력을 종합적으로 기릅니다. 이 시기에 가장 중요한 것은 아이들이 디지털 기술을 통해 "나도 뭔가 의미 있는 일을 할 수 있구나!"라는 자신감을 느끼는 것입니다. 작은 프로젝트라도 스스로 기획하고 실행해 보는 경험을 통해 미래 사회의 주도적인 시민으로 성장할 수 있는 기반을 마련합니다.

초등 3~4학년의 AI·디지털 교육은 스스로 해 보며 배우는 즐거운 탐험과 같습니다. 이 시기에 중요한 건 속도가 아니라 그것을 활용해 스스로 답을 찾으며 작은 성취를 경험하는 깊이에 있습니다. 우리 아이들이 디지털을 친구처럼 만나 정말 재미있고 의미 있는 것을 할 수 있도록 격려해 주세요. 이런 경험들이 앞으로의 배움에 든든한 밑거름이 될 것입니다.

5~6학년 수업 속으로:
미래를 만들어 가는 디지털 창작자

"아빠, 이 기사 진짜일까요? 친구들은 다 믿던데 나는 좀 이상했어요."

"네가 그렇게 생각했다니 대단한데? 어느 부분이 이상했어?"

"제목이 너무 자극적이었고, 내용이 다른 뉴스랑 달랐어요. 선생님이 알려 주신 '팩트 체크' 방법에 따라서 뉴스를 분석해 봤거든요. 비슷한 뉴스가 다른 데에도 있는지 검색해 보고, 글을 쓴 사람이 누구인지도 찾아보고. 그리고 제목이랑 내용이 잘 맞는지도 다시 읽어 보면서 뉴스 내용이 서로 맞지 않는 점들을 발견했어요."

초등학교 5, 6학년은 AI·디지털 교육에서 중요한 전환점이 되는 시기입니다. 이 시기 아이들은 단순히 디지털 기술을 사용하는 것을 넘어 스스로 문제를 발견하고 해결하며, 창의적인 콘텐츠를 만들어 내는 '디지털 창작자'로 성장합니다. "우리 아이가 벌써 이런 걸 할 수 있나요?"라고 놀라실 학부모님들이 많으시겠지만, 5~6학년의 AI·디지털 교육은 아이들의 무한한 가능성을 현실로 만들어 가는 과정입니다.

수업 속 디지털 소양 교육

　5~6학년군에서 진행될 수 있는 디지털 소양 교육 활동을 구체적으로 살펴보겠습니다. 이 활동들은 2022 개정 교육과정의 성취기준을 디지털 소양 내용 요소 체계와 연계하여 진행될 수 있는 수업 상황을 예상하여 구상한 활동입니다.

❶ **국어: 정보의 진실을 찾는 디지털 탐정**

> **관련 성취기준**
> [6국06-01] 정보 검색 도구를 활용하여 자신의 목적에 맞는 매체 자료를 찾는다.
> [6국06-02] 뉴스 및 각종 정보 매체 자료의 신뢰성을 평가한다.
> [6국06-03] 적합한 양식과 수용자의 반응을 고려하여 복합 양식 매체 자료를 제작하고 공유한다.

　국어 디지털 교육은 정보를 비판적으로 분석하고 창의적으로 재생산하는 전 과정을 다룹니다. 아이들은 디지털 시대의 정보 홍수 속에서 올바른 정보를 찾아내고 가공하는 '디지털 소양'의 핵심을 익힙니다.

수업 예시: 가짜 뉴스 탐정단 프로젝트

　아이들은 최근 사회 이슈 중 하나를 선택하여 관련 뉴스를 다양한 온라인 매체에서 수집합니다. 같은 사건을 다룬 여러 기사를 비교 분석하며 "어떤 기사가 더 믿을 만할까?", "이 통계는 정확할까?"라는 질문을 던집니다.
　탐정 활동의 핵심은 뉴스의 출처 확인, 작성자의 전문성 검토, 사용된 사진이나 동영상의 진위 파악입니다. 아이들은 팩트체킹과 체크리스트를 활용하고, 여러 신뢰할 만한 언론사의 보도를 교차 검증하며 정보의 신뢰성을 평가하는 방법을 체계적으로 익힙니다.

분석 결과를 바탕으로 카드 뉴스나 짧은 영상을 제작하여 '우리가 찾은 진실'을 친구들과 공유합니다. 이 과정에서 복합 양식 매체 자료 제작 기술도 자연스럽게 익히게 됩니다.

❷ 수학: 데이터로 읽는 우리 사회

> **관련 성취기준**
> [6수04-01] 평균의 의미를 알고, 자료를 수집하여 평균을 구하고 해석할 수 있다.
> [6수04-03] 탐구 문제를 설정하고, 그에 맞는 자료를 수집·정리하여 적절한 그래프로 나타내고 해석할 수 있다.

수학에서는 실제 사회의 데이터를 수집하고 분석하는 전 과정을 체험합니다. 공학 도구와 온라인 플랫폼을 적극 활용하여 복잡한 현실 문제를 수학적으로 해결합니다.

💡 수업 예시: 우리 동네 환경 데이터 분석가

아이들은 "우리 동네는 얼마나 친환경적일까?"라는 큰 질문에서 시작합니다. 모둠별로 미세먼지 농도, 기온 변화, 재활용률 등 다양한 환경 지표를 조사 주제로 정합니다.

기상청, 환경부, 지자체 홈페이지에서 실제 데이터를 수집하고, 스프레드시트 프로그램(엑셀, 구글 시트 등)을 활용하여 데이터를 정리합니다. 복잡한 계산은 계산기를 사용하며, 온라인 차트 도구(Google Charts, 알지오매스 등)로 데이터를 시각화합니다.

"작년 같은 시기와 비교하면 어떨까?", "우리 동네와 다른 지역은 어떤 차이가 있을까?" 같은 추가 질문을 통해 분석을 심화하고, 수학적 데이터가 실제 생활 문제 해결에 어떻게 활용되는지 체험합니다.

❸ 과학: 첨단 기술로 탐구하는 과학자

> **관련 성취기준**
> [6과01-03] 화석의 생성 과정을 모형으로 설명하고, 지구의 과거 생물과 환경을 추리하는 활동을 통해 화석의 가치를 인식할 수 있다.
> [6과12-03] 지구의 공전을 알고, 계절에 따라 달라지는 별자리를 관찰할 수 있다.

과학에서는 실감형 자료와 천체 관측 프로그램 등 첨단 디지털 도구를 활용하여 과학 현상을 탐구합니다.

💡 수업 예시: 가상 현실 속 지구 역사 탐험

아이들은 VR 헤드셋을 착용하고 중생대 공룡 시대로 시간 여행을 떠납니다. 가상 현실 속에서 직접 화석 발굴 체험을 통해 화석이 만들어지는 과정을 관찰합니다. 실제로 만질 수는 없지만 360도로 화석을 관찰하며 세부 구조를 파악할 수 있습니다.

천체 관측 프로그램을 활용하여 계절별 별자리 변화를 관찰하고, 지구의 공전과 자전이 어떻게 별자리 관측에 영향을 미치는지 시뮬레이션으로 확인합니다. 아이들은 태블릿으로 관찰 결과를 기록하고, 디지털 도구로 관찰 보고서를 작성하여 공유합니다.

❹ 사회: 빅데이터로 분석하는 사회 현상

> **관련 성취기준**
> [6사02-02] 우리나라의 지역별 인구 분포의 특징을 알아보고, 이에 따른 문제점과 해결 방안을 탐색한다.

사회에서는 통계청 누리집과 다양한 공공 데이터를 활용하여 사회 현상을 분석하고 해결 방안을 모색합니다.

🔍 **수업 예시: 지역별 인구와 산업 특성 탐구 프로젝트**

아이들은 통계청 누리집에서 지역별 인구 분포, 주요 산업, 생활 인프라 등의 데이터를 수집하여 우리나라 인구와 도시산업의 관계를 분석합니다.

디지털 지도 프로그램(구글 어스, 네이버 지도 등)을 활용해 "서울과 강원도는 어떤 산업이 발달했을까?", "우리 지역만의 특색은 무엇일까?" 등을 색깔별로 시각화합니다.

통계 자료 분석을 통해 인구 밀집(수도권 과밀화)과 인구 공동화(농촌 인구 감소) 등의 문제점을 파악하고, 지역 균형 발전을 위한 해결 방안을 모둠별로 토론합니다. 토론 결과는 패들렛, 띵커벨 등의 온라인 플랫폼에서 전체 학급이 함께 공유합니다.

❺ 실과: 정보 교육의 첫걸음

> **관련 성취기준**
> [6실04-06] 로봇의 융합 기술을 이해하고, 간단한 로봇을 만들어 코딩과 프로그램을 적용하여 동작시키는 체험을 통해 융합 기술의 가치를 인식한다.
> [6실05-05] 인공 지능이 만들어지는 과정을 체험하고, 인공 지능이 사회에 미치는 영향을 탐색한다.

실과에서는 창의적 체험 활동이나 학교 자율 시간과 연계하여 5~6학년군 동안 34시간 이상의 체계적인 정보 교육을 통해 정보 교육의 첫걸음을 시작하며 로봇 조작 및 제작과 인공 지능 체험을 경험합니다.

> **수업 예시: 우리 학교 도우미 로봇 개발자**

아이들은 학교생활에서 불편한 점이나 개선이 필요한 부분을 찾아 이를 해결할 수 있는 로봇을 설계합니다. '급식실에서 식판을 나르는 로봇', '도서관에서 책을 찾아 주는 로봇' 등 실용적인 아이디어를 구상합니다.

블록 기반 프로그래밍 도구(엔트리, 스크래치 등)를 사용하여 로봇의 움직임을 제어하고, 센서를 활용해 주변 환경을 인식하도록 프로그래밍합니다. 3D 프린터나 재활용 재료로 로봇의 외형을 제작하며 메이커 활동을 경험할 수도 있습니다.

인공 지능 체험에서는 교육용 기계 학습 도구(티처블머신, 엔트리 AI 등)를 활용하여 '컴퓨터가 많은 데이터를 보고 패턴을 찾아 학습한다.'라는 기계 학습의 기본 원리를 직접 체험합니다. 아이들이 직접 이미지나 음성 데이터를 입력하여 간단한 분류 모델을 훈련시키며 AI 학습 과정을 확인합니다. 이러한 체험을 바탕으로 인공 지능이 일자리, 교육, 의료 등 사회 각 분야에 미치는 영향을 구체적 사례를 통해 토론합니다.

❻ 음악: 디지털 음악 프로듀서

> **관련 성취기준**
> [6음03-03] 음악의 요소를 활용하여 간단한 음악을 만든다.
> [6음03-04] 생활 주변 상황이나 이야기를 활용하여 음악을 만들며 열린 태도를 갖는다.

음악에서는 디지털 음악 제작 도구를 활용하여 창작의 즐거움을 경험합니다.

💡 수업 예시: 학교 축제 홍보 뮤직비디오 제작단

아이들은 다가오는 학교 축제를 홍보하기 위한 음악을 제작합니다. 수노(SUNO) 같은 AI 음악 생성 도구를 활용하여 멜로디와 리듬을 만들고, 축제의 즐거운 분위기와 다양한 부스 활동을 가사로 표현합니다.

완성된 음악에 맞춰 뮤직비디오도 제작합니다. 캡컷(CapCut) 등의 영상 편집 앱을 사용하여 학교 곳곳과 축제 준비 과정을 촬영한 영상과 음악을 결합하고, 자막과 특수 효과를 추가하여 완성도 높은 축제 홍보 영상을 만듭니다. 제작 과정에서 패들렛을 활용해 아이디어를 공유하고 피드백을 주고받으며 협력합니다.

❼ 미술: 문화 탐방 큐레이터

> **관련 성취기준**
> [6미03-03] 공동체의 미술 문화 활동에 관심을 가지고 참여하며 경험을 공유할 수 있다.
> [6미02-02] 디지털 매체 등 다양한 표현 재료와 용구를 탐색하여 작품 제작에 활용할 수 있다.

미술에서는 지역 문화 활동에 참여하고 디지털 매체를 활용한 창작 경험을 공유합니다.

💡 수업 예시: 우리 동네 문화 큐레이터

아이들은 지역의 문화센터, 구립 미술관, 갤러리 등을 직접 방문하고, 국립현대미술관이나 해외 유명 미술관은 온라인 가상 전시로 관람합니다. 지역 문화 행사 참여와 온라인 미술관 활용을 통해 다양한 미술 작품과 문화 활동을 경험합니다.

관람한 문화 공간들을 캔바(Canva) 등의 디자인 도구로 문화 공간 추천 가이드북을 제작하고, 띵커벨(ThingLink)에서 친구들과 공유하며 지역 문화의 매력을 나눕니다.

❽ 체육: 디지털 건강 관리 파트너

> **관련 성취기준**
> [6체01-04] 운동 및 생활 속 위험 상황, 성장 발달을 저해하는 생활 방식의 문제점을 파악하고 예방 및 대처 방법을 익혀 안전하게 활동한다.

체육에서는 웨어러블 기기와 건강 관리 앱을 활용하여 자기 주도적인 건강 관리 능력을 기르고, 디지털 오남용이 성장 발달에 미치는 영향을 분석합니다.

수업 예시: 스마트 건강 관리 챌린지

아이들은 웨어러블 기기를 활용하여 일일 활동량, 수면 시간, 심박수와 함께 디지털 기기 사용 시간을 함께 측정하고 기록합니다. 수집된 데이터를 스프레드시트에 입력하여 주간·월간 단위로 분석하며, 디지털 기기 사용 시간과 신체 활동량, 수면 상태에 따라 상관관계를 그래프로 시각화합니다.

"스마트폰을 많이 사용한 날과 적게 사용한 날의 운동량은 무엇이 다를까?", "수면 전 디지털 기기 사용이 수면의 질에 어떤 영향을 미칠까?" 등의 질문을 통해 디지털 과의존이 신체 건강에 미치는 영향을 스스로 발견하게 됩니다.

분석 결과를 바탕으로 건강한 디지털 사용 습관과 규칙적인 운동을 연계한 개인별 실천 계획을 수립하고, 친구들과 온라인으로 건강한 생활 습관 실천 현황을 공유하며 서로 격려합니다.

❾ 영어: AI와 함께하는 개별화 학습

> **관련 성취기준**
> [6영01-08] 다양한 매체로 표현된 담화나 문장을 흥미를 가지고 듣거나 읽는다.
> [6영02-09] 적절한 매체와 전략을 활용하여 창의적으로 의미를 생성하고 표현한다.

영어에서는 AI 기반 학습 플랫폼을 활용하여 개별 맞춤형 학습과 창의적 표현 능력을 기릅니다.

수업 예시: AI 기반 개별화 영어 학습

교사는 교과서 단원 주제와 관련된 영어 도서를 리딩앤(READING &) 플랫폼에서 선별하여 학생별 수준에 맞게 배정합니다. 교과서로 기본 어휘와 표현을 학습한 후, 학생들은 개별 태블릿에서 관련 주제의 도서를 읽으며 심화 학습을 진행합니다.

AI가 개별 학습 수준을 분석하여 적절한 난이도의 책을 추천합니다. 학생들은 책을 읽은 후 독서 내용을 바탕으로 AI와 대화하는데, 이때 AI가 학생 수준에 맞춰 문장 교정도 해 줍니다. 교사는 학습 관리 시스템을 통해 학생들의 개별 학습 현황을 확인하고, 학년말 학생들의 독서 경험을 활용한 발표회나 전시회 등으로 연계할 수도 있습니다.

🎯 가정에서도 이렇게 함께해 주세요

① **비판적 사고력 함께 기르기**

아이가 인터넷에서 찾은 정보나 뉴스를 볼 때, "이 정보가 정말 맞을까?", "다른 곳에서는 어떻게 말하고 있을까?"라는 질문을 함께 던져 보세요. 여러 소스를 비교해 보고 신뢰할 만한 정보를 구별하는 연습을 가정에서도 지속해 주세요.

② **창작 활동 격려하기**

아이가 학교에서 만든 디지털 콘텐츠(동영상, 음악, 그림 등)를 함께 감상하고 격려해 주세요. 집에서도 간단한 영상 편집이나 음악 만들기 앱을 활용하여 가족 추억을 담은 작품을 함께 만들어 보는 것도 좋습니다.

③ **사회 문제에 관심 두기**

뉴스를 함께 보며 사회 문제에 관해 대화하고, 아이가 관심 있어 하는 문제가 있다면 관련 데이터를 함께 찾아보고 분석해 보세요. "우리가 할 수 있는 일은 무엇일까?"를 함께 고민하며 실천 방안도 모색해 보세요.

④ **디지털 윤리 실천하기**

온라인에서 타인을 배려하는 방법, 개인 정보 보호의 중요성, 저작권 존중 등에 대해 꾸준히 대화하세요. 가족 모두가 건전한 디지털 사용 습관을 갖도록 함께 규칙을 정하고 실천해 보세요.

⑤ **미래 진로 탐색하기**

아이가 관심 있는 분야가 미래 디지털 사회에서 어떻게 발전할지 함께 상상해 보세요. 로봇 공학자, AI 개발자, 디지털 아티스트 등 다양한 미래 직업을 알아보며 꿈을 키울 수 있도록 응원해 주세요.

미래를 만들어 가는 디지털 창작자로

초등 5~6학년 교실에서의 AI·디지털 교육은 아이들이 디지털 기술의 소비자에서 창작자로, 수동적 사용자에서 능동적 문제 해결자로 성장하도록 돕습니다. 이 시기는 아이들이 자신만의 디지털 정체성을 형성하고 기술을 통해 세상을 더 나은 곳으로 만들어 갈 수 있다는 꿈을 품을 수 있는 중요한 시기입니다.

우리 아이들은 이제 단순히 정보를 검색하는 것을 넘어 정보의 진위를 판별하고, 데이터를 분석하여 의미를 찾아냅니다. 나아가 인공 지능과 협력하여 창의적인 해결책을 모색하고, 디지털 윤리를 체득하여 온라인 공간에서도 타인을 존중하고 배려하는 성숙한 시민으로 성장합니다.

무엇보다 중요한 것은 아이들이 "나도 이 디지털 세상을 더 좋게 만들 수 있어."라는 자신감과 책임감을 가지는 것입니다. 작은 프로젝트에서 시작하여 점차 더 큰 꿈을 향해 나아가며, 미래 사회의 주도적인 창작자로 성장할 수 있는 토대를 마련합니다.

초등 5~6학년 아이들의 디지털 교육에서 가장 중요한 것은 기술을 익히는 것뿐만 아니라 디지털 기술을 올바르게 사용할 수 있는 가치관을 함께 기르는 일입니다. 디지털 기술이 인간의 삶을 풍요롭게 하고 사회 문제를 해결하는 유용한 수단임을 아이들이 인식할 수 있도록 이끌어 주세요. 이 시기에 형성된 건전한 디지털 가치관과 창의적 문제 해결 능력은 아이가 평생에 걸쳐 변화하는 디지털 세상을 슬기롭게 살아가는 든든한 나침반이 될 것입니다.

교실 속 디지털 항해, 가정으로 이어져야 합니다

"엄마, 오늘 국어 시간에 특별한 AI 선생님을 만났어요."
4학년 수빈이는 가방을 벗자마자 들뜬 얼굴로 말했습니다.
"AI 선생님을 만났다고? 어떤 선생님인데?"
"의견을 나타내는 글을 쓰는 걸 공부했어요. 선생님이 AI 챗봇과 함께 글을 수정해 보라고 하셔서 우리 학교 급식에 대한 의견을 썼어요."
"그래? 어떤 글을 썼는데?"
수빈이는 가방에서 공책을 꺼내 엄마에게 보여 주었습니다.

[우리 학교 급식은 맛있다. 특히 김치찌개는 돼지고기가 듬뿍 들어가서 집에서 먹는 것처럼 맛있다. 그런데 음식이 가끔 너무 짜거나 아이들이 좋아하지 않는 종류의 식단일 땐 잔반이 너무 많이 나온다. 아이들이 편식하는 것도 문제지만 식단이 좋아하지 않는 음식으로만 되어 있는 것도 원인이라고 생각한다. 아이들에게 한 달에 한 번 설문 조사를 해서 식단을 좀 더 다양하게 짜면 잔반을 줄일 수 있을 거라고 생각한다.]

> 엄마는 글을 읽으며 고개를 끄덕였습니다.
> "우리 수빈이가 이런 글을 다 썼네. 정말 잘 썼다."
> "AI가 도와줬어요. 처음엔 그냥 '급식이 맛있다.'는 얘기를 썼는데 AI가 계속 질문을 해서 내용이 이렇게 달라졌어요."
> 엄마는 핸드폰을 보며 시간을 확인했다.
> "그랬구나. 그런데 벌써 저녁 먹을 시간이네. 오늘 숙제는 뭐야?"
> "독서록 쓰기요."
> "그럼 얼른 저녁 먹고 하자."

이 수업은 다음과 같은 4학년 국어과 성취기준에 따라 진행된 활동입니다.

> **관련 성취기준**
> [4국03-01] 중심 문장과 뒷받침 문장을 갖추어 문단을 쓰고, 문장과 문단을 중심으로 고쳐 쓴다.
> [4국03-03] 대상에 대한 자신의 의견과 그렇게 생각한 이유가 드러나게 글을 쓴다.

성취기준 도달을 위해 수업 중 AI 챗봇을 활용해 글을 고쳐 쓰는 과정이 포함되었습니다. AI 챗봇은 아이에게 단계적으로 질문을 던지며 막연했던 생각을 구체화하도록 도왔고, 수빈이는 단순한 감상에서 시작해 논리적인 글을 완성할 수 있었습니다.

하지만 그날 수빈이가 경험한 의미 있는 학습은 학교의 문턱을 넘지 못했습니다. 엄마는 수빈이가 쓴 글을 읽어 보고 "정말 잘 썼다."라고 칭찬했지만, 정작 그 글이 어떤 과정을 거쳐 완성되었는지, 수빈이가 그 과정에서 무엇을 느꼈는지 더 이상 관심을 보이지 않았습니다. 만약 엄마가 "AI가 어떤 질문을 했을 때 가장 도움이 되었어?"라고 묻거나, "우리집 식단에 대해서도 네 의견을 말해 볼까?"라고 대화를 이어 갔다면, 수빈이는 자신의 학습 경험을 되돌아보며 논리적 사고력을 더 심화할 수 있었을 것입니다.

교실에서 출발한 디지털 학습의 항해, 항로는 가정에서 함께 정하기

　디지털 교육은 단순한 기술 활용을 넘어 생각하는 힘과 디지털을 활용한 적극적인 표현력, 올바른 판단까지 아우르는 역량을 기르는 과정입니다. 2022 개정 교육과정은 AI 디지털 소양을 교과와 창의적 체험 활동 전반에 통합하여 제시하고 있고 학교에서는 변화된 흐름에 맞춰 교육이 이루어지고 있습니다.

　하지만 학교에서 다양한 디지털 교육이 이루어지더라도 그 배움이 아이들의 일상에서 뿌리내리지 않으면 금세 잊히고 맙니다. 교실에서의 경험이 생활 속 실천을 통해 확장되지 않으면 기술은 단순한 기능에 그칠 뿐, 아이들의 진정한 역량으로 체화되지 않기 때문입니다.

　수빈이의 의견을 나타내는 글쓰기 수업이 단순히 학교에서의 체험으로 끝나지 않고 엄마와의 대화를 통해 일상으로 연결이 되었다면 어땠을까요? 아이가 완성한 글을 읽어보는 것으로 그치지 않고 경험을 확장해 줄 더 깊은 관심과 질문이 있었다면 의미 있는 배움으로 연결되는 순간을 가질 수 있었을 것입니다. 가정은 배운 것을 실험해 보는 공간이자 배움의 깊이를 더하고 넓이를 확장하는 무대가 되어야 합니다.

부모는 '디지털 안내자'

　많은 학부모님이 "저는 그런 걸 잘 몰라서요."라고 말씀하실 수 있습니다. 하지만 디지털 시대의 부모는 동행자가 되어야 합니다. 아이와 함께 도구를 사용하고, 함께 실수하고, 아이의 성장에 함께 감탄해 주는 것. 그것이 바로 부모의 역할입니다.

교실 수업에서 아이들이 '의사결정 알고리즘 만들기' 수업을 한 사례로 살펴볼까요?

'학교에 우산을 챙겨 가야 하는지 판단하는 알고리즘을 만들어 보자!'를 주제로, [비 소식 있음 → 시간 확인 → 등교 시간과 겹침 → 우산 챙기기]와 같은 순서도를 만드는 수업을 했습니다. 아이는 이 수업이 흥미로웠고 집에 돌아와 수업에 관한 얘기를 엄마와 나눴습니다.

저녁을 준비하는 시간 엄마는 아이에게 "오늘 저녁 메뉴는 김치찌개와 계란말이야. 엄마와 함께 음식을 만들기 위한 재료를 고르는 알고리즘을 짜 볼까?"라고 제안합니다. 아이는 [음식 재료 확인 → (김치찌개: 김치, 돼지고기, 두부), (계란말이: 계란, 대파) → 집에 있는 재료와 부족한 재료 확인 → 부족한 재료는 마트에서 사 오기]와 같은 순서를 엄마와 함께 생각해 봅니다. 이렇게 일상생활에서 교실에서 배운 알고리즘 사고를 자연스럽게 연습하면서 배움의 확장이 일어납니다.

교실의 디지털 수업을 가정으로 자연스럽게 잇는 방법은 그리 어렵지 않습니다.

❶ AI 편지 쓰기 수업 → 가족 카드 만들기

교실에서 AI와 함께 감사 편지를 쓰는 수업을 했다면, 집에서는 할머니, 할아버지께 드릴 생일 카드를 AI와 함께 만들어 보세요. "할머니가 좋아하실 만한 내용을 AI에게 물어볼까?"라고 제안하며, 아이가 AI와 대화하는 과정을 함께 지켜봐 주세요.

❷ 디지털 정보 수집 수업 → 가족 나들이 함께 계획하기

학교에서 인터넷을 활용해 정보를 찾는 방법을 배웠다면, 집에서는 주말 나들이 장소를 함께 검색해 보세요. "여기 날씨는 어떨까? 교통편은? 맛집은 어디 있을까?"라고 질문하며 아이가 스스로 정보를 찾고 정리하도록 도와주세요.

❸ 알고리즘 순서 수업 → 집안일 분담 게임

교실에서 순서도를 배웠다면, 집에서는 '설거지 알고리즘'이나 '빨래 정리 알고리즘'을 함께 만들어 보세요. 아이가 직접 순서를 생각하고 정리하는 과정에서 논리적 사고력이 길러집니다.

이처럼 교실에서의 배움이 일상생활로 자연스럽게 이어지도록 다리를 놓아주는 것이 바로 학부모의 역할입니다. 이어질 제3장에서는 지금 소개한 활동들을 더욱 구체적으로 살펴보겠습니다. 종이접기, 말놀이, 보드게임처럼 부담 없이 따라 할 수 있는 놀이부터, AI 그림, AI 음악 만들기 같은 디지털 표현 활동까지 부모가 아이와 함께 실천할 수 있는 디지털 감각 놀이와 활동들을 소개합니다.

디지털 교육은 단순한 기기 조작이 아니라 사람과 기술이 함께 살아가는 방식을 배우는 과정입니다. 학교는 배움의 출발점일 뿐 배움이 올바른 방향으로 나아가도록 이끄는 것은 가정이 함께해야 합니다. 아이가 성장하면서 부모의 디지털 기술을 따라가는 속도가 아이에게 뒤처지는 때가 올 수도 있습니다. 그러나 부모는 아이보다 더 깊이 있게 세상과 사람과 관계를 이해합니다. AI는 아이의 문장 수정을 도와줄 수는 있어도 타인을 배려하는 마음이나 올바른 가치관을 가르쳐 주지는 못합니다. 그 역할은 오직 부모만 해낼 수 있습니다.

오늘도 아이는 학교에서 AI를 만나고, 알고리즘을 배우고, 책임 있는 디지털 시민이 되기 위한 윤리를 익힙니다. 많은 경험의 순간 중 단 하나라도 제대로 잡아 함께 대화하고 가정에서 실천해 준다면 바로 그 순간이 아이의 미래 역량을 튼튼하게 키워 주는 시간이 될 것입니다.

교실에서 시작된 디지털 항해는 가정이라는 든든한 항구로 이어질 때 비로소 의미를 갖습니다. 부모는 그 항해의 나침반이자 등대이며 아이의 가장 가까운 안내자이기 때문입니다.

한걸음 더 유초이음 디지털 교육: 알버트와 함께 동물원에 갔어요

오늘 초등학교 체육관은 유치원과 초등학생이 함께 배우는 공간이 되었습니다. 동물원 맵 위 귀여운 알버트 로봇에게 코딩카드로 명령을 입력하면 아이들의 명령에 따라 알버트가 동물을 찾아 움직입니다. 아날로그 놀이와 디지털 교육이 결합된 유초이음 디지털 놀이 수업. 놀이 속에서 사고력과 협력의 힘은 물론 기초적인 디지털 역량을 키우는 활동입니다.

❶ **아날로그 놀이와 디지털 체험의 만남**

- **1단계:** 코딩카드로 명령 순서 익히기
- **2단계:** 알버트를 움직여 동물찾기 미션 완수하기
- **3단계:** 태블릿으로 자유롭게 경로 조종하기

"이건 두 칸 앞으로야!", "아니야, 한 칸만 가면 토끼야!" 코딩카드를 알버트에게 입력하는 아이들의 얼굴에 웃음이 가득합니다. 유치원 동생이 망설이면 2학년 형·언니가 다가와 "같이 해 볼까?" 하며 손을 내밉니다.

미션이 완료되어 15마리의 동물을 모두 다 찾아 신이 난 아이들. 자유롭게 알버트를 조종할 때는 아이들이 생각해 낸 창의적인 놀이 아이디어가 넘쳐 납니다.

❷ 놀이 속에서 이어지는 디지털 배움

카드를 나열하고 로봇을 움직이게 하는 단순한 놀이를 통해 아이들은 자연스럽게 논리적 사고력, 문제 해결력, 협력의 감각을 익혔습니다. 유초이음 디지털 교육을 통해 유치원 동생들은 초등학생과 함께 아날로그 놀이와 디지털 경험을 연결하며 디지털 소양을 배워 갑니다.

이렇게 초등학생 뿐 아니라 유치원에서도 적절한 디지털 교육의 준비가 이뤄지고 있습니다. 기기를 다루는 기술이 아닌, 놀이와 탐구를 통해 디지털을 이해하는 힘을 기르는 것이지요.

유아와 초등 저학년이 함께 배우는 디지털 연계 교육, 아이들의 미래를 준비하는 시간입니다.

○ 알버트 AI 교육 자료

○ 알버트 코딩 조작

○ 알버트를 조종하는 모습

○ 동물찾기 미션 완료

함께하다
일상 속 실천으로 디지털 감각을 배웁니다

자녀와 함께 디지털 감각 키우기

'디지털 소양', '디지털 역량', '디지털 소양 내용 요소'

제2장에서 이런 용어들을 많이 만났습니다. 학교에서는 교육 내용을 선정하고 교육 계획을 세우기 위해 전문적인 용어가 필요하지만, 솔직히 우리 일상에서는 이런 용어를 사용하지 않습니다. 아이에게 "오늘은 디지털 역량을 키워 보자."라고 말하는 부모님은 없을 테니 말입니다. 이런 전문 용어들은 책을 덮는 순간 머릿속에서 쉽게 사라지기 마련입니다.

'감각'이라고 하면 어떤 것이 떠오르시나요? 맛을 느끼는 미각, 소리를 듣는 청각처럼 무언가를 자연스럽게 느끼고 이해하는 능력이 감각이 가지는 협의의 뜻입니다. 그런데 우리는 일상에서 '감각'이라는 말을 더 넓은 의미로도 사용합니다. "저 사람은 패션 감각이 좋아.", "사회적 감각이 뛰어난 사람입니다." 같이 말이지요.

디지털 역량과 디지털 소양을 일상생활과 연결 지어 디지털 감각이라고 표현하면 더 친근하고 직관적으로 이해됩니다. 일상 속 또 하나의 세계, AI · 디지털 세상을 살아갈 아이들에게 필요한 것은 바로 '디지털 감각'입니다.

디지털 감각에는 디지털 도구와 정보를 자연스럽게 이해하고 활용하는 능력, 디지털 세상에서 무엇이 중요하고 가치 있는지 구분할 수 있는 안목, 온라인에서 눈에 보이지 않는 상대를 배려하고 책임감 있게 행동하는 태도 등이 포함됩니다. 굳이 디지털 소양, 디지털 역량이라는 용어를 사용하지 않아도 '일상생활 속 디지털 감각을 키우자.'라는 표현을 통해 필요한 능력을 충분히 설명할 수 있습니다.

우리 아이들이 살아갈 세상은 우리가 자랐던 세상과는 매우 다릅니다. 스마트폰 하나로 놀이와 학습, 취미생활, 쇼핑 등 생활 전반의 많은 부분을 해결할 수 있고, 메타버스에서 친구를 만나며, AI와 대화하며 정보를 얻는 것이 일상인 시대가 되었습니다. 세상이 변한 것처럼 그에 맞는 능력을 개발해 변화한 세상에 적응하는 것은 당연한 일입니다.

디지털 감각의 구성 요소

디지털 감각은 도구를 활용하는 능력, 정보를 찾아 판단하는 능력, 비판적·분석적으로 생각하는 능력, 시민성과 윤리성, 창의적으로 문제를 해결하는 능력 등으로 구성됩니다.

❶ 도구 활용 능력: "이걸 어떻게 활용하지?"

디지털 기기나 프로그램을 목적에 맞게 사용할 수 있는 능력입니다. 단순히 도구를 조작하는 법을 아는 것뿐 아니라 어떤 상황에 어떤 도구가 필요한지 판단할 수 있는 능력까지도 포함합니다. 가족 여행 계획을 세울 때 지도 앱으로 경로를 찾고, 맛집을 리뷰로 검색하고, 날씨는 기상청 앱으로 확인하는 등 상황에 맞는 도구를 고르는 능력을 생각할 수 있습니다.

❷ **정보 찾기와 판단하기: "이 정보, 믿어도 될까?"**

필요한 정보를 효과적으로 찾고, 그 정보가 정확한지, 믿을 수 있는지 판단할 수 있는 능력입니다. "유튜브에서 본 건데요."라고 말하는 대신 "유튜브에서 찾은 이 정보가 정말 맞는지 확인해 다른 정보와 신뢰할 수 있는지 검토해 볼 필요가 있어요."처럼 다양한 출처를 찾아보는 능력을 말합니다.

❸ **비판적으로 생각하기: "왜 그런 걸까?"**

디지털 콘텐츠를 무조건 받아들이지 않고 숨은 의도와 영향을 생각해 보는 능력입니다. 광고를 보면서 "이 광고는 무엇을 사게 하려는 걸까?", "왜 이런 방식으로 광고를 만들었을까?"라고 생각해 보는 것입니다.

❹ **디지털 시민 되기: "온라인에서도 예의 지키기"**

온라인에서 책임감 있게 행동하고, 다른 사람을 존중하며, 디지털 세계의 규칙을 이해하고 지키는 능력입니다. 댓글을 달기 전 "내가 쓴 댓글을 상대방이 보면 어떤 기분이 들까?"라고 생각해 보는 태도를 말합니다.

❺ **창의적으로 문제 해결하기: "이렇게 해 보면 어떨까?"**

디지털 도구를 활용해 새로운 아이디어를 만들고 문제를 해결하는 능력을 말합니다. 멀리 계신 할머니께 "할머니께 안부 영상을 어떻게 재미있게 찍어 보내면 될까?"와 같이 창의적으로 궁리하고 해결하는 능력입니다.

❻ **건강한 사용 습관: "지금은 그만할 시간"**

디지털 기기 사용 시간과 내용을 스스로 조절하며 현실 세계와 균형을 맞출 수 있는 습관입니다. 유튜브 숏츠(Shorts)나 인스타 릴스(Reels)를 보며 몇 시간을 무의미하게 흘려보내지 않고, "오늘은 게임 정보 유튜브를 30분만 봐야지."라며 타이머를 설정해 스스로 조절할 힘을 기르는 것입니다.

이런 요소들은 앞에서 살펴봤던 디지털 소양 혹은 디지털 역량과 관련된 것들입니다. 이런 감각을 길러 주는 방법은 처음부터 너무 복잡하게 생각할 필요가 없습니다. '아이가 디지털 세상에서 현명하고 건강하게 살아가는 데 필요한 능력이야.'처럼 너무 무겁지 않게 생각하고 접근하는 것이 가정에서의 지속적 실천에 더 효과적입니다.

일상 속에서 키우는 디지털 감각

그럼, 일상생활에서 아이와 함께 디지털 감각을 키우려면 어떻게 하는 것이 효과적일까요?

특별하고 거창한 계획으로 접근하기보다는 생활 속 작은 순간 하나하나를 소중한 배움의 기회로 이어가는 것이 무엇보다 중요합니다. 식사 준비할 때, 주말 나들이 계획 세울 때, TV 볼 때와 같은 평범한 시간 속에 숨 쉬듯 자연스럽게 실천하는 것이 중요합니다.

❶ 함께 경험하기

"여기 봐봐, 이렇게 검색하는 거야."라고 결과만 보여 주기보다 함께 앉아서 과정을 자녀가 함께 경험하도록 해 주세요. 함께 웹서핑하고 앱을 탐색하며 영상을 보는 시간은 디지털 감각을 키우는 동시에 소중한 대화의 시간이 됩니다.

"이번 주말에 나들이 가기로 한 동물원에 관한 정보를 홈페이지에서 함께 찾아볼까? 엄마는 관람 시간과 이용 금액이 궁금한데, 동현이는 어떤 점이 궁금해? 그래, 동물 종류도 알아보고 관람 순서도 같이 정해 보자."처럼 자녀와 함께 디지털 세상을 경험하고, 아날로그 체험 활동으로 연결해 나가면, 진정으로 의미 있는 배움의 시간을 만들 수 있습니다.

❷ 과정에 관심 두기

결과물보다는 아이가 생각하고 탐색하는 과정에 더 많은 관심을 주세요. "빨리 해.", "아빠가 찾아줄게."라고 대신해 주는 말보다, 자녀가 주도적으로 시도해 보려는 노력 자체를 존중하고 응원해 주세요. 아이가 태블릿으로 그림을 그리려고 할 때, "그림 그리려고 하는구나. 어떤 앱을 사용할 거야? 왜 그 앱이 좋다고 생각해? 어떤 도구들이 있는지 함께 살펴볼까?"라고 관심을 가지고 함께 지켜봐 주는 순간, 아이는 스스로 탐색하고 선택할 수 있는 성장의 힘을 얻게 됩니다.

❸ 질문으로 대화하기

명령하거나 가르치려 들기보다 질문을 통해 스스로 생각하게 해 주세요. "여기 눌러 봐!", "이렇게 하는 거야."라며 앱 사용법을 바로 가르치기 보다는, 아이가 스스로 탐색하고 생각하도록 질문을 던져 보세요.

"이 메뉴는 뭘 하는 걸까?"
"방금 눌렀던 기능이 어떻게 달라졌지?"
"다른 기능들도 눌러 보면 좋을까?"

이렇게 질문을 통해 스스로 탐색하는 과정에서 생각하는 힘과 자신감을 동시에 키울 수 있습니다.

❹ 일상에서 자연스럽게

특별한 교육 시간을 따로 만들지 않아도 됩니다. 일상에서 자연스럽게 디지털 감각을 키울 수 있는 기회는 무궁무진합니다. 저녁 식사를 준비할 때 "오늘 저녁 뭐 먹고 싶어? 냉장고에 있는 재료로 할 수 있는 요리를 검색해 볼까? 양파 감자 요리라고 검색하면 어떤 결과가 나오는지 볼까?"와 같이 함께 대화하며 음식을 준비하는 과정이 곧 디지털 감각을 키우는 시간이 됩니다.

❺ 균형 찾기

디지털 세계의 중요성을 인지하면서도 아이가 현실 세계에서 감각적·정서적 성장을 이룰 수 있도록 도와주세요.

디지털 기기만 들여다보지 않고 함께 놀고, 대화하고, 자연을 경험하는 시간도 중요합니다. 디지털 기기 사용 후 "이제 우리 함께 공원에 가서 실제 나무와 꽃을 관찰해 볼까? 앱에서 본 식물들을 실제로 찾아볼 수 있을지도 몰라."와 같이 말이지요.

이어지는 장에서는 이런 원칙을 바탕으로 자녀와 함께 실천할 수 있는 구체적인 활동들을 소개합니다. 아날로그 놀이를 통해 디지털 감각을 익히는 방법, 창의성을 키우는 디지털 표현 활동, 디지털 시민 의식을 기르는 방법, 가족이 함께 디지털 균형을 지키는 방법 등을 알아볼 거예요.

복잡한 교육 이론이나 첨단 기술 지식이 없어도 괜찮습니다. 부모님의 관심과 함께하는 시간이 아이의 디지털 감각을 키우는 가장 중요한 요소이기 때문입니다.

디지털 감각이 발달한 아이는

디지털 도구를 활용해 필요한 정보를 잘 찾고, 찾은 정보의 신뢰성을 판단하는 능력이 뛰어납니다.

온라인에서 위험한 상황을 알아차리고 현명하게 대처할 수 있습니다.

디지털 도구를 활용해 창의적으로 자신을 표현할 수도 있습니다.

온라인에서도 다른 사람을 존중하고 배려합니다. 친구가 올린 그림에 부정적인 댓글 대신 긍정적인 댓글을 달아 줍니다.

　디지털 감각은 단순히 디지털 도구를 다루는 기술이 아니라 디지털 세상에서 현명하게 살아가는 지혜입니다.

종이접기와 말놀이로 컴퓨팅 사고하기

아날로그 놀이로 기르는 디지털 감각

컴퓨팅 사고(Computational Thinking)라는 말을 들어 보셨나요? 처음 이 말을 접하면 다소 어렵게 느껴질 수 있지만, 컴퓨팅 사고는 아이들이 미래 사회를 살아가는 데 꼭 필요한 핵심 사고력이자 문제 해결 방식입니다. 아이들에게 필수적인 사고력을 길러 주고 싶지만 어려운 교육 과정이나 복잡한 도구를 사용해야 한다고 생각하면 부모님들은 부담스러울 수밖에 없습니다. 하지만 일상 속 간단한 놀이로도 아이들은 즐겁게 컴퓨팅 사고를 익힐 수 있습니다. 예를 들어, 저학년 아이들이 좋아하는 '종이접기'와 '말놀이'는 아이들이 부모님과 함께 자연스럽게 컴퓨팅 사고력을 키울 수 있는 대표적인 놀이입니다.

컴퓨팅 사고란?

컴퓨팅 사고는 컴퓨터 과학자 지넷 윙(Jeannette Wing)이 처음 소개한 개념으로, '컴퓨터 과학의 원리와 개념을 활용하여 문제를 이해하고 해결하는 사고방식'을 뜻합니다. 즉, 어떤 문제를 마주했을 때 이를 논리적으로 분석하고, 명확한 단계와 절차를 세워 해결할 수 있도록 돕는 사고력이지요. 컴퓨팅 사고는 네 가지 핵심 요소로 구성됩니다.

첫째, '문제 분해(Decomposition)'입니다.

복잡한 문제를 더 작고 이해하기 쉬운 여러 개의 작은 문제로 나누는 과정을 말합니다. 예를 들어, 방 청소를 생각하면 됩니다. 아이에게 "방을 치워."라고 말하는 것보다 "책상 정리하기, 옷 개기, 장난감 정리하기"처럼 구체적인 단계로 나누어 전달하면 아이가 쉽게 문제를 해결할 수 있지요.

둘째, '패턴 인식(Pattern Recognition)'입니다.

문제에서 반복되는 규칙이나 공통점을 찾아내는 능력을 말합니다. 그림을 그릴 때 반복되는 무늬를 찾아내거나, 숫자 패턴을 발견하여 다음 숫자를 예상하는 것 등이 그 예입니다.

셋째, '추상화(Abstraction)'입니다.

문제 해결에 꼭 필요한 정보만 남기고 불필요한 세부 사항은 제외하는 과정, 복잡한 것에서 핵심적인 부분만 뽑아내 단순하게 만드는 것을 의미합니다. 지하철 노선도를 생각하면 쉽게 이해할 수 있습니다. 노선도는 역 간 거리, 지형, 지리적 정보 등을 모두 단순화하고 주요 역과 환승 지점이라는 정보만 뽑아 간단하고 이해하기 쉽게 표현해 이동을 편리하게 돕습니다.

넷째, '알고리즘적 사고(Algorithmic Thinking)'입니다.

문제 해결을 위해 명확하고 논리적인 순서나 절차를 만들어 진행하는 방식입니다. 요리 레시피처럼 단계가 명확하고 순서를 지켜야 하는 것에 적용되는 사고입니다.

이 네 가지 요소는 컴퓨팅 사고력을 구성하는 핵심입니다. 이 사고력은 컴퓨터와 관련된 분야뿐 아니라 수학, 과학, 일상생활 속 다양한 문제 해결에도 매우 유용합니다. 논리적이고 체계적으로 생각하는 습관을 기를 수 있기 때문입니다.

왜 종이접기와 말놀이일까?

종이접기와 말놀이는 저학년 수준에서 흥미로운 활동을 통해 컴퓨팅 사고의 네 가지 핵심 요소를 효과적으로 키워 줄 수 있는 놀이입니다. 먼저 종이접기는 명확한 순서와 규칙을 따라 종이를 접는 과정에서 자연스럽게 '알고리즘적 사고'와 '문제 분해 능력'을 키울 수 있습니다. 또한 아이들이 종이를 접으며 패턴을 발견하거나 절차를 스스로 생각하며 수행하기 때문에 '패턴 인식'과 '추상화'도 함께 경험하게 됩니다.

아이와 종이접기를 할 때는 비행기나 배, 개구리 같은 쉽고 간단한 종이접기부터 시작하면 좋습니다. 아이 혼자 종이접기를 하게 두지 말고 접는 과정을 부모가 설명하거나 아이 스스로 설명하게 해 보는 것입니다. "먼저 네모로 접은 다음 세모로 다시 접고 다시 펴서 이 부분을 안으로 접어요."와 같이 과정을 함께 말로 표현하면 순서와 규칙을 더욱 명확하게 사고할 수 있습니다.

중간에 일부러 순서를 바꾸거나 생략하면 결과가 어떻게 달라지는지도 함께 실험해 보세요. 이렇게 일부러 순서를 바꾸거나 생략해서 결과를 살펴보는 과정은 컴퓨팅 사고의 중요한 요소 중 하나인 '디버깅(debugging)'을 체험하게 하는 것입니다. 디버깅이란 컴퓨터 과학에서 프로그램이나 문제 해결 과정에서 발생한 오류(버그)를 찾아 수정하는 과정을 의미합니다. 아이는 종이접기를 통해 이 과정을 자연스럽게 경험하며, 잘못된 부분을 발견하고 그 원인을 생각한 뒤 다시 올바른 순서와 방법으로 바로잡는 경험을 하게 됩니다. 이를 통해 아이는 과정과 순서의 중요성을 더욱 명확하게 인식하게 됩니다. 종이를 다 접은 후에는 처음부터 끝까지의 절차를 아이와 다시 한번 정리하는 것도 좋습니다.

말놀이는 언어를 통해 규칙을 세우고 따라가는 과정에서 '패턴 인식'과 '추상화'를 자연스럽게 배우고 명확한 규칙과 조건을 적용하면서 논리적 사고력을 기를 수 있는 훌륭한 방법입니다. 끝말잇기나 초성 놀이와 같은 말놀이는 자연스럽게 아이들의 사고력과 언어 능력을 동시에 성장시킵니다. 간단한 끝말잇기부터 시작해 보세요. [사과 - 과자 - 자전거 - 거울…]처럼 단어를 이어 가며 아이는 패턴을 인식하고 논리적으로 다음 단어를 찾게 됩니다. '초성 퀴즈'도 좋습니다. 부모가 초성을 제시하면 아이는 그 조건에 맞는 단어를 떠올리며 패턴 인식, 추상화 능력과 논리적 사고를 키우게 됩니다.

'스무고개(다섯 고개, 열 고개) 놀이'는 컴퓨팅 사고의 요소인 문제 분해와 알고리즘적 사고를 쉽고 재미있게 익힐 수 있는 대표적인 놀이입니다. 문제를 내는 사람이 떠올린 특정 대상에 관한 질문을 통해 알아맞히는 과정에서 자연스럽게 컴퓨팅 사고력을 경험하게 됩니다.

❶ 문제 분해(Decomposition)

스무고개 놀이는 특정한 대상을 정확히 찾아내기 위해 큰 문제를 작고 명확한 질문들로 나누는 과정을 밟는 놀이입니다.

[살아 있는 건가요? (큰 범위에서 시작) → 동물인가요? → 집에서 키우나요? → 네 발로 걷나요? → 멍멍 짖나요? (작고 구체적인 질문으로 범위를 좁힘)]

이처럼 큰 문제를 점점 더 작고 명확한 질문으로 나누어 나가는 것이 바로 문제 분해를 적용하는 과정입니다.

❷ 알고리즘적 사고(Algorithmic Thinking)

스무고개 놀이는 '예/아니오'라는 조건적 질문을 통해 문제를 논리적으로 해결해 나가는 과정을 요구합니다. 즉, 순서와 조건을 이용하여 문제를 해결하는 것이 알고리즘적 사고입니다.

> - 만약 살아 있다면 → 동물인지 식물인지 묻는다.
> - 만약 동물이라면 → 집에서 키우는지, 야생인지 묻는다.
> - 만약 집에서 키운다면 → 소리를 내는지, 내지 않는지 묻는다.

이런 식으로 아이는 논리적이고 단계적인 순서를 따라 문제를 해결하게 됩니다. 즉, 주어지는 조건을 논리적으로 판단하고 이에 따라 순차적으로 질문을 구성하며 문제를 해결해 나가는 것이 알고리즘적 사고를 적용하는 것이라 볼 수 있습니다.

수수께끼 놀이도 좋은 방법입니다. 수수께끼 놀이는 사물이나 개념을 은유적이고 간접적으로 표현하여 아이가 스스로 생각하고 유추하도록 도와줍니다. "머리를 풀고 하늘로 올라가는 것은 무엇일까요?"라는 수수께끼를 들으면 머리를 푼다는 표현을 직접적인 의미가 아니라 은유적으로 생각하여 '연기'라는 정답을 찾아냅니다. 이 과정에서 본질적이고 핵심적인 정보에 집중하고 불필요한 세부 사항을 제외하는 추상화 능력과 제공된 단서를 바탕으로 논리적으로 판단하여 결론을 끌어내는 추론 능력을 자연스럽게 발달시킬 수 있습니다.

이 외에도 같은 글자로 시작하는 낱말 이어서 말하기, 의성어와 의태어 놀이 등 다양한 말놀이를 통해 컴퓨팅 사고를 직간접적으로 경험할 수 있습니다.

말놀이	놀이 방법	관련 컴퓨팅 사고
같은 글자 단어 찾기 놀이	부모가 정해 준 글자로 시작하는 단어를 번갈아 말하며 단어의 초성 패턴을 자연스럽게 익힙니다. 예를 들어, '바'로 시작하는 단어(바다, 바람, 바지)를 빠르게 찾아 가면서 같은 초성으로 반복되는 단어 패턴을 인식하게 됩니다.	패턴 인식
의성어, 의태어 놀이	부모가 "강아지는?" 하면 아이는 "멍멍!", "토끼는?" 하면 "깡충깡충!" 하는 것처럼 대상과 대상의 특징을 나타낸 의성어나 의태어를 답하며 꼬리 물기 하듯 놀이를 이어 갑니다. 놀이 과정에서 소리, 행동, 형태, 색깔 등 특정 대상의 대표적이고 특징적인 사항을 패턴으로 인식하게 됩니다.	패턴 인식

물론 말놀이만으로 완벽한 컴퓨팅 사고력이 길러지는 것은 아닙니다. 하지만 말놀이는 아이가 컴퓨팅 사고력의 기초 개념과 논리적 사고방식을 쉽고 자연스럽게 익힐 수 있는 효과적인 방법의 하나입니다. 아이들은 놀이를 통해 문제를 작게 나누는 방법(문제 분해), 규칙과 공통점을 찾는 법(패턴 인식), 꼭 필요한 정보만 남기고 핵심을 파악하는 능력(추상화), 문제 해결의 순서를 구성하는 과정(알고리즘적 사고)을 즐겁게 경험할 수 있습니다. 놀이하는 과정에서 자연스럽게 형성된 기초적 컴퓨팅 사고력은 이후 컴퓨터나 다양한 디지털 도구를 활용하는 경험과 연결되면서 더욱 깊고 풍부한 사고력으로 발전하게 됩니다.

> **놀이 속 부모의 역할**
> 부모는 놀이 과정에서 아이가 질문하고 스스로 해결 방법을 찾도록 격려해야 합니다. 아이의 실수나 시행착오는 자연스러운 학습 과정입니다. 즉시 정답을 제시하기보다는 아이가 문제를 스스로 발견하고 해결하도록 기다려 주세요.

한걸음 더 - 여행길 차 안에서 컴퓨팅 사고 키우기

할머니 댁으로 가는 긴 여행길 민수는 차 안에서 스마트폰을 보고 싶다고 했습니다.

"민수야, 스마트폰 대신 엄마랑 말놀이할까?"

"말놀이요?" 민수가 궁금해하며 물었습니다.

"응, 끝말잇기부터 시작하자. 엄마가 먼저 시작할게. 자동차!"

"차표!"

"표지판!"

민수와 엄마는 끝말잇기를 하며 자연스럽게 글자가 연결되는 규칙을 즐겁게 익혔습니다. 얼마 지나지 않아, 잠시 후 민수가 새로운 제안을 했습니다.

"이번엔 초성 퀴즈 해요. 제가 먼저 문제 낼게요. 초성은 'ㅅㅈㄱ'!"

엄마는 잠시 생각하다가 대답했습니다. "사진기?"

"정답! 이번엔 엄마 차례예요."

민수와 엄마는 초성 놀이를 통해 단어의 첫 글자에서 오는 규칙을 발견하며 논리적으로 사고하는 경험을 했습니다. 초성 놀이가 지루해질 즈음 엄마는 새로운 놀이를 제안했습니다.

"이번엔 앞이나 옆의 차 번호판에서 숫자 규칙을 찾아보자. 앞차 번호판이 1212인데 어떤 규칙이 보이니?"

민수는 신나서 말했습니다. "1과 2가 번갈아 반복되는 규칙이에요!"

"맞았어! 그럼 옆 차 번호판 3579는?"

"2씩 커지는 규칙이에요!"

민수는 숫자의 규칙을 발견하며 자연스럽게 컴퓨팅 사고력 중 하나인 패턴 인식을 합니다.

민수 엄마는 다시 간판을 활용한 놀이를 제안했습니다.

"민수야, 숫자가 들어간 간판 찾기 놀이 어때?"

민수는 창밖을 열심히 보며 외쳤습니다.

"365마트가 있어요."

"잘했어! 또 없을까?"

"저기 세븐일레븐이 있어요!"

가족은 긴 여행길 내내 스마트폰 대신 말놀이와 주변 환경을 활용한 놀이로 자연스럽게 컴퓨팅 사고력을 키웠습니다. 이처럼 일상생활에서 자녀와 함께 놀이를 활용해 컴퓨팅 사고력 키우기에 도전해 보세요.

차로 이동하며 말놀이하는 가족

일상생활 속
언플러그드 코딩 놀이

아이와 함께하는 일상 놀이가 코딩이라니, 무슨 뜻일까요? '코딩' 하면 흔히 컴퓨터 앞에서 복잡한 프로그래밍 언어를 사용하는 장면을 떠올릴지도 모릅니다. 하지만 초등학교 코딩 교육의 핵심은 컴퓨터 언어 자체가 아니라 아이들이 컴퓨팅 사고력을 실제로 적용해 보는 데 있습니다.

'언플러그드 코딩 놀이'란 컴퓨터나 태블릿 같은 디지털 기기 없이 손과 몸을 활용한 아날로그 방식으로 할 수 있는 활동입니다. 대화, 종이와 연필, 일상생활의 물건, 카드나 보드게임 등을 활용해 컴퓨터 과학의 개념과 컴퓨팅 사고력을 키울 수 있는 놀이를 말합니다. 컴퓨팅 사고의 네 가지 요소(문제 분해, 패턴 인식, 추상화, 알고리즘적 사고)를 활용하여 문제를 명확하게 분석하고 체계적으로 해결하는 방법을 배우는 것입니다.

컴퓨팅 사고력을 키우는 방법이 꼭 어렵거나 특별한 활동일 필요는 없습니다. 일상생활에서 흔히 마주치는 문제들을 아이와 함께 놀이처럼 접근하면, 쉽고 재미있게 컴퓨팅 사고력을 기를 수 있습니다.

이런 놀이가 왜 코딩과 연결될까?

코딩의 본질은 컴퓨터에 문제 해결 방법을 논리적 순서로 알려 주는 것입니다. 소개하는 다양한 놀이는 바로 코딩의 핵심 사고 과정을 담고 있습니다.

- **꼬리 물기 질문 놀이**: 큰 문제를 작은 단위로 나누어 해결하는 방법을 배웁니다.
- **분류하기 놀이**: 정보를 정리하고 규칙을 찾는 방법을 배웁니다.
- **요리 놀이**: 단계별로 순서를 정해 목표를 달성하는 방법을 배웁니다.

실제 코딩을 할 때도 똑같은 과정을 거칩니다. 복잡한 프로그램도 작은 부분으로 나누고, 데이터를 정리하고, 컴퓨터가 이해할 수 있는 명확한 명령을 순서대로 작성합니다. 이와 같은 일상 속 놀이 경험들이 쌓이면 아이는 복잡한 문제를 체계적으로 분석하고 해결하는 능력, 논리적으로 생각하는 습관, 창의적으로 문제에 접근하는 사고력을 자연스럽게 기르게 됩니다. 단순히 컴퓨터 프로그래밍뿐만 아니라 학습, 일상생활, 미래의 모든 영역에 도움이 되는 능력을 기를 수 있습니다.

꼬리 물기 질문 놀이: 문제 분해 능력 기르기

꼬리 물기 질문 놀이는 하나의 큰 문제를 구체적이고 작은 문제로 나누어 생각하는 과정을 통해 컴퓨팅 사고력의 핵심인 '문제 분해'를 자연스럽게 경험하게 합니다.

놀이 방법

- 일상생활 속 상황에서 큰 문제 하나를 제시합니다.
- 아이의 답변에 "왜?", "어떻게?", "만약에?" 같은 질문을 이어 갑니다.
- 아이가 스스로 더 작은 문제들로 나누어 생각하도록 유도합니다.
- 5회 이상 질문을 이어 가며 문제를 충분히 세분화합니다.

● **놀이 예시:** 마트에 장 보러 가기

> 부모: 우리 마트에 장 보러 가려고 하는데, 무엇을 가장 먼저 해야 할까?
> 자녀: 필요한 물건 목록을 만들어야 해요.
> 부모: 목록을 만들려면 어떻게 해야 할까?
> 자녀: 냉장고랑 집에 뭐가 없는지 확인해야 해요.
> 부모: 마트에 가서는 어떤 순서로 물건을 사면 좋을까?
> 자녀: 아이스크림 같은 녹는 것은 마지막에 사야 녹지 않아요.
> 부모: 만약 사려고 했던 물건이 없으면 어떻게 하면 좋을까?
> 자녀: 비슷한 다른 물건을 찾아보거나 꼭 필요한 게 아니면 다음에 사요.

● **놀이 팁**

- 아이가 막힐 때는 "혹시 ~ 은 어떨까?" 식으로 선택지를 제시해 주세요.
- 정답을 찾는 것보다 아이만의 창의적 문제 해결 과정을 인정하고 격려해 주세요.

분류하기 놀이: 패턴 인식 능력 기르기

집 안에 있는 물건을 다양한 기준으로 분류하는 놀이입니다. 아이가 직접 기준을 정하고 물건을 분류하도록 하면서 자연스럽게 패턴을 찾아내는 연습을 할 수 있습니다.

● **놀이 방법**

- 집 안의 물건 10~20개 정도를 한곳에 모아 봅니다.
- "어떤 기준으로 나눌 수 있을까?" 아이에게 물어봅니다.
- 아이가 제시한 기준에 따라 함께 분류해 봅니다.
- 같은 물건들을 다른 기준으로 다시 분류해 봅니다.
- 아이만의 독특한 분류 기준도 시도해 보게 합니다.

◉ **놀이 예시: 장난감 정리**

> 👨‍👩 **부모**: 장난감들이 너무 많이 섞여 있네. 어떻게 나누어 정리하면 좋을까?
> 🧒 **자녀**: 레고, 인형, 자동차로 나누어요.
> 👨‍👩 **부모**: 좋아! 또 다른 방법으로는 어떻게 나눌 수 있을까?
> 🧒 **자녀**: 크기별로 나누거나 색깔별로도 나눌 수 있어요.
> 👨‍👩 **부모**: 그럼 네가 원하는 기준으로 나누어 볼까?
> 🧒 **자녀**: 자주 가지고 노는 것과 가끔 가지고 노는 것으로 나누고 싶어요!

◉ **놀이 팁**

- 같은 물건을 여러 기준으로 나눠 보며 '하나의 문제, 여러 해결책'을 경험하게 해 주세요.
- 아이만의 창의적인 분류 기준도 왜 그렇게 생각했는지 물어보며 논리를 듣고 격려해 주세요.

요리 놀이: 순차적 사고 기르기

간단한 요리를 함께 만들면서 요리 순서를 단계별로 나누어 아이가 설명하도록 합니다. 아이는 자연스럽게 순차적 사고와 문제 분해 능력을 기르게 됩니다.

◉ **놀이 방법**

- 아이와 함께 만들 요리를 정합니다.
- 어떤 순서로 만들면 좋을지 순서를 물어봅니다.
- 아이가 말한 순서를 종이에 적어 봅니다.
- 실제로 그 순서대로 요리해 봅니다.
- 순서가 바뀌면 어떻게 되는지 이야기해 봅니다.

● **놀이 예시: 과일샐러드 만들기**

> 👨 **부모:** 과일샐러드를 만들려면 어떤 순서로 해야 할까?
> 👦 **자녀:** 먼저 과일을 씻어요.
> 👨 **부모:** 과일을 씻은 다음에는?
> 👦 **자녀:** 껍질을 깎고 먹기 좋은 크기로 잘라요.
> 👨 **부모:** 그다음은?
> 👦 **자녀:** 그릇에 담고 꿀이나 요구르트를 넣어서 섞어요.
> 👨 **부모:** 만약 과일을 먼저 자르고 껍질을 깎으면?
> 👦 **자녀:** 껍질을 깎는 게 어렵고 시간이 더 많이 걸려요. 껍질을 깨끗이 깎을 수 없어요.

● **놀이 팁**

> - 아이가 빠뜨린 단계가 있으면 "혹시 빠진 게 있을까?" 하고 힌트를 주세요.
> - 완성된 요리를 함께 먹으며 과정에 관해 이야기 나누는 시간도 가져 보세요.
> - 같은 요리를 다음에 다시 만들며 더 효율적인 순서를 아이가 직접 찾아보게 해 보세요.

함께 즐기는 다양한 코딩 놀이

일상생활 놀이 외에도 컴퓨팅 사고력을 기를 수 있는 다양한 놀이를 소개합니다. 특별한 준비물 없이도 언제든 할 수 있는 놀이입니다.

❶ 가족 로봇 놀이 – 명확한 명령 전달하기

부모를 로봇으로 설정하고 아이가 명령을 내립니다. 예를 들어, 부모가 로봇이 되어 아이가 명령하는 대로 양치합니다. 최대한 자세하고 정확하게 설명해야 한다고 말한 뒤 아이의 명령대로 행동을 수행합니다. 아이는 "칫솔을 들어 주세요.", "치약을 짜 주세요.", "입에 넣어 주세요."와 같이 단계별로 명령하며 정확한 지시의 중요성을 체험합니다. 부모와 자녀가 역할을 바꿔서 수행하는 것도 재미있습니다.

❷ 패턴 이어 가기 놀이 - 규칙 찾고 예측하기

손뼉 치기 리듬, 몸짓 동작, 단어 나열 등 다양한 방식으로 패턴을 만들고 규칙을 찾아보는 놀이입니다. [빨강-파랑-빨강-파랑-?] 같은 간단한 패턴부터 시작해서 점차 복잡한 패턴으로 발전시킵니다.

부모가 먼저 간단한 패턴을 3~4번 반복해서 보여 준 다음 아이에게 다음에 올 것은 무엇일지 물어봅니다. 아이가 맞히면 더 복잡한 패턴으로 도전해 보고 이번에는 아이가 패턴을 만들고 부모가 맞혀 보는 것으로 역할을 바꿔도 좋습니다.

색깔 패턴(빨강-파랑-빨강-파랑), 소리 패턴(박수-무릎 치기-박수-무릎 치기), 몸짓 패턴(팔 위로-팔 옆으로), 숫자나 단어 패턴 등 다양한 방식을 활용할 수 있습니다. 처음에는 AB패턴(빨강-파랑-빨강-파랑)으로 시작해서 익숙해지면, ABC패턴이나 AABB패턴과 같이 점차 발전시켜 보세요.

❸ 명령어로 보물찾기

부모가 미션지에 보물 찾는 명령어들을 순서대로 적어 줍니다. [거실에서 시작 → 소파 뒤로 가기 → 쿠션 밑 확인하기 → 보물 발견]과 같이 단계별 지시를 종이에 프로그래밍하듯 씁니다. 자녀는 미션지의 지시 사항을 정확히 따라 하며 보물을 찾아야 합니다. 미션을 달성하면 역할을 바꿔 아이가 미션지를 작성하고 부모가 실행합니다. 이 놀이는 정확한 명령의 중요성을 배우고 목표 달성을 위해 순서를 명확히 하는 알고리즘적 사고, 복잡한 행동을 간단한 명령으로 표현하는 추상화, 명령이 잘못되었을 때 이를 수정하는 디버깅까지 자연스럽게 경험할 수 있습니다.

한 걸음 더 - 자녀와 함께 일상생활 속 컴퓨팅 사고 기르기

지수는 주말마다 방 정리를 하는 것이 너무 싫었습니다. 장난감, 책, 색연필이 방 곳곳에 흩어져 있었고, 어디서부터 시작해야 할지 막막했습니다.

"아빠, 방이 너무 지저분해요. 어떻게 정리해야 할지 모르겠어요."

지수가 한숨을 쉬며 말했습니다.

아빠는 지수와 함께 바닥에 앉으며 말했습니다.

"지수야, 우리 차근차근 생각해 보자."

❶ 문제 분해: 큰 문제를 작은 문제로 나누기

"먼저 우리가 해결해야 할 문제가 뭐지?"

"방이 너무 지저분해요!"

"그럼 방에서 어떤 곳들이 지저분하지?"

지수는 천천히 방을 둘러보았습니다.

"바닥이랑 침대 위, 책상이 정리가 안 돼 있어요."

❷ 패턴 인식: 공통점과 규칙 찾기

아빠는 지수와 함께 흩어진 물건들을 자세히 살펴보았습니다.

"지수야, 바닥에 있는 물건들을 보니까 어떤 종류들이 있지?"

"음… 장난감, 책, 옷, 학용품들이 있어요. 책들은 대부분 침대 옆 책꽂이 근처에 있고, 학용품은 책상 주변에 많이 있어요."

"맞아! 얼핏 보면 무작정 섞인 것 같지만 같은 종류끼리 비슷한 곳에 모여 있거나 일정한 장소 옆에 주로 놓이는 규칙이 있네. 그런데 물건들은 왜 이렇게 흩어졌을까?"

지수가 잠시 고민했습니다.

"쓰고 나서 바로 정리하지 않아서요…."

"바로 정리하지 않은 이유가 있었을까?"

"정리하기 불편하거나 정해진 자리가 없어서요."

아빠는 고개를 끄덕였습니다.

"그렇다면 물건들이 흩어진 이유는 제자리가 없거나 정리하기 불편해서 였구나."

❸ 추상화: 가장 중요한 원칙 찾기

아빠가 다시 질문했습니다.

"그럼 앞으로 방을 잘 정리하기 위해 어떤 원칙을 정하면 좋을까?"

지수가 생각해 보더니 말했습니다.

"같은 종류끼리 제자리를 정하고 자주 쓰는 건 가까운 곳에 정리하는 거예요. 자주 쓰지 않는 건 조금 불편한 곳에 자리를 정해도 될 것 같아요. 그리고 쓰고 나서는 바로 제자리에 두는 것도 중요해요."

아빠는 기쁘게 말했습니다.

"정말 좋은 원칙을 찾아냈구나!"

❹ 알고리즘적 사고: 해결 순서 정하기

"그럼 오늘 방 정리는 어떤 순서로 하면 좋을지 생각해 볼까?"

지수아 아빠는 종이와 연필을 준비해 함께 방 정리 순서를 정했습니다.

> 1. 바닥과 침대 위의 옷을 정리해서 옷장에 넣기
> 2. 바닥의 물건을 종류별로 나누어서 제자리 정하기
> 3. 자주 사용하는 장난감과 학용품은 꺼내기 쉬운 곳에 정리하기
> 4. 잘 안 쓰는 물건은 안쪽이나 선반 위쪽에 넣기
> 5. 정리된 물건이 모두 제자리에 잘 있는지 마지막으로 확인하기

정해진 순서대로 방을 정리하니 처음엔 막막했던 방 정리가 생각보다 쉽게 끝났습니다.

"와, 정말 빨리 끝났어요!"

지수가 기뻐했습니다.

아빠는 미소를 지으며 말했습니다.

"지수가 차근차근 나누어 생각하면서 방법을 잘 찾았구나. 이렇게 복잡한 문제도 단계별로 나누어서 생각하면 쉽게 해결할 수 있어."

"이제 방 정리가 그렇게 어렵지 않을 것 같아요!"

지수가 말했습니다.

부모와 함께 놀이하듯 대화하고 체험하는 과정에서 아이들은 자연스럽게 컴퓨팅 사고를 경험하게 됩니다. 큰 문제를 작게 나누고, 패턴을 찾고, 핵심 원칙을 도출하며, 해결 순서를 정하는 과정을 통해 논리적 사고력이 자라나는 것입니다.

AI는 어떻게 배울까?
머신 러닝 이해 놀이

"우리 아이가 머신 러닝을 이해해야 할까요?"라는 의문을 가지는 부모님이 있을 것입니다. 물론 아이들이 머신 러닝이라는 용어 자체를 자세히 알거나 기술적 원리를 깊이 이해할 필요는 없습니다. 하지만 AI가 세상을 어떻게 인식하고 학습하는지 그 원리를 직관적으로 이해하는 것은 필요합니다.

미래 사회는 AI와 디지털 기술이 깊숙이 자리 잡을 것입니다. 이런 환경에서 살아가며 디지털 도구와 자연스럽게 상호 작용하고, 비판적으로 정보를 판단하고, 윤리적인 결정을 내릴 수 있는 역량을 키우기 위해서는 머신 러닝의 원리를 이해하는 것이 중요합니다.

머신 러닝은 데이터를 통해 AI가 스스로 학습하고 발전하는 기술입니다. 아이가 처음 자전거를 배울 때 넘어지면서 균형을 익히는 것과 유사하게 머신 러닝도 처음에는 많은 시행착오를 겪으며 데이터를 축적하여 점점 더 정교한 결과를 얻어 내는 과정을 거칩니다.

부모님이 먼저 알아두면 좋은 머신 러닝 기초

놀이를 시작하기 전 머신 러닝이 무엇인지 간단히 알아보겠습니다. 머신 러닝은 컴퓨터가 사람처럼 '경험으로 학습'하는 기술입니다. 머신 러닝의 방식에는 크게 두 가지가 있습니다. 바로 지도 학습과 비지도 학습입니다.

> **지도 학습(supervised learning)**
> 인공 지능이 정답을 미리 보고 배우는 방식. 고양이와 개 사진을 미리 구분해서 보여 주면 인공 지능은 정답 데이터를 바탕으로 고양이와 개를 구분하는 기준을 스스로 찾아내는 학습 방법
>
> **비지도 학습(unsupervised learning)**
> 정답을 주지 않고 스스로 패턴을 발견하게 하는 방식. 다양한 과일 사진을 보여 주면서 어떤 기준으로든 인공 지능 스스로 그룹을 나누게 하는 방식. 정답이 없으므로 색깔, 모양, 크기 등의 공통점을 인공 지능 스스로 찾아 분류하는 학습 방법

실제 우리가 일상에서 접하는 인공 지능 시스템들은 이 두 방식을 함께 쓰는 경우가 많습니다.

AI 추천 시스템의 두 가지 학습 방법

① **유튜브 영상 추천**
[좋아요, 싫어요, 반응을 학습(지도 학습)] + [비슷한 관심사 사용자 그룹화(비지도 학습)]
→ 두 방법을 합쳐 최종 추천

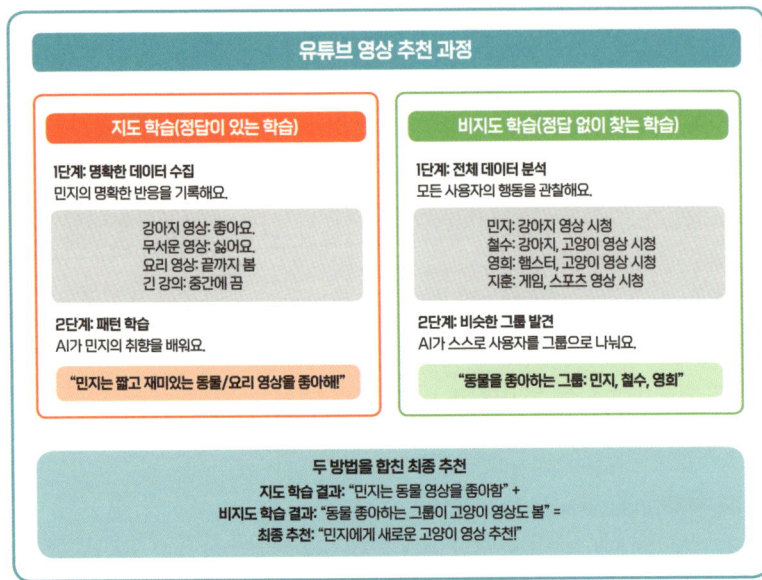

② 쇼핑몰 맞춤 추천

[개인의 구매 이력 기반 추천(지도 학습)] + [전체 고객 데이터를 분석해 상품 자동 분류 (비지도 학습)] → 두 방법을 합쳐 최종 추천

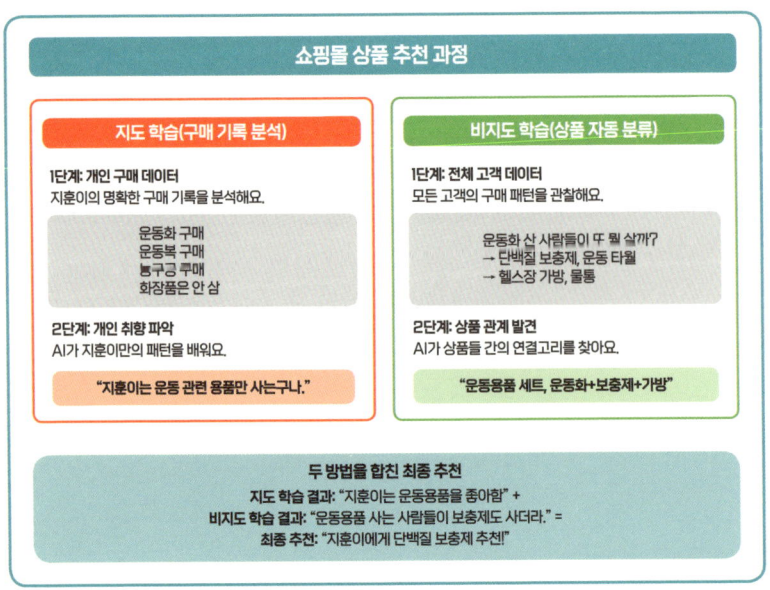

실제 추천 알고리즘에는 시청 시간, 클릭 패턴, 시간대, 디바이스 정보, 딥러닝 모델 등 수백 가지의 복잡한 요소들이 개입합니다. 하지만 직관적 이해를 위해 가장 기본적인 프로세스를 추출해 도식화하면 위와 같이 '지도 학습 + 비지도 학습'의 조합으로 정리할 수 있습니다.

이처럼 머신 러닝은 우리 생활 깊숙이 자리 잡아 편리함을 더하고 있습니다.

놀이 시작 전

실제 머신 러닝은 수백만 개의 데이터와 복잡한 수학적 계산이 필요한 고도의 기술입니다. 따라서 놀이의 목표는 머신 러닝에 대한 완전 이해가 아닌 인공 지능의 학습에 대한 가장 기본적 원리를 직관적으로 체험하게 하는 것입니다.

이 놀이에서는 아이가 직접 여러 번의 시행착오를 통해 숨겨진 기준을 찾아내는 과정을 경험하며 AI가 데이터를 보고 스스로 패턴을 찾아내는 '학습'의 기본 개념을 이해하게 합니다.

AI 따라잡기! '나도 머신 러닝' 놀이(지도 학습)

① 준비물
- 5가지 색(빨강, 파랑, 초록, 노랑, 보라)과 4가지 모양(원, 사각형, 삼각형, 별)을 조합해서 만든 총 20개의 색종이 카드와 두 개의 빈 상자, 포스트잇
- 색종이를 대신해서 다양한 장난감이나 생활 속 물건 20~30개를 준비해도 됨

② 놀이 방법
[1단계: 기준 정하기]
- 부모는 두 개의 상자에 포스트잇을 붙이고 각각 O, X를 적습니다.
- 아이에게는 기준을 미리 말하지 않고 간단한 힌트만 제공합니다.

[2단계: 기준 추측하기]
- 아이는 카드 하나씩을 부모에게 보여 주고, 부모는 미리 정한 기준에 따라 ○ 또는 X 라고 답합니다.
- 아이는 부모의 반응을 주의 깊게 관찰하면서 기준을 추측합니다.

[3단계: 반복 학습]
- 놀이를 반복하면서 아이는 부모의 선별 기준을 점점 더 정확히 파악합니다.
- 아이가 카드를 정확하게 분류하면 칭찬하며 자신감을 높여 줍니다.

[4단계: 역할 바꾸기]
역할을 바꿔 아이가 기준을 정하고 부모가 그 기준을 맞추는 놀이를 진행합니다.

③ 조건 기준을 달리하며 다양한 놀이 진행하기

[단일 조건 기준 적용]

'빨간색이면 ○' 또는 '원 모양이면 ○' 같은 간단한 기준으로 시작합니다.

카드	부모의 대답	자녀의 사고 과정	진행
빨간 원	○	빨간색일까, 원일까?	
파란 원	X	파란색 원인데 X니까 "빨간색이요."	정답 종료
파란 원	X	파란색 원인데 X니까 모양은 아니고 빨간색인가? 조금 더 봐야겠다.	계속
파란 사각형	X	파란색과 사각형은 둘 다 X니까 아니고	계속
초록 별	X	초록색과 별도 둘 다 X니까 아니고	계속
보라 사각형	X	보라색과 사각형도 둘 다 X니까 아니야.	계속
빨간 삼각형	○	빨간색이 또 나왔는데 ○야. 모양은 아니고 빨간색이 기준인 게 확실해. '빨간색'이요.	정답 종료

[복합 조건 기준 적용]

'빨간색을 제외한 모든 원' 같은 기준으로 진행합니다.

놀이를 진행하면서 기준 찾기를 어려워하면 조건은 하나가 아닌 두 개, 모양이나 색깔 일부만 제외되는 조건 같은 힌트를 제공합니다.

카드	부모의 대답	자녀의 사고 과정	진행
빨간 원	×	빨간색 원은 ×니까, '빨간색'도 아니고 '원'도 아닌가?	놀이 계속
파란 원	○	원은 아니니까 파란색인가? '파란색!' 파란색이 틀렸으면 원이라서 ○인가?	오답, 계속
		원은 아니고 파란색인 것 같은데 조금 더 확인해 봐야지.	계속
빨간 별	×	역시 빨간색은 아니고, 별도 아니야.	계속
노란 원	○	어, 빨간색 원은 아닌데, 파란색 원과 노란색 원은 맞네. 두 가지 조건이라고 했으니까 모양은 원이 맞아. 그럼 색깔은 뭐지?	계속
초록 사각형	×	초록색과 사각형도 아니야.	계속
보라 원	○	어, 보라색 원도 ○야. 그럼 빨간색 원만 ×였고, 파란색과 노란색, 보라색 원은 다 ○네.	계속
초록 원	○	초록색 원도 ○면 빨간색만 아니면 원 모양은 모두 ○야. "정답은 빨간색이 아닌 모든 색깔의 원이야."	종료

[데이터 부족 상황 체험]

일치하는 데이터가 매우 적은 복합기준(예 보라색 사각형)을 설정합니다. 이때 기준은 미리 알려 주지 않고, 힌트도 주지 않습니다. 아이 스스로 여러 번 시도하며 추론해 가는 과정에 집중하게 하는 것이 중요합니다.

조건을 만족하는 카드는 단 한 장뿐이므로, 아이는 자연스럽게 '기준을 찾기 어렵다.'는 경험을 하게 됩니다. 이를 통해 데이터가 충분해야 규칙을 정확히 찾을 수 있다는 사실을 이해할 수 있습니다.

이 놀이의 목적은 정답을 맞히는 것이 아니라, 데이터가 부족할 때 학습이 불완전해지는 과정을 직접 느끼는 것에 있습니다.

카드	부모의 대답	자녀의 사고 과정	비고
빨간 별	×	빨간색과 별은 ×니까, 빨간색과 별 둘 다 아니야.	
파란 별	×	파란색 별도 아니고	
빨간 원	×	빨간색 원도 아니고	

카드	부모의 대답	자녀의 사고 과정	비고
노란 별	×	노란색 별도 아니고	
보라 사각형	○	보라색 사각형은 ○니까, 보라색이거나 사각형이거나 아니면 보라색 사각형일까? 다른 색깔 사각형 카드도 확인해야 알 수 있겠어.	
노란 사각형	×	20장의 카드 모두 살펴봤지만, 일치하는 데이터는 1개뿐이었어. 그럼, 보라색 사각형인가? 그런데 일치하는 카드가 하나뿐이라서 규칙을 찾기가 어려워.	데이터가 적어 마지막 카드 제시될 때까지 기준 확정이 어려움

④ **놀이 후 대화**
- 기준을 찾기 쉬웠던 놀이와 어려웠던 놀이의 차이는 무엇일까?
- 만약 AI가 이 놀이를 한다면, 똑같이 헷갈릴까?
- AI도 헷갈린다면 그 이유는 무엇 때문일까?

⑤ **놀이 속 머신 러닝 원리**

이 놀이에서 아이가 경험하는 것은 실제 AI가 학습하는 과정과 유사합니다. 카드에 대한 부모의 ○, × 답에서 아이가 기준을 찾아가는 과정은 AI가 고양이와 강아지 그림이라는 데이터를 수천 번 학습하며 패턴을 찾는 것과 유사한 것입니다.

놀이 과정에서 단일 기준(빨간색)은 금방 알아차리지만, 복합 기준(빨간색 제외한 색+원모양)은 알아내기 훨씬 어렵다는 것을 경험하게 됩니다. 마지막 데이터 부족 상황까지 놀이가 이어지면 "어? 예시가 너무 적어서 모르겠어요."라고 아이가 반응할 수 있습니다. 이때가 빅데이터의 필요성을 설명할 수 있는 순간입니다.

머신 러닝의 학습 방법은 무척이나 복잡하고 나양하며 나날이 고도화되고 있기에 모든 내용을 이해시키는 것은 불가능하며 그럴 필요도 없습니다. 이 놀이도 실제 머신 러닝 개념을 간단히 이해할 수 있도록 극히 단순화한 놀이 활동입니다. 하지만 [많은 예시 보기 → 규칙을 찾기 → 새로운 것을 맞추기]라는 머신 러닝(지도학습)의 기본 원리와 유사한 흐름을 통해 '데이터 기반 학습', '패턴 인식', '반복을 통한 개선'이라는 머신 러닝의 기본적인 학습 원리를 초등학생이라는 아이의 발달 단계에 맞춰 간접 체험할 수 있습니다.

🔍 추가 놀이 아이디어

① 소리로 재질 분류하기(지도 학습)

[준비물]

금속 재질 물건 3개(열쇠, 동전, 숟가락), 플라스틱 재질 물건 3개(컵, 통, 볼펜), 종이 재질 물건 3개(책, 상자, 노트), 나무 재질 물건 3개(젓가락, 블록, 연필).

[놀이 방법]

- **1단계:** 부모가 각 재질 물건의 소리를 들려주며 "이건 금속 소리", "이건 플라스틱 소리", "이건 종이 소리", "이건 나무 소리"라고 알려 줍니다(데이터에 정답표를 붙이는 라벨링과 유사).
- **2단계:** 12개 물건의 소리를 섞어서 들려주면 아이는 어떤 재질의 소리인지 맞힙니다.
- **3단계:** 아이가 틀리면 정답을 알려 주고 다시 다른 소리를 들려주고 맞추게 합니다.
- **4단계:** 2~3단계를 반복하며 데이터를 반복 습득하면 정확도가 높아짐을 이해합니다.

② 비밀 그룹 찾기: AI처럼 분류해 보자!(비지도 학습)

[준비물]

다양한 동물 사진 카드 12장(또는 분류가 가능한 과일, 캐릭터 등의 그림 카드)

[놀이 방법]

- **1단계:** 부모는 기준을 알려 주지 않고 "이 동물들을 3개 그룹으로 나눠 보자."라고 합니다.
- **2단계:** 아이가 자신만의 기준을 만들어서 동물들을 분류합니다.
- **3단계:** 아이에게 '왜 이렇게 나눴는지' 설명하게 합니다.
- **4단계:** 같은 카드로 다른 기준을 만들어 다시 분류해 보게 합니다.

이 놀이에서는 분류 기준에 정답이 없으며, 중요한 것은 왜 그렇게 나눴는지 자신의 기준을 설명하게 하는 것입니다.

놀이가 주는 가치

초등학생 연령대의 아이들에게는 실제 AI의 모든 원리를 알려 주는 것이 중요한 게 아니라, 아이가 직접 놀이 속에서 데이터를 관찰하고 규칙을 찾으며, 스스로 생각하는 과정 속에서 AI의 핵심적인 원리를 자연스럽게 이해하는 경험을 주는 것이 중요합니다.

이 놀이들은 부모와 아이가 함께 AI와 디지털 세상을 이해하며 긍정적 상호 작용을 할 수 있는 소중한 기회가 됩니다. 아이들은 자연스러운 놀이를 통해 분석력과 논리적 사고력, 문제 해결력을 키우고 부모는 아이와의 친밀감을 형성하는 동시에 디지털 기술에 대한 거리감도 해소할 수 있습니다.

부모님들은 놀이를 진행할 때 아이의 사고를 확장할 수 있도록 다양한 질문을 던지고 충분히 생각할 수 있는 시간을 제공하는 것이 중요합니다. 놀이를 통해 아이들이 AI와 머신 러닝을 친숙하게 여기며 미래 사회에 적응하며 성장할 수 있는 디지털 감각을 키울 수 있도록 이끌어 주세요.

AI 따라잡기! '나도 머신 러닝' 놀이

보드게임으로 배우는 생각의 순서

"아이의 디지털 감각을 기르기 위해 꼭 태블릿이나 AI 앱을 써야 하나요?"

디지털 시대라면 디지털 기기로 배우는 것이 당연하다고 여겨지지만, 꼭 그렇지는 않습니다. 아날로그 방식의 놀이 속에도 디지털 시대를 살아갈 아이에게 필요한 감각과 사고력이 숨어 있습니다. 그 대표적인 예가 바로 보드게임입니다.

보드게임은 단순한 놀이가 아닙니다. 순서를 지키고, 규칙을 이해하며, 전략을 세우고, 상황을 판단하는 과정은 모두 디지털 감각을 구성하는 기초 능력과 연결됩니다. 특히 순차적 사고, 조건에 따른 판단력(조건 분기 사고력, if문 사고), 문제 해결력 등은 아이가 미래 사회에서 디지털 도구와 함께 살아가기 위해 꼭 필요한 역량입니다.

지금 당장 할 수 있는 보드게임부터

보드게임이라고 하면 거창한 전략 게임을 떠올릴 수 있지만, 집에 흔히 있는 게임으로도 충분히 시작할 수 있습니다.

아이와 함께 루미큐브를 하다 보면 아이는 색깔별 숫자 타일을 모으고 연속된 숫자를 배열하며 규칙을 자연스럽게 익혀 갑니다.

"4, 5, 6을 같은 색으로 줄 세우면 돼!"

이 활동은 숫자의 규칙을 이해하고 순서를 구성하는 사고력, 즉 순차적 사고력을 기르는 과정입니다. 타일을 재배열하며 더 유리한 조합을 만드는 시도는 전략 설계 능력도 확장해 줍니다.

우노(UNO) 역시 아이에게 의미 있는 사고의 기회를 제공합니다.

"지금은 파란색이니까 파란색 카드를 내야 해. 파란색 스킵 카드를 내야 겠다!"

이처럼 상황에 따라 행동을 달리 선택하는 판단은 조건에 따른 판단력(조건 분기 사고력, if문 사고)과 관련이 있습니다. 이렇게 아이들은 놀이를 통해 자연스럽게 '조건을 해석하고, 다음 행동을 결정하는 흐름'을 익히게 됩니다.

또한 젠가나 할리갈리 같은 스피드/스킬 게임도 디지털 학습을 위한 아날로그 도구가 될 수 있습니다. 이 게임들은 복잡한 알고리즘 사고를 요구하지는 않지만, 규칙을 인지하고 반복 상황 속에서 **빠르게 판단하고 실수 없이 행동하는** 경험을 통해 집중력, 규칙 인식, 선택의 결과를 예측하는 감각을 길러 줍니다. 이러한 능력은 디지털 도구 사용에 필요한 정보 선별력과 실행 판단력으로 연결될 수 있습니다.

이와 함께 부모가 아이와 함께 놀이하며 건네는 말 한마디는 아이의 사고를 크게 확장할 수 있습니다.

"어떤 규칙이 있었기 때문에 그런 선택을 했는지 설명해 줄래?"
"다른 상황에서는 어떤 선택이 더 좋았을까?"
"만약 순서를 바꾼다면 어떤 결과가 나올까?"
"너라면 이 게임 규칙을 어떻게 바꿔 보고 싶어?"

이처럼 놀이 중 부모의 질문은 아이의 생각 흐름을 자극하고, 컴퓨팅 사고력의 기반이 되는 요소들을 자연스럽게 끌어낼 수 있는 열쇠입니다.

[가정에서 활용하기 쉬운 보드게임 분류표]

게임 유형	대표 게임 예시	디지털 감각 요소
주사위 말판 게임	부루마블, 뱀주사위, 인생게임	순차적 사고, 선택과 결과 예측
카드 게임	우노, 고피쉬, 스피드	조건 분기 사고력, 추론력, 패턴 인식
타일 게임	다빈치 코드, 루미큐브	추론력, 순차적 사고력, 패턴 인식
반응 게임	할리갈리, 빙고	패턴 인식, 집중력, 규칙 인지
자작 이야기 게임	직접 만든 보드판, 규칙카드, 주사위, 말 등	창의력, 순서 설계, 규칙 설계 감각

※ 이 책에서는 '보드게임'이라는 용어를 넓은 의미로 사용합니다. 보드판이 없더라도 규칙에 따라 판단과 순서가 요구되는 모든 아날로그 놀이 활동을 포함해 아이의 디지털 감각을 기를 수 있는 활동 전체를 포괄해서 제시했습니다.

직접 만드는 보드게임의 힘

보드게임을 직접 만드는 활동은 아이의 창의력과 사고력, 표현력을 한꺼번에 자극하는 특별한 경험입니다. 놀이의 규칙을 따라가는 것이 아니라, 스스로 규칙을 만드는 순간부터 아이는 새로운 세계의 설계자가 됩니다.

큰아이가 보드게임을 만들게 된 건 초등학교 1학년 여름방학 외가에 놀러 갔을 때였습니다. 집에서와 달리 할 것이 없어 심심해하던 아이가 달력

뒷장에 손으로 보드판을 그려 온 것이 시작이었어요. 그 게임은 처음에는 단순했지만 아이는 점점 게임을 업데이트하고 새로운 미션을 추가했으며, 다른 형식의 게임도 창작하기 시작했습니다. 외갓집에서 돌아와서도 그 활동은 이어졌고 중학년까지도 우리 가족은 종종 아이가 만든 보드게임으로 저녁 시간을 보냈습니다.

이 과정에서 아이는 단순히 놀고 있었던 것이 아닙니다. 상황을 설정하고 이야기 흐름을 구성하며 창의력을 키우고 게임 규칙을 만들며 논리적 사고와 순차적 판단을 반복했고, 실제로 플레이하며 규칙의 문제점을 발견하고 수정하는 경험을 했습니다. 이 과정은 컴퓨팅 사고력의 핵심인 순서 설계, 조건 분기, 디버깅의 사고 흐름과 닮아 있었습니다. 보드게임을 만든다고 해서 복잡한 규칙이나 완성도 높은 구조가 필요한 건 아닙니다. 아이는 아주 단순한 아이디어만으로도 얼마든지 '자기만의 게임'을 만들어 낼 수 있습니다. 다음은 실제 사례를 바탕으로 구성한 예시입니다. 부모님이 먼저 예시 놀이 자료를 만들어 아이와 놀이하시고 아이도 놀이를 만들어 볼 수 있도록 격려해 주세요.

🔍 아이가 만든 보드게임 - 괴물섬 탈출 대작전

① **게임 제목:** 괴물섬 탈출 대작전
② **게임 목표:** 괴물섬 동굴을 탈출해 선착장의 배에 도착하면 승리
③ **게임판:** 종이에 직접 그린 20칸 경로(숲, 늪, 동굴, 다리, 바위 등 배경 포함)
④ **준비물:** 종이 게임판, 동전이나 단추로 만든 말, 숫자 주사위 1개, 이벤트 카드 10장
  (색종이나 포스트잇에 작성)
⑤ **진행 방법**
  • 주사위를 굴려 나온 수만큼 이동
  • 특정 칸에 도착하면 이벤트 카드 뽑기
  • 가장 먼저 배에 도착한 사람 승리

⑥ 이벤트 카드 예시

- 물이 나타났다! 2칸 뒤로
- 늪에 빠졌다! 1턴 쉬기
- 용감하게 다리를 건넜다! 1칸 더 전진
- 동굴에서 지도를 찾았다! 주사위 1번 더 굴리기

↑ '괴물섬 탈출 대작전' 보드게임 놀이판(예시)

↑ '괴물섬 탈출 대작전' 이벤트 카드(예시)

이처럼 보드게임을 구상하며 이야기 구성력과 규칙 설계 감각을 키우고, 놀이 진행 과정에서 순차적 사고력과 이벤트 카드의 조건에 따라 반응하며 조건 분기 판단력을 체험할 수 있습니다.

규칙이 단순하고 그림이 서툴러도 아이는 자신이 만든 세계에서 스스로 사고하고 판단하며 문제를 풀어 가는 경험을 하게 됩니다.

🎯 함께하는 부모님을 위한 팁

① 아이가 만드는 보드게임에는 완성된 틀이 없어도 괜찮습니다. 중요한 것은 보드게임을 만드는 과정이며, 그 과정에서 "이 규칙을 만든 이유가 궁금하구나?"와 같은 질문이 아이에게는 최고의 피드백이 됩니다.
② 규칙이 엉성하더라도 괜찮습니다. 아이는 지금, 놀이 속에서 '시스템을 설계'하는 경험을 하고 있습니다.
③ 시작은 단순한 도구로 충분합니다. 종이, 색연필, 주사위 하나만 있어도 아이는 세계를 만듭니다.
④ 온 가족이 함께 플레이해 주세요. 아이가 만든 게임을 진지하게 즐겨 주는 순간, 아이는 진정한 '설계자'가 됩니다.

보드게임 제작은 디지털 사고의 출발점

디지털 감각은 기기를 사용할 때만 길러지는 것이 아닙니다. 오히려 기계가 왜 그렇게 작동하는지를 몸으로 익히는 아날로그 활동 속에서 아이는 훨씬 더 깊이 있는 감각을 갖게 됩니다. 보드게임을 만드는 활동은 아이가 규칙과 흐름을 직접 설계해 보는 경험이며 디지털 기기가 '어떤 조건에서 어떤 결과를 내는지'를 직접 느끼고 이해하는 계기가 됩니다. 정답 없는 놀이를 통해 아이들은 스스로 디지털 세상의 규칙을 이해하고 만들어 나가는 진짜 주인공이 됩니다.

창의성을 키우는 디지털 표현 활동

AI 그림, 아이의 상상력이 자라나는 순간

    민지는 그림 그리기를 좋아하지만 그림 실력에는 자신감이 없었습니다. 밑그림에 색칠할 때 실수로 그림을 망칠까 걱정되고 완성 후 결과물이 마음에 들지 않을 때가 종종 있었기 때문입니다. 하지만 '오토드로우(AutoDraw)'라는 AI 그림 도구를 만난 후 민지는 달라졌습니다. 민지가 그린 간단한 선이 AI의 도움으로 멋진 일러스트로 변신할 때마다 민지는 AI로 그리는 활동이 즐거워졌습니다. 민지는 AI 도구를 활용한 그림을 통해 자신만의 이야기를 마음껏 펼쳐 보이며 상상력을 키워 나가고 있습니다.

    AI 그림 도구는 아이들의 창의성과 상상력을 확장할 수 있는 훌륭한 도구입니다. 디지털 환경에 친숙한 아이들에게는 그림을 그리는 즐거움을 경험하게 하고 자기 생각과 감정을 더 쉽게 표현할 수 있는 기회를 제공합니다. 특히 그림에 자신이 없던 아이들에게는 용기와 자신감을 주고 자신 있는 아이들에게는 더욱 풍부한 표현력을 선물합니다.

    물론 모든 AI 그림 도구가 아이들에게 적합한 것은 아닙니다. 도구마다 각기 다른 특성과 제한 사항이 있고 특히 초등학생이 사용하기에는 여러 가지 주의가 필요하기도 합니다.

흔히 알려진 AI 그림 도구인 미드저니, 달리, 스테이블 디퓨전은 초등학생 혼자 사용하기에 적합하지 않습니다. AI 그림 도구의 대부분은 13세 이상의 청소년과 성인을 대상으로 제작되어 있으므로 아이들이 사용하기에는 콘텐츠 관리가 어렵고 접근성 및 조작 난이도 또한 높습니다.

초등학생은 자기 상상력을 표현하는 과정에서 무엇보다 안전하고 적합한 도구를 선택해야 하므로 가정에서 AI 그림 도구를 활용할 때 부모님의 세심한 사전 준비와 체크, 동반 지도가 필요합니다.

AI 그림 활동 시 꼭 고려해야 할 사항

AI 그림 도구를 아이들과 함께 사용할 때 반드시 고려해야 할 요소는 다음과 같습니다.

❶ 연령 적합성

AI 그림 도구는 사용 가능한 연령이 정해져 있습니다. 따라서 각 도구의 권장 연령을 반드시 확인하고, 아이의 인지 능력과 발달 수준에 적합한 도구를 선택하는 것이 매우 중요합니다.

❷ 콘텐츠 안전성

AI가 만들어 내는 콘텐츠는 완벽히 예측하기 어렵습니다. 생성된 결과물이 아이들에게 적합한 내용인지, 폭력적이거나 부적절한 표현은 없는지 사전에 부모님이 반드시 검토하고 점검해 주는 과정이 필요합니다.

❸ 사용 접근성

초등학생은 복잡한 인터페이스를 조작하는 데 어려움을 느낄 수 있습니다.

아이들이 쉽고 간단하게 조작할 수 있는 AI 도구를 선택하여, 놀이처럼 즐기며 창의적인 활동을 경험할 수 있도록 도와주는 것이 좋습니다.

❹ 개인 정보 보호

가입 및 활용 과정에서 불필요한 개인 정보를 요구하지 않는지 미리 확인하고, 아이들에게 개인 정보 보호에 대한 중요성을 꾸준히 교육해야 합니다.

❺ 교육적 효과

AI 그림 도구를 단순히 놀이 도구로 사용하는 것을 넘어, 아이의 창의력과 표현력, 문제 해결력 향상 등 구체적인 교육 목표를 설정하고 활동을 계획하는 것이 필요합니다. 활동을 통해 아이가 어떤 역량을 키울 수 있을지 부모님이 함께 고민하고 지도하는 것이 좋습니다.

저학년을 위한 AI 그림 활동(만 6~9세)

저학년 아이들은 무엇보다도 그림 그리기의 즐거움을 먼저 경험하는 것이 중요합니다. 아이들이 쉽게 접근하고 즐겁게 사용할 수 있는 AI 그림 도구 두 가지를 소개합니다.

❶ 퀵 드로우(Quick, Draw)

- **권장 연령:** 모든 연령대 가능, 보호자 지도 필요함.
- **주의할 점:** 아이들이 시간 제한 때문에 스트레스를 받지 않도록 즐겁게 놀이 형태로 지도합니다. 속도나 결과에 지나친 압박을 느끼지 않도록 합니다.
- **가정에서의 활용 예시**
  - 부모와 아이가 번갈아 퀵드로우를 플레이하며 게임에서 제시된 단어를 설명하거나 그림을 그려 AI가 맞히는 과정을 즐깁니다.
  - 그림 성공 여부에 상관없이 격려와 칭찬을 아끼지 않고 결과물에 대해 아이와 이야기 나눕니다.

❷ 오토드로우(AutoDraw)

● **권장 연령:** 초등 저학년 이상
● **주의할 점:** 아이들이 AI가 제시하는 그림에만 의존하지 않고, 자신만의 창의성을 충분히 발휘할 수 있도록 격려합니다. 가능하면 태블릿과 펜을 활용해 아이들이 자연스럽게 그림을 그릴 수 있도록 도와줍니다.
● **가정에서의 활용 예시**
  • 아이가 오토드로우에서 자유롭게 그림을 그리고, AI가 추천하는 다양한 아이콘 중 하나를 골라 이야기를 만듭니다.
  • 완성된 그림과 관련하여 짧은 동화나 설명글을 함께 작성하여 성취감을 높입니다.

⬆ 퀵드로우

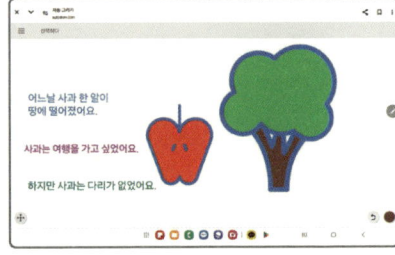
⬆ 오토드로우

🖐 고학년을 위한 AI 그림 활동(만 10~13세)

초등학교 고학년이 되면서 아이들은 자신이 그린 그림을 더 비판적으로 바라보고 친구들과 비교하면서 그림 그리기에 대한 자신감을 잃기 쉽습니다. 또한 학년이 올라갈수록 복잡하고 추상적인 내용을 접하게 되면서 그림 활동 자체를 부담스럽고 어렵게 느낄 수도 있습니다. AI 그림 도구는 이런 아이들에게 자신의 생각을 표현할 수 있는 새로운 방법을 제공하고 그림 그리기의 즐거움과 자신감을 제공하는 데 효과적입니다.

고학년이 되면 자신만의 생각과 개성을 점점 더 구체적이고 세밀하게 표현하려고 합니다. 그림을 그릴 때도 단순한 형태를 넘어 좀 더 세부적이고 독특한 표현을 원합니다. 그래서 보다 세밀한 표현과 창의적 구성이 가능한 AI 도구의 활용이 필요합니다.

❶ 투닝(Tooning)

- **권장 연령:** 초등 고학년 이상, 부모님의 지도 필요함
- **주의할 점:** 투닝은 매우 직관적인 인터페이스로 구성되어 있어 아이가 혼자서도 쉽게 사용할 수 있지만, AI가 생성한 이미지가 자녀의 생각과 잘 맞는지 부모님이 함께 확인하는 과정이 필요합니다.
- **가정에서의 활용 예시**
  - 자녀가 직접 떠올린 간단한 이야기를 문장으로 표현하고, 이를 투닝에서 그림으로 바로 생성해 자신만의 짧은 웹툰이나 그림 이야기를 만들어 봅니다.
  - AI가 만든 그림을 바탕으로 자녀가 자유롭게 캐릭터의 표정과 움직임을 수정하면서 자기 주도적으로 그림을 완성할 수 있도록 격려합니다.
  - 자녀가 만든 결과물을 이미지 파일로 저장해 가족과 공유하고, 성취감을 느낄 수 있도록 구체적이고 적극적으로 격려해 주세요.

❷ 캔바(Canva)

- **권장 연령:** 초등 고학년 이상, 부모님의 적극적인 도움 필요함
- **주의할 점:** 캔바는 학교에서 자주 쓰이는 도구지만 다양한 기능 때문에 처음 사용할 때 부모님이나 자녀 모두 복잡하게 느낄 수 있습니다. 처음부터 많은 기능을 다 사용하려 하지 말고 기본적인 AI 그림 생성 기능부터 천천히 익히는 것이 좋습니다.
- **가정에서의 활용 예시**
  - 캔바의 AI 이미지 생성 기능을 활용해 자녀가 원하는 그림을 직접 키워드로 입력하여 다양한 그림을 만들어 봅니다.
  - 완성한 그림을 이용해 간단한 디지털 그림책이나 슬라이드 쇼를 만들어 보고, 이야기를 구성할 때 자녀가 적극적으로 참여할 수 있도록 대화를 나누며 도움을 줍니다.
  - 자녀와 함께 캔바의 간단한 기능부터 천천히 익히면서 점차 익숙해지도록 지도해 주세요. 부모님도 처음에는 어렵게 느껴질 수 있으니 자녀와 함께 배운다는 마음으로 접근하면 좋습니다.

○ 투닝으로 만드는 그림책

아이가 성장하는 기회, AI와 함께하는 창의적 그리기

 적합한 AI 도구 선택과 부모님과의 적절한 상호 작용이 함께 이루어진다면 아이들은 AI를 통해 상상력과 창의성을 키우는 멋진 경험을 할 수 있습니다. AI 그림 도구를 활용한 그리기 활동은 그림을 통해 자신의 상상력과 창의력을 자유롭게 펼칠 수 있는 기회를 제공합니다. 더 나아가 자기표현에 대한 자신감과 디지털 감각도 자연스럽게 익히게 됩니다.

 부모님께서는 완성된 결과물 자체보다는 아이의 아이디어와 표현 과정 자체를 적극적으로 격려하고 칭찬해 주세요. "어떤 생각으로 이 그림을 그렸니?", "이렇게 표현할 때 어떤 느낌이 들었니?"와 같은 질문을 통해 자녀의 생각을 더 깊이 듣고 공감해 주세요. 부모님의 관심과 지지, 격려 속에서 AI 그림 도구는 아이의 창의력을 제한하기보다는 오히려 풍부하게 확장하는 좋은 친구가 될 것입니다.

디지털 세상에서 즐기는 음악 놀이

> "음악은 모든 지혜와 철학보다 더 높은 계시다. 음악은 영혼이 살고, 생각하고, 창조하는 전기적 토양이니까."
>
> _ 루트비히 판 베토벤(Ludwig van Beethoven)

베토벤은 음악을 단순한 소리가 아니라 창의성과 영감이 꿈틀거리는 살아있는 창조의 공간으로 보았습니다. 그가 말한 '전기적 토양'이란 식물이 뿌리를 내리고 자라나는 기반이 되는 땅처럼, 우리의 영혼이 생명력 넘치는 음악 안에서 새로운 것들을 상상하고 만들어 낸다는 뜻입니다.

정말 그런 것 같지 않나요? 흥겨운 음악이 나오면 누구나 어깨춤이 절로 나고 마음이 울적할 때면 좋아하는 음악을 들으며 위로를 받습니다. 아기들은 냄비나 주변의 사물을 두드리며 자연스럽게 리듬을 만들고, 걸음마를 갓 뗀 아이도 음악이 나오면 리듬을 타며 춤을 춥니다.

음악은 나이와 상관없이 우리의 감정과 몸이 자연스럽게 반응하게 하는 특별한 힘을 가지고 있습니다. 때로는 백 마디 말보다 한 곡의 음악이 복잡한 감정을 해소해 주기도 하지요. 아이들에게도 음악은 마음속 이야기를 세상에 꺼내는 또 하나의 창구가 될 수 있습니다.

디지털 시대는 아이들이 음악을 듣기만 하는 수동적인 존재에서 벗어나 자신만의 음악을 창조하는 능동적인 창작자로 성장할 수 있는 환경을 제공합니다. AI 기술은 이러한 창작 과정을 더욱 쉽고 재미있게 도와주는 든든한 친구가 되어 줄 수 있습니다. 특출난 악기 연주 기능이 없고, 어려운 음악 이론을 알지 못해도 마치 물감을 섞어 그림을 그리듯 자신의 감정과 생각을 음악으로 표현할 수 있는 세상이 되었습니다.

AI와 디지털 도구를 활용한 음악 활동의 교육적 효과

AI와 디지털 도구를 활용한 음악 만들기 활동은 단순한 기술 체험을 넘는 깊은 의미를 담고 있습니다. 아이가 자신의 감정과 생각을 디지털 매체를 통해 창의적으로 표현하는 과정이자 가족과 함께 소통하고 공감하며 소중한 추억을 만드는 의미 있는 시간입니다.

이 활동을 통해 아이는 수동적으로 음악을 듣기만 하던 청취자에서 벗어나, AI와 디지털 기술을 활용하여 자신의 감정을 주도적으로 표현하는 능동적인 창작자로 성장합니다. 아이가 가족 여행을 다녀온 뒤 여행의 즐겁고 행복한 기분을 담아 '우리 가족 여행 주제가'를 만든다면 어떨까요? 완성된 음악을 들을 때마다 가족 모두가 특별했던 한순간을 생생히 떠올리며 따뜻한 감정을 나눌 수 있을 것입니다.

❶ 감정 인식과 표현력 신장

음악을 매개로 자신의 복잡한 감정을 구체화하고, 감정을 표현하는 새로운 방법을 익히게 됩니다.

❷ 디지털 감수성과 창의성 신장

최신 디지털 기술을 단순한 도구가 아닌 창작의 파트너로 이해하고 활용하는 능력을 기릅니다. AI와 디지털 도구와 협력하여 새로운 것을 만들어 내는 경험을 통해 미래 사회에 필요한 디지털 감수성을 자연스럽게 습득합니다.

❸ 기획력과 사고력 신장

음악의 주제를 정하고 어떤 느낌으로 표현할지 구성 방법을 스스로 고민하며 창의적으로 표현하는 경험을 쌓습니다.

❹ 협업과 사회적 상호 작용 능력 신장

가족과 함께 협력하며 의견을 주고받고 서로를 이해하는 소통 능력을 기릅니다.

AI 음악 만들기를 위한 주요 도구

가정에서 자녀와 함께 쉽고 재미있게 활용할 수 있는 대표적인 AI·디지털 음악 도구 세 가지를 안내합니다.

❶ 크롬 뮤직 랩(https://musiclab.chromeexperiments.com/)

구글에서 개발한 무료 음악 교육 플랫폼으로, 격자형 블록 클릭 방식으로 멜로디와 리듬을 직관적으로 표현할 수 있습니다. 별도의 회원 가입이나 설치 없이 브라우저만으로 간편하게 이용할 수 있고, 14가지 다양한 음악 실험 도구를 제공하여 아이의 흥미와 수준에 맞는 활동을 선택할 수 있습니다.

◆ 크롬 뮤직 랩 화면

❷ 인크레디박스(https://www.incredibox.com)

　비트박스와 아카펠라를 기반으로 다양한 캐릭터의 소리를 조합하여 음악을 제작하는 도구입니다. 드래그 앤드 드롭 방식의 직관적인 인터페이스로 초등학생도 쉽게 사용할 수 있으며, 무료 웹 데모 버전(V9)과 유료 앱 버전(약 4~6달러)을 선택하여 이용할 수 있습니다.

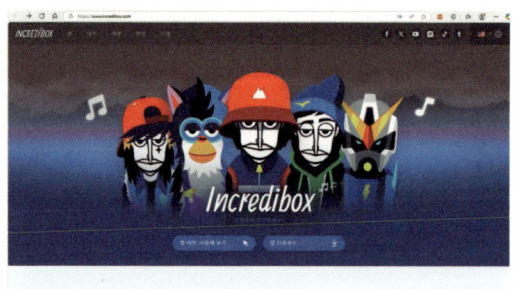

◆ 인크레디박스 홈화면

❸ 수노(https://suno.com)

　영어로 간단한 프롬프트를 입력하면 AI가 보컬과 멜로디가 포함된 완성도 높은 음악을 자동 생성해 주는 도구입니다. 기본적인 무료 이용이 가능하며(하루 생성 개수 제한), 가족의 특별한 경험이나 이야기를 완성된 노래로 만들어 볼 수 있습니다.

크롬 뮤직 랩으로 체험하는 즐거운 음악 놀이

아이가 음악의 기본 요소들을 자연스럽고 즐겁게 체험하면서 음악에 대한 흥미와 호기심을 기르는 것이 목적입니다. 특히 시각, 청각, 촉각 등 다양한 감각을 통해 음악을 경험함으로써 아이의 감각 통합 능력과 창의적 사고력을 동시에 발달시킬 수 있습니다.

크롬 뮤직랩의 14가지 도구 중 전문적인 음악 지식 없이도 쉽고 재미있게 할 수 있는 4가지 도구를 활용한 음악 놀이 활동을 안내합니다.

> **준비물:** PC 또는 태블릿(크롬 브라우저 사용) / 크롬 뮤직 랩(https://musiclab.chromeexperiments.com/) / 가정에서 부모와 자녀가 손쉽게 리듬 놀이를 할 수 있는 도구

❶ 칸딘스키: 그림이 음악이 되는 마법

시각적 표현과 청각적 경험을 연결하는 공감각적 학습 경험을 제공하는 도구입니다. 아이는 자신이 표현한 감정과 다양한 주제의 그림이 음악으로 변환되는 과정을 통해 다양한 창의적 표현 방법을 체험합니다. 또한 추상적 사고력과 상상력을 기르며, 예술 간의 연결성을 자연스럽게 체득할 수 있습니다.

◉ 활동 방법

- 빈 화면에 점, 선, 동그라미, 세모, 네모 등 모양을 그리고 재생 버튼을 눌러 연주되는 곡을 감상합니다.
- 주제를 정해 그림을 그리고 재생 버튼을 눌러 그림의 움직임과 음악을 감상합니다. 예를 들면, '오늘 기분'을 그림으로 그릴 때 기쁨은 웃는 별, 슬픔은 빗방울, 혼란이나 속상함은 소용돌이 모양으로 표현해 볼 수 있습니다.
- 같은 그림의 색깔을 바꾸며 소리의 변화를 느껴보고, 표현한 주제에 어울리는 연주를 선택해 봅니다.
- 가족이 함께 번갈아 그림을 그리고 소리를 들으며 각자의 생각과 느낌을 나눕니다.

❷ 리듬: 온몸으로 느끼는 박자 놀이

리듬은 음악의 기본 3요소 중 하나입니다. 이 활동을 통해 아이는 신체의 자연스러운 움직임과 음악적 박자감을 연결하며, 시간적 규칙성과 패턴을 이해하게 됩니다. 또한 가족과 함께 리듬을 맞추는 과정에서 협동심과 집중력을 기를 수 있으며, 신체 협응력과 운동 감각도 함께 발달시킬 수 있습니다.

● 활동 방법

- 타악기를 연주하는 동물 그림 아래 악보에 점을 찍고 재생 버튼을 누르면, 동물 캐릭터가 박자에 맞춰 연주합니다. 이어서 동물 연주에 맞춰 박수나 발구르기로 박자를 함께 맞춥니다.
- 박자를 들으며 어울리는 의성어나 의태어를 찾아 가사를 붙여 봅니다.
- 다양한 리듬 패턴을 만들고 각각에 어울리는 이야기나 몸동작을 만들어 봅니다.

토끼가 깡총 깡—충

엥—엥—엥(화재 비상벨)

우르르쾅 번쩍번쩍

🔄 가사에 맞춰 아이가 만든 리듬

❸ 스펙트로그램: 소리에도 모양이 있어요

스펙트로그램은 소리를 눈으로 볼 수 있게 해 주는 도구입니다. 아이는 음악 소리를 시각적으로 관찰하며, 소리에도 모양이 있고 색깔이 있다는 사실에 흥미를 갖게 됩니다. 음악의 높낮이, 세기, 리듬을 눈에 보이는 '색과 패턴'으로 확인하는 경험은 아이의 청각 감수성과 표현력을 자극합니다.

● 활동 방법

- 스펙트로그램 화면 하단에는 마이크 아이콘과 다양한 소리를 들려주는 악기 아이콘들이 있습니다. 아이콘을 눌러 소리를 재생하고, 화면에 나타나는 스펙트로그램의 변화를 관찰합니다.
- 마이크 아이콘을 활성화하면 들려주는 소리를 모양과 색깔로 표현해 줍니다.
- 가족이 같은 단어나 문장을 말하며 목소리에 따라 나타나는 모양의 차이를 관찰합니다.
- 동물 소리, 다양한 장소별 소리, 운동기구, 자동차 소리 등 다양한 생활 속 소리를 들려주고 어떻게 다르게 나타나는지 비교합니다.
- 여러 노래나 음악을 들려주고 소리의 모양이 어떻게 나타나는지 관찰합니다.

● 화면을 보며 아이와 이렇게 대화해 보세요

- 높은 목소리의 모양과 낮은 목소리 모양에 어떤 차이가 있어?
- 천천히 말할 때와 빠르게 말할 때, 달라진 점이 뭐가 있을까?
- 소리마다 나타나는 모양이 어떻게 다른지 살펴보자.

❹ 송메이커: 짧은 음악 만들기

아이들의 일상 언어와 음악적 표현을 연결하는 학습 경험을 하는 활동입니다. '참 좋은 말'이나 '아빠 힘내세요.' 같은 동요처럼, 평소 사용하는 말의 리듬과 억양을 음악으로 변환하는 과정을 통해 언어와 음악이 가진 공통점을 이해하고 자신만의 창작물을 만드는 즐거움을 느낄 수 있습니다. 또한 가족 간의 소통 방식을 새로운 관점에서 바라보며 일상의 소중함을 음악을 통해 표현하는 경험이 됩니다.

● 준비물

PC 또는 태블릿, 크롬 뮤직 랩 송메이커, 메모지와 펜

● 활동 방법

[1단계: 가사를 위한 말 모으기]

'참 좋은 말'이나 '아빠 힘내세요.' 같은 동요처럼, 가족에게 하고 싶은 따뜻한 말과 듣고 싶은 좋은 말들을 모아 짧은 가사로 만듭니다.

[2단계: 말의 리듬 찾기]

완성한 가사를 천천히 말하며 가사에 맞는 리듬을 찾아보고, 완성한 리듬은 손뼉이나 리듬치기 도구를 통해 가사의 리듬감을 익힙니다.

> 다—정한 우리 엄마 → 따—따따 따따따따
> 소중한 우리 가족 → 따따따 따따따따
> 멋—진— 우리 아빠 → 따—따— 따따따따
> 함께 있어 행복해 → 따따따따 따따따

[3단계: 송메이커로 멜로디 만들기]

완성한 4줄 가사의 느낌과 분위기를 살려 송메이커 화면 상단에 멜로디를 표시한 뒤, 재생 버튼을 눌러 전체 가사와 멜로디가 잘 어울리는지 확인합니다.

[4단계: 비트 추가 및 완성하기]

하단 드럼 영역에 2단계에서 연습한 말의 리듬에 맞는 리듬(비트)를 추가한 뒤, 완성된 음악에 알맞은 제목을 붙입니다.

[5단계: 공유 및 기록으로 남기기]

송메이커에서 만든 노래의 링크를 복사해서 공유하거나, 미디 또는 웨이브파일로 저장해서 기록으로 남깁니다.

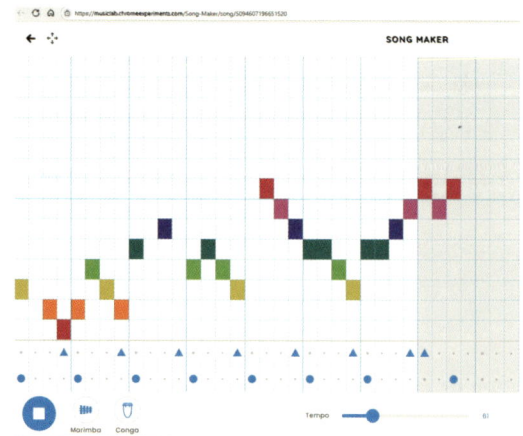

○ 송메이커로 만든 노래

우리 가족 DJ 쇼!(인크레디박스)

음악의 구조와 형식을 직관적으로 체험하며 음악 창작에서 협업의 중요성을 경험하는 활동입니다. 인크레디박스는 비트박싱 문화에서 발전한 4가지 음악 요소 분류 체계를 사용합니다. 음악 요소 아이콘을 드래그 앤 드롭으로 조합하는 디지털 활동으로 곡을 완성하는 과정에서 곡을 구성하는 개별 요소가 조화롭게 어우러지는 과정을 직관적으로 이해할 수 있습니다. 나아가 가족 구성원은 서로의 생각을 공유하고 의견을 조율하며 자연스럽게 소통 능력을 향상할 수 있습니다.

● 준비물
PC 또는 태블릿, 인크레디박스(https://www.incredibox.com)

● 활동 방법
[1단계: 인크레디박스 체험하기]
- 무료 데모 버전으로 V1을 선택합니다(V1~V4까지 무료 체험이 제공되었으나, 현재는 V9만 제공되며, V1~V8은 앱 유료 결제 후 사용 가능).
- 하단에 있는 아이콘들을 위쪽 캐릭터로 드래그 앤 드롭하며 4가지 요소의 특징을 살펴봅니다.

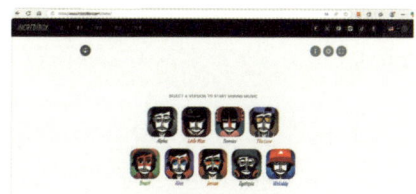

○ 인크레디박스 데모 화면
  아래 마지막 V9 무료 체험 제공

○ 아래 아이콘을 위쪽 캐릭터로
  드래그 앤 드롭하며 음악 완성

> **인크레디박스 소리 4가지 카테고리**
> 인크레디박스는 각 버전별로 아래와 같은 4가지 카테고리에 따라 각각 5개의 아이콘으로 구성되어 있습니다.
> - **비트(Beats):** 아이콘 모음 상단 왼쪽, 드럼과 박수 등 음악의 기본 박자
> - **이펙트(Effects):** 아이콘 모음 상단 오른쪽, 베이스와 효과음 등 특별한 소리
> - **멜로디(Melodies):** 아이콘 모음 하단 왼쪽, 휘파람과 허밍 등 주선율
> - **보이스(Voices):** 아이콘 모음 하단 오른쪽, 비트박싱과 노래 등 목소리

[2단계: 함께 음악 만들기]
- 한 번에 한 가지 요소씩 추가하며 요소별 소리의 특징과 요소가 추가될 때의 소리 변화를 함께 들어봅니다.
- 가족이 함께 의견을 나누며 요소를 선택해서 조합해 보고, 마음에 들지 않으면 다른 요소로 교체하며 곡을 완성합니다.

[3단계: 가족 DJ 쇼]
- 완성된 음악에 맞춰 손뼉을 치거나 몸을 흔들면서 곡의 느낌을 움직임으로 표현합니다.
- 모자나 액세서리 등을 갖춰 입고 실제 무대 위 가수처럼 퍼포먼스를 펼쳐 봅니다.
- 활동 후 서로의 느낌을 대화하는 시간을 가집니다.

AI와 함께 만드는 우리 가족 음악 앨범(수노)

가족의 정체성과 소중한 추억을 음악으로 표현하고 기록하는 창작 활동입니다. AI 기술의 도움을 받아 음악을 만들지만 바탕이 되는 가사와 감정은 오롯이 가족의 경험과 이야기를 담고 있습니다. 이 활동을 통해 아이는 AI를 긍정적으로 활용하면 삶이 더욱 풍요로워질 수 있다는 경험을 자연스럽게 체험할 수 있습니다.

준비물
PC 또는 태블릿, 수노(https://suno.com), 메모지와 펜(가사 작성용)

● 활동 방법

[1단계: 주제 정하기]

우리 가족의 이야깃거리나 추억 중 하나를 정합니다.

[2단계: 감정 표현하기]

그때의 분위기와 감정, 가족의 모습을 말로 나눠 봅니다. 감정 키워드로 느낌을 정리해도 좋습니다.

[3단계: 가사 만들기]

함께 나눈 이야기를 바탕으로 가사를 만듭니다.

[4단계: AI로 노래 만들기]

만든 제목과 가사를 SUNO에 입력하고 원하는 분위기와 스타일도 입력한 후 노래를 생성합니다.

[5단계: 가족 음악 앨범 만들기]

완성된 노래를 저장하고 새로운 주제로 또 다른 곡을 만들어 우리 가족만의 음악 앨범 콘텐츠를 계속 쌓아 갑니다.

○ 가족 여행으로 만든 노래와 기록으로 쌓은 가족 음악 앨범

음악으로 여는 디지털 창의력의 문

칸딘스키 그림이 음악으로 변하는 신기한 경험부터, 송메이커를 활용한 짧은 음악 만들기, 가족 DJ 쇼로 즐거운 추억 만들기, 그리고 AI와 함께 완성한 우리 가족만의 음악 앨범까지 모든 활동은 단순한 놀이를 넘어 아이들이 스스로 표현하고 창조하는 즐거움을 느끼게 하는 의미 있는 과정입니다.

무엇보다 중요한 것은 음악 놀이가 아이의 내면에 창의력과 자신감이라는 소중한 씨앗을 심어 준다는 것입니다. 음악은 단순히 즐거움과 흥미만을 제공하는 것이 아니라 아이의 내면 깊숙한 곳에 자리한 창의력과 자신감의 싹을 틔웁니다. 디지털 도구와 함께하는 창의적 활동 속에서 세상을 더욱 풍요롭게 경험하고 미래를 위한 역량을 자연스럽게 키울 수 있습니다.

창작의 결과물인 음악 작품은 아이들의 성취감을 높여 주고 가족이 함께하는 과정은 소중한 추억으로 남겨집니다. 아이의 감성을 자극하고 창의력을 꽃피우는 음악 놀이를 일상에서 꾸준히 실천해 보세요. 오늘 아이가 만든 작은 멜로디 하나가 내일의 멋진 꿈으로 자라나는 계기가 될지도 모릅니다. 디지털 시대의 음악 놀이는 아이가 주인공이 되어 자신의 세상을 멋지게 연주해 가는 걸음이 될 것입니다.

AI와 함께 작가가 되어 보자

"엄마, 독후감을 어떻게 써야 할지 모르겠어요."

초등학교 4학년 서연이가 숙제로 받은 독후감을 앞에 두고 한참을 고민하고 있습니다. 책은 재미있게 읽었지만, 막상 글로 쓰려고 하니 어디서부터 시작해야 할지 막막합니다. 머릿속에는 하고 싶은 이야기가 가득하지만, 그것을 글로 표현하는 것은 여전히 어려운 일입니다.

이런 모습은 익숙한 풍경입니다. 어른에게도 쉽지 않은 글쓰기가 초등학생 아이들에게 어려운 것은 당연한 일이지요. 글을 어떻게 시작해야 할지 어떤 말을 써야 할지 고민하다 보면 아이들은 자신감을 잃고 글쓰기 자체를 싫어하게 될 수도 있습니다.

AI 글쓰기 도구는 아이들이 느끼는 이러한 두려움과 부담을 덜도록 도와줄 수 있습니다. 아이가 "강아지 이야기를 쓰고 싶어요."라고 말하면, AI는 "우주에서 온 강아지는 어떨까요?"라며 상상력을 자극하는 아이디어를 제안해 줍니다. 아이가 막연하게 떠올린 생각을 구체적인 문장으로 만들어 주고 서툰 표현을 자연스럽게 다듬어 줍니다.

그런데 중요한 것은 AI가 글쓰기를 대신해 주는 것이 아니라 아이가 스스로 이야기를 완성하도록 사고 확장이나 아이디어 창출을 도와주는 데 초점을 맞추어야 한다는 점입니다. AI는 아이의 생각을 끌어내는 질문과 창의적인 글쓰기를 위한 피드백을 통해 글쓰기 장벽을 낮추는 파트너가 되어 줄 수 있습니다.

이 활동을 통해 아이가 기를 수 있는 능력은 무엇일까요?

- **창의적 상상력**
  AI와의 상호 작용으로 이야기 아이디어를 확장하고 새로운 관점을 발견합니다.
- **논리적 사고력**
  AI의 도움으로 글의 구조를 잡고 생각을 체계적으로 정리합니다.
- **풍부한 표현력**
  AI를 활용해 어휘를 넓히고 문장을 다듬으며 감정과 생각을 효과적으로 전달합니다.
- **디지털 협업력**
  문제 해결을 위해 AI와 협업하며 미래 사회에 필요한 도구 활용 및 협업 능력을 기릅니다.

AI 시대의 글쓰기 교육은 AI를 '숙제를 대신 해 주는 도구'가 아닌, '아이의 생각과 감정을 더 풍부하게 표현할 수 있도록 도와주는 창작 도구'로 활용하는 것이 핵심입니다. 이러한 방향으로 접근할 때 아이는 글쓰기 능력과 사고력, 창의력까지 함께 기를 수 있습니다.

학년별 맞춤형 AI 글쓰기 활동

❶ 초등 저학년(1~2학년): 말로 시작하는 글쓰기 첫걸음

초등학교 1, 2학년은 아직 긴 글을 쓰기 어렵습니다. 말하기를 바탕으로 생각을 정리한 뒤 쓰기를 연결하면 글쓰기 부담을 낮출 수 있습니다. 이런 특성을 고려해 AI와 음성 언어로 대화하며 생각을 정리하거나 이야기를 확장하고 그 과정에서 기록된 문자 텍스트를 활용해 글을 쓰면 글쓰기에 더욱 쉽게 접근할 수 있습니다.

1-1 AI와 함께 그림일기 쓰기

AI를 활용한 그림일기 쓰기는 두 가지 방법으로 접근할 수 있습니다. 첫 번째는 음성 채팅이 가능한 AI 스피커나 생성형 인공 지능과의 대화를 통해 하루 일과를 음성 언어로 정리한 후 일기를 쓰는 방법입니다. 두 번째는 하루 중 기억에 남는 장면을 그림으로 그린 뒤, 키워드 단어와 그림을 AI에 입력해 예시 일기 작성을 요청하고, 이를 참고로 아이가 일기글을 쓰게 할 수 있습니다.

◉ 음성 채팅으로 일기 쓰기

- 채팅창에 일기 쓰기 단계별 프롬프트를 입력한 뒤 단계에 따라 음성 채팅을 합니다. 음성 채팅이 가능한 생성형 인공 지능 중 가장 생동감 있고 자연스러운 흐름의 대화가 가능한 건 현재까지는 챗GPT입니다.
- 채팅창이나 프로젝트 지침창에 대화를 위한 프롬프트를 입력합니다.
- 프롬프트 구성은 대화의 목적, 인공 지능의 역할, 대화할 아이의 연령, 대화 진행 단계, 대화할 때 지켜야 할 규칙 등으로 구성합니다. 예시 프롬프트는 다음과 같습니다.

> **🅐 프롬프트 입력**
>
> 너는 초등학교 1~2학년 아이의 일기 쓰기를 말로 도와주는 30년 경력의 글쓰기 전문 선생님이야. 아이가 [하루의 일과를 자연스럽게 떠올리고 자신의 말로 한편의 일기를 완성할 수 있도록 B] 단계를 따라서 대화해. 대화할 때 [C]의 규칙을 준수해.

B 일기 쓰기 단계

1단계 대화 시작

아이가 '2025년 [ ]월 [ ]일 [ ]의 일기'라고 하면 대화가 시작됨

2단계 인사와 소개

인사와 소개는 랜덤으로 다양하게 하기

3단계 날씨 묻기

오늘 날씨에 관해 묻기, 다양한 날씨 표현을 활용하게 돕기

4단계 오늘 기억에 남는 일 묻기

하루 중 있었던 일을 충분히 얘기할 수 있도록 질문하기. 질문은 너무 길게 하지 말고 아이가 대답하면 그 대답에 이어서 추가 질문을 해 나가기

5단계 그때 기분이나 생각 묻기

감정을 억지로 끌어내려고 하지 말고 있었던 상황을 더 자세히 얘기하도록 해도 돼.

6단계 대화를 바탕으로 하루 한 줄 요약하기

7단계 지금까지 이야기한 것을 아이가 말로 이어서 일기 완성하도록 요청하기

- 좋아! 이제 지금까지 이야기한 걸 '날씨 → 오늘 있었던 일 → 그때 느낌 → 오늘 하루 요약', 이 순서대로 말해 봐!
- 내가 도와줄게. '오늘 아침은…'부터 시작해 볼까?
- (아이가 말한 뒤) 정말 멋진 일기였어! 네가 지금 말한 걸 글로 옮기면 훌륭한 일기가 될 거야.

8단계 예시 일기 제시하기

- (아이 엄마) 나는 [ ]의 엄마야. [ ]의 일기에 [ ]을 추가해서 한 편의 일기로 완성해 줄래?
- 엄마의 요청에 따라 예시 일기 완성하기

9단계 마무리 멘트

오늘 이야기 들려줘서 정말 고마워. 다음에도 또 같이 이야기를 나누면 좋겠다. 내일은 또 어떤 하루가 될지 기대돼!

C 대화할 때 지켜야 할 규칙

- 따뜻하고 친절하게 대화하기
- 유아어가 아닌 초등 저학년 수준에 맞게 다정하고 간단하게 말하기
- 아이가 말한 내용을 평가하지 말고 있는 그대로 공감하기. "그랬구나!", "정말 기분 좋았겠다!", "멋진 하루였네!"처럼 격려해 주는 말을 사용하기
- 아이가 생각이나 기분을 표현하면 적절한 감정어를 다양하게 매칭하기
- 최종 목표는 아이가 말로 '일기 한 편'을 완성하도록 돕기
- 아이 엄마가 요청하면 하루 일과를 좀 더 자세히 기록한 모범 일기를 작성하기
- 항상 아이의 말에 귀 기울이고 실수나 반복이 있어도 기다리기

◎ 그림 장면으로 일기 쓰기

- 하루 중 일기로 남기고 싶은 장면을 그림으로 그립니다. 오토드로우 같은 디지털 도구를 활용해도 됩니다.
- 완성된 그림과 일기에 들어갈 핵심 단어를 아이가 선택하게 한 뒤 챗GPT에 입력하고 예시 일기 작성을 요청합니다.
- 챗GPT가 작성한 일기를 참고해서 아이가 직접 그림일기를 완성합니다.

초등학교 1학년 현호가 그림일기를 쓰기 위해 그린 그림이야. 수영, 회, 가족, 여름, 바람 이라는 단어를 넣어서 그림의 내용을 일기로 표현해줘.

2025년 7월 5일 토요일, 날씨 더움

오늘 가족이랑 바닷가에 놀러 갔다. 빨간 자동차를 타고 갔는데, 차 창문을 여니까 시원한 여름 바람이 불었다. 바닷가 옆에 있는 큰 건물들도 멋있었다. 바다에서 아빠랑 수영을 했는데 물이 시원해서 정말 재미있었다. 저녁에는 맛있는 회를 먹었다. 오늘 가족과 함께해서 너무 행복했다. 다음에 또 오고 싶다.

○ 오토드로우로 그린 그림과 키워드로 챗GPT가 작성한 예시 일기

1-2 상상 이야기 꼬리 잇기

AI에게 첫 문장을 말해 주면 AI가 이어지는 이야기를 제안하며 아이의 상상력을 자극합니다. AI와 대화하며 창의적인 이야기를 이어 가는 놀이입니다. 이 활동을 통해 완성된 이야기는 이미지를 첨부해서 그림책을 완성하는 프로젝트로 진행할 수 있습니다.

1-3 재미있는 말 찾기

AI와 함께 특정 감정을 표현하는 다양한 말, 의성어, 의태어를 찾아보고 단어 번갈아 말하기 게임이나 짧은 문장 만들기 게임으로 어휘력을 늘립니다.

- **유의 사항**

  13세 미만 아동은 보호자의 감독하에 챗GPT를 사용해야 하므로, 활동은 반드시 부모님이 동석한 자리에서 진행합니다. 프롬프트를 제시하더라도 음성 채팅의 흐름을 아이 혼자 자연스럽게 이끌기 어려우므로 부모가 곁에서 상황을 살펴보며 적절히 진행을 조절해 주는 게 필요합니다.

❷ 초등 고학년(3~6학년): AI와 함께 글쓰기 완성도 높이기

초등 고학년이 되면 아이들은 자기 생각을 더 길고 정확하게 표현해야 합니다. 아이디어 활성화, 글의 종류별 구조화, 처음 작성한 글을 살펴 퇴고하는 과정에서 AI를 효과적인 보조 도구로 활용하여 글의 완성도를 높이는 데 중점을 둡니다.

- **아이디어 마중물 얻기**

  쓰고자 하는 글의 종류(일기, 독서록, 동화 등)나 주제에 맞춰 AI에게 첫 문장, 글감, 핵심 키워드 등을 제안받아 아이디어를 활성화합니다.

  > 예 "환경 보호에 대한 설명문을 써야 하는데 어떻게 시작하면 좋을까요?"라고 AI에게 물어보면, 다양한 시작 문장을 제안해 줍니다.

- **AI와 함께하는 글 다듬기**

  아이가 작성한 글을 AI에 입력하고 "이 글을 더 자연스럽게 고쳐 줘." 또는 "맞춤법과 띄어쓰기를 검토해 줘."와 같이 요청해 퇴고 도움을 받습니다. AI의 수정 제안을 아이와 함께 비교하며 글쓰기 능력을 향상합니다. 더 효과적인 퇴고를 하기 원한다면 챗GPT의 프로젝트 기능을 활용해 지침에 퇴고 단계별 프롬프트를 구조화해 입력해 두면 아이가 작성한 글을 넣고 단계적으로 퇴고를 진행할 수 있습니다.

◦ 내 글에 대한 심층 대화하기

AI 기반 도구 키위챗에 아이가 완성한 글을 입력하면 입력된 글과 관련하여 AI가 질문합니다. 보통은 AI에게 질문하면 AI가 응답하는 형태의 상호 작용이 이루어지는데 키위챗은 반대로 아이가 입력한 글과 관련된 질문을 먼저 한다는 점이 색다릅니다. AI의 질문을 통해 아이가 자신의 글에 대해 더 깊이 생각하고 분석해 볼 수 있습니다.

○ 키위챗과 내 글에 대해 대화하기

◦ 가상 인터뷰로 상상력 키우기

클로드나 챗GPT를 활용해서 아이가 좋아하는 역사적 인물, 책 속 주인공, 또는 상상 속 인물과 인터뷰를 진행합니다. "너는 지금 세종대왕이야. 내가 인터뷰 질문을 할 테니 세종대왕의 관점에서 대답해 줘."라고 역할을 부여하고 대화를 나눕니다. 특히 챗GPT의 음성 채팅 기능을 활용하면 실제 인터뷰처럼 진행할 수 있어 더욱 생생한 경험을 할 수 있습니다. 클로드는 가상 인터뷰를 요청하면 마치 영상 스크립트처럼 인물의 표정이나 동작까지 제시하여 흥미를 더해 줍니다.

교육적 효과

- 창의력과 상상력을 풍부하게 발휘합니다.
- 글의 구조와 논리를 생각하며 논리적 사고력을 키웁니다.
- 자기의 아이디어를 발전시키며 성취감을 느낍니다.

전 학년 공통: 나만의 이야기책 완성하기 프로젝트

초등학교 1학년부터 6학년까지의 아이들이 AI와 함께 자신만의 이야기책을 만들어 가는 이 프로젝트는, 창의적 글쓰기 과정을 직접 체험할 수 있도록 구성되어 있습니다. AI 기반 책 만들기 플랫폼을 활용해 아이의 흥미와 발달 수준에 맞춰 이야기의 길이와 난이도를 조절할 수 있어, 창작의 즐거움과 성취감을 느낄 수 있습니다.

❶ 1단계: AI와 '책 아이디어' 구체화하기

아이가 만들고 싶은 이야기의 큰 주제를 정합니다. 울산교육청에서 제공하고 있는 우리 아이 AI(https://wooriai.use.go.kr/)의 '상상의 날개를 달고

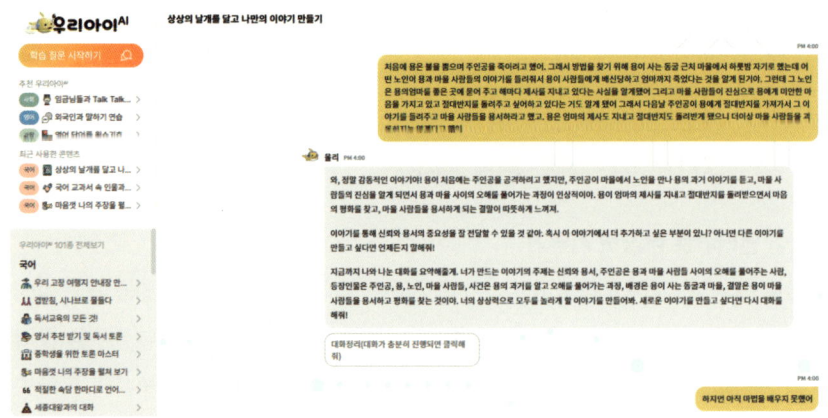

🔄 우리 아이 AI로 이야기 구상하기

나만의 이야기 만들기' 도구를 활용하면 AI와 단계별로 대화하며 이야기 줄거리를 구상할 수 있습니다. 이런 과정을 통해 아이디어를 구체화하고 등장인물과 주요 사건들을 정리합니다.

❷ 2단계: AI와 함께 글쓰기 & 다듬기

AI와 함께 구상한 줄거리를 바탕으로 아이가 직접 글을 쓰고, 필요한 부분은 AI에게 도움을 요청합니다. 작성한 글은 AI를 활용해 맞춤법, 띄어쓰기, 문장 표현 등을 검토해서 완성도를 높입니다.

❸ 3단계: AI 기반 도구로 '나만의 책' 제작하기

AI 스토리 교실과 같은 플랫폼을 활용하여 완성된 글에 어울리는 삽화를 선택하거나 직접 그림을 그려 넣습니다. 각 페이지에 글을 배치하고 아이만의 디지털 책을 완성합니다.

AI 스토리 교실은 유료 플랫폼으로 직접 이야기를 구상하거나 이야기 구상에 AI의 도움을 받을 수도 있습니다. 스토리에 따라 이미지를 생성할 수 있는데 이미지 생성 프롬프트도 아이가 직접 수정할 수 있습니다. 이렇게 만든 동화책에 추가 비용을 결제하면 완성된 책으로 출판할 수 있습니다.

◎ AI 스토리 교실

❹ 교육적 효과

완성된 이야기책을 통해 아이는 작가로서의 성취감과 자존감을 높일 수 있습니다. 또한 창작 과정 전반을 경험하며 기획력과 실행력을 기르고 가족과 함께 발표하는 시간을 통해 소통과 공감의 즐거움을 느낄 수 있습니다.

부모의 역할과 지도법: AI와 함께 아이의 글쓰기를 돕는 방법

아이와 함께하는 AI 글쓰기 활동에서 부모의 역할은 아이를 평가하거나 완벽한 결과물을 만들어 내는 것이 아닙니다. 부모는 아이의 이야기에 귀 기울이며 아이디어를 함께 발전시키고 표현의 즐거움을 아이가 충분히 느낄 수 있도록 돕는 창작 파트너입니다.

❶ 글쓰기 활동 중 아이와 나누면 좋은 질문들

◉ 감정과 생각 공유하기
- 어떤 생각으로 이 부분을 썼어?
- AI가 제안한 이 아이디어에 대해 어떻게 생각해?
- 글을 완성했는데 쓰는 과정에서 새롭게 배우거나 느낀 점이 있을까?

◉ 창의력과 상상력 키우기
- 다른 결말도 생각해 볼 수 있을까?
- 주인공이 다른 등장인물을 만나거나 다른 결정을 했다면 이야기가 어떻게 바뀔까?
- 다음에는 어떤 주제로 이야기를 써 보고 싶어?

◉ 표현력 확장하기
- 이 표현을 또 다른 표현으로 바꿀 수 있을까?
- 더 생생하게 표현하려면 무엇을 추가하면 좋을까?
- 여기서 네가 진짜 강조하고 싶은 것이 잘 드러났어?

◉ 활동 마무리하기
- AI와 함께 글을 쓰면서 새롭게 알게 된 것이 있어?
- 이번 활동에서 가장 재미있었던 부분은 뭐였어?

- 다음에는 어떤 방식으로 글을 써 보고 싶어?
- AI가 글쓰기를 도와줬지만 중요한 것은 뭘까?
- AI와 함께 글 쓸 땐 혼자보다 엄마 아빠가 옆에 있을 때 같이하는 거, 알고 있지?

❷ AI 글쓰기에서 부모가 꼭 기억해야 할 원칙

◉ 과정과 노력을 칭찬하고 격려하기
완벽한 글의 완성이 아니라 자기 생각과 감정을 표현하는 과정 자체가 중요합니다. "AI와 함께 이 문장을 만들기 위해 여러 번 시도했구나. 그 노력이 정말 대단해!"처럼 아이의 노력을 인정하고 칭찬해 주세요.

◉ AI의 피드백을 '성장의 기회'로 바라보기
AI가 아이의 글을 분석해 맞춤법이나 문장 구성의 개선점을 제안하면, 아이에게 그것을 비판이 아닌 발전의 기회로 설명해 주세요. "이 표현은 이렇게 바꾸면 더 멋진 문장이 될 것 같아. 어떻게 생각해?"

◉ 아이가 주인공, AI는 도구임을 인식시키기
AI가 제안한 아이디어나 문장이 아무리 좋아도 그것을 선택하고 판단하는 것은 아이의 몫입니다. "AI가 이런 아이디어를 제안했는데, 너는 어떻게 생각해?"와 같은 질문을 통해 아이가 주체적으로 선택할 수 있도록 도와주세요.

◉ AI 글쓰기 도구 선택 가이드 준수하기
아이와 함께 AI 글쓰기 활동을 하기 전 부모님이 꼭 점검하고 확인해야 할 중요한 요소들이 있습니다. 다음 체크리스트를 활용해 아이에게 적합한 AI 글쓰기 도구를 선택하고 안전하게 활동을 진행하세요.

항목	점검 내용	체크 방법
접근성	직관적으로 쉽게 사용할 수 있는가?	도구의 인터페이스(UI)를 직접 살펴보기
언어 지원	한글로 편리하게 사용할 수 있는가?	한글 인터페이스와 지원 여부 확인하기
콘텐츠 적합성	생성된 내용이 아이의 나이에 적합한가?	생성된 결과물을 부모가 먼저 점검하기
개인 정보 보호	과도한 개인 정보를 요구하지 않는가?	가입 시 요구하는 정보를 꼼꼼히 확인하고 개인 정보 처리 방침을 검토하기
교육적 효과	아이의 글쓰기 능력과 표현력을 키우는 데 도움이 되는가?	실제 활용한 후 아이의 반응 살펴보기

❸ AI 글쓰기 도구 활용 시 주의 사항

⦿ 적정한 계획을 세워 활용하기
AI를 사용할 때와 사용하지 않을 때의 균형을 맞춰 주세요. 일기 쓰기와 같은 활동도 아이가 처음 배울 때 혹은 일기 쓰기를 너무 힘들어할 때 분위기 환기를 위해 가끔 활용하는 것이 좋습니다.

⦿ 아이의 창의성을 최우선으로 하기
AI의 제안을 참고하되, 아이만의 독창적인 아이디어를 더 소중히 여기도록 지도해 주세요. "AI가 제안한 것도 좋지만, 네가 생각한 이 아이디어가 훨씬 더 특별하고 재미있는 것 같아!"라고 격려해 주세요.

⦿ 올바른 저작권 인식 가르치기
AI가 생성한 내용도 그대로 베끼는 것이 아니라 아이만의 방식으로 재구성하고 표현하는 것이 중요하다는 점을 알려 주세요. "AI의 도움을 받았지만, 이 글은 네가 쓴 너만의 작품이야."라고 말하며 아이의 노력과 창의성을 인정해 주세요.

❹ 예측할 수 있는 문제와 해결 방법

> **AI 없이는 글을 쓰지 않으려 하고 AI가 써 준 글을 베끼려고만 해요.**
> AI 의존도가 높아지지 않도록 하려면 전체 글쓰기를 AI에 의지하는 경험을 하지 않도록 초등 저학년 시기부터 부모님의 가이드가 필요합니다. 학교에서 아이들에게 과제를 제시하면 초등 고학년의 경우 챗GPT에게 물어보면 된다고 얘기하는 친구들을 볼 수 있습니다. AI를 활용하는 과정에서 전제되어야 하는 원칙에 대해 제대로 배우지 못하고 AI를 쉽게 활용하는 방법만 알게 되었기 때문입니다.

초등 저학년 아이가 AI를 활용할 때, AI는 어디까지나 보조 도구일 뿐이며 혼자 생성형 AI를 활용해서는 안 된다는 원칙을 부모님께서 분명히 교육하는 것이 무엇보다 중요합니다. AI를 올바르게 활용하려면 처음부터 정해진 규칙에 따라 활용하는 습관을 들이는 것이 필요합니다. 무엇보다도 모든 활동에서 아이가 자기 생각을 먼저 말하고 써 본 뒤 꼭 필요한 부분에서 AI

의 도움을 받도록 부모님의 지도가 선행되어야 합니다.

이미 고학년인데 인공 지능에 의존하는 습관이 형성되었다면 필요한 부분만 도움을 받을 수 있도록 대화를 통해 지도하는 것이 중요합니다. 이러한 원칙이 제대로 지켜지지 않는다면 당분간 계정을 탈퇴하여 인공 지능 활용에 의지하지 않도록 하는 것도 하나의 방법이 될 수 있습니다.

> **AI가 제안한 내용이 너무 어려워요.**
> 활동 시작 전 AI에게 학습자 특성과 학습 목적에 대한 안내 프롬프트를 명확하게 제시해 주어야 합니다. "나는 초등학교 5학년이고 학급에서 만드는 역사 신문에 실을 세종대왕님과의 인터뷰 기사를 작성하려고 해. 네가 세종대왕이 되어 기자인 내가 하는 질문에 대답해 줘."와 같이 말이지요. 이렇게 하면 AI가 처음부터 아이의 수준에 맞는 언어와 내용으로 대화할 수 있습니다. 단, 이름이나 주소 같은 개인 정보는 공유하지 말아야 함을 아이에게 미리 교육해야 합니다.

AI 글쓰기 활동의 궁극적인 목표는 멋지고 완벽한 결과물을 만드는 것이 아닌 아이의 표현력과 창의성, 그리고 자신감을 키우는 것입니다. 부모님은 AI와 함께하는 글쓰기 활동에서 결과물보다 아이가 경험한 과정과 노력을 칭찬하고 격려해야 합니다.

AI 글쓰기 활동은 아이가 스스로 이야기를 구성하는 힘을 키우고, 가족과 소통하고 공감하는 경험이 더해질 때 진정한 가치를 발휘합니다. 부모님의 올바른 역할과 지원이 이루어질 때 비로소 AI와 함께하는 글쓰기는 아이가 자기 생각을 자신 있게 표현하며 창의력을 신장하는 활동으로 의미를 가지게 될 것입니다.

짧은 영상으로 표현하는 내 생각

"우리 가족 뉴스의 앵커를 맡은 민지입니다! 오늘의 주요 소식은 할머니 댁에 나타났던 길고양이를 드디어 입양했다는 소식입니다. 자세한 내용은 민수 기자가 전해 드리겠습니다!"

초등학교 4학년 민지네 가족은 주말이면 가족 뉴스를 만듭니다. 민지가 뉴스를 진행하는 앵커가 되면, 동생 민수는 리포터가 되어 생생한 현장 소식을 전달합니다. 처음에는 스마트폰으로 간단히 촬영만 했지만, 요즘은 편집 앱을 사용해 실제 뉴스처럼 자막과 음악도 넣습니다. 아이들은 매주 어떤 소식을 담을지 가족 뉴스를 만들기 위한 즐거운 고민을 하고, 부모님은 아이들의 모습을 영상 기록으로 남기는 새로움을 경험하고 있습니다.

디지털 세대인 아이들에게 영상은 친숙한 표현 도구입니다. 민지네 가족과 같이 스마트폰과 간단한 앱만 있으면 아이들도 얼마든지 자기 생각과 감정을 자유롭고 재미있게 영상으로 표현할 수 있는 시대가 되었습니다. 영상 표현 활동의 목적은 완벽한 결과물을 만드는 것이 아니라 아이의 표현력과 창의력을 키우고 가족 간 소통을 높이는 과정 그 자체에 있습니다.

이 활동을 통해 아이는 다음과 같은 능력을 키울 수 있습니다.

> - **기획 및 구성력**
>   영상의 흐름을 생각하며 주제와 내용을 논리적으로 구성합니다.
> - **의사소통력**
>   전달하고 싶은 메시지를 영상 이미지와 언어로 명확하게 전달합니다.
> - **창의적 표현력**
>   자기 아이디어를 영상으로 독창적이고 창의적으로 표현합니다.
> - **디지털 활용력**
>   다양한 디지털 앱과 기기를 창작 도구로 다루는 체험을 합니다.
> - **협업과 공감력**
>   가족과 함께 영상을 제작하며 서로 소통하고 협력합니다.

초등 저학년(1~2학년): 영상 일기로 내 일상 표현하기

2022년 국어과 개정 교육과정의 1~2학년군 매체 영역에서는 아이들이 일상 속 다양한 매체에 흥미를 느끼고, 이를 통해 제 생각과 느낌을 자유롭게 표현하도록 성취기준을 제시하고 있습니다. 이러한 교육 방향에 맞춰 아이들이 자기 경험을 짧은 영상으로 표현하는 활동은 학교와 가정 교육을 잇는 좋은 기회가 됩니다.

초등학교 1, 2학년은 복잡하고 긴 글로 경험이나 생각, 느낌을 표현하는 데 어려움을 겪을 수 있습니다. 이때 사진이나 영상은 하루의 기록이나 기억에 남는 순간을 아이들이 좀 더 쉽게 표현하도록 돕습니다. 짧은 자막으로 생각과 느낌을 기록하거나 글 대신 음성으로 하루를 간편하게 기록할 수 있기 때문입니다.

하루를 마친 저녁 시간, 아이와 함께 간단한 영상 일기를 만들어 특별한 하루를 기록해 보는 건 어떨까요?

❶ 활동의 흐름: 하루를 기록해 영상 일기 만들기

단계	활동 내용
대화하기	• 자녀와 함께 하루 일과에 관해 이야기 나눕니다. • 가장 기억에 남는 순간이나 기록으로 남기고 싶은 일을 선택해 영상 일기로 남겨 볼 것을 제안합니다.
촬영하기	선택한 소재를 회상하며 아이가 말하는 모습을 동영상으로 촬영하거나, 중요한 장면을 정지 동작으로 표현하고 사진으로 촬영합니다.
편집하기	• 편집 앱을 사용해 촬영 영상에 간단한 자막과 음악을 추가하거나, 촬영한 사진으로 슬라이드 영상을 제작하고 장면에 대한 설명, 생각, 느낌을 자막으로 입력합니다. • 복잡하고 화려한 편집보다는 일상을 기록으로 남기는 과정에서 생각과 느낌을 표현하도록 이끄는 데 집중합니다. 특히 자막 내용은 글로 쓰는 문자 표현을 대신하는 활동이므로 아이의 의견을 최대한 반영합니다.
공유하기	완성된 영상을 가족들이 함께 보며 생각이나 느낌을 공유합니다.

❷ 교육적 효과

영상 일기는 저학년 아이들의 표현력과 의사소통 능력을 키우는 데 효과적입니다. 아직 글쓰기가 서툰 아이들도 영상과 목소리로 자기 생각과 느낌을 효과적으로 전달하는 방법을 배울 수 있습니다.

하루를 되돌아보며 자신의 감정을 표현하는 과정을 통해 자기 인식을 높이고 정서적으로도 성장할 수 있습니다. 부모님이 촬영하고 편집하는 과정을 아이가 옆에서 지켜보고 참여하면서 디지털 기기를 친숙하게 받아들이는 능력도 자연스럽게 기르게 됩니다. 무엇보다 평범한 일상에서 특별한 순간을 찾아 영상으로 담는 과정을 통해 아이들은 자신의 일상에 의미를 부여하는 법을 배우고, 완성된 영상을 가족들과 함께 보며 서로 소통하고 유대감을 강화하는 소중한 경험을 할 수 있습니다.

초등 중학년(3~4학년): 내가 좋아하는 것을 영상으로 표현하기

초등학교 3~4학년 학생들은 저학년보다 더 체계적인 계획과 구성이 가능한 시기입니다. 따라서 스스로 관심 있는 것이나 좋아하는 것을 중심으로 간단한 발표 자료나 짧은 영상을 만들어 보는 활동이 적합합니다. 아이가 평소 흥미를 느끼는 소재를 영상으로 표현하면 자연스럽게 창의력과 표현 능력을 기를 수 있습니다.

2022 개정 교육과정 3~4학년군 국어과 매체 영역에서는 사진, 짧은 동영상 클립, 그래픽, 자막 등을 포함하는 디지털 자료를 활용하여 간단한 발표 자료를 만들고, 제 생각을 명확하게 구성하여 표현하도록 성취기준을 제시하고 있습니다. 이러한 학교 교육 활동과 발달 단계의 특성을 고려하여 다음과 같이 가정에서 디지털 활동을 연계해 볼 수 있습니다.

❶ 활동의 흐름: 내가 좋아하는 것 영상 만들기

단계	활동 내용	세부 안내와 예시
관심 주제 선정	아이가 스스로 흥미를 느끼는 주제를 정하도록 이끌어 줍니다.	• 내가 가장 좋아하는 동물이나 책, 내가 즐겨 하는 취미 활동 등 구체적인 예시를 제시하여 아이디어를 얻도록 돕습니다. • 주제 선택 시 학교 학습 활동과 연결 지어 볼 수도 있습니다.
영상의 흐름 구상	어떤 내용을 영상으로 보여 주고 싶은지, 어떤 순서로 장면을 구성할지 함께 이야기를 나누며 간단히 정리합니다.	대화를 통해 아이의 생각을 끌어내거나 간단한 스토리보드 양식(그림, 메모)으로 영상의 전체적인 흐름을 잡는 데 집중합니다.
자료 준비 및 탐색	영상 구상에 맞춰 필요한 자료를 탐색하고 준비합니다.	• 아이가 선택한 주제와 관련 영상 제작에 필요한 자료를 준비합니다. • 직접 촬영할 수 있는 것 외 추가 자료가 필요한 경우 따로 준비합니다.

단계	활동 내용	세부 안내와 예시
영상 촬영 및 편집	계획에 따라 필요한 장면을 촬영하고, 간단한 편집 앱이나 프로그램으로 영상을 편집합니다.	• 영상/사진 촬영은 아이가 직접 주도하고, 편집 과정은 아이와 부모가 함께 합니다. • 간단한 자막이나 배경 음악을 추가하여 영상 제작의 재미를 더할 수 있습니다.
공유 및 피드백	완성된 영상을 가족과 함께 감상하며 생각과 소감을 자유롭게 나눕니다.	사용한 자료의 출처 밝히기, 저작권, 개인정보 보호 등 디지털 윤리를 자연스럽게 익히도록 안내합니다.

❷ 영상 편집 시 유의 사항

- 3~4학년은 동영상을 직접 편집하기에 아직 어려운 연령대입니다. 주된 편집은 학부모님이 담당하고 영상의 흐름, 자막 입력, 음악 선택 등 편집 과정 중 필요한 부분은 자녀와 소통하여 영상에 반영하는 형태로 진행합니다.
- 영상 편집은 최대한 간편한 앱을 활용하고, 자막, 음악, 간단한 화면 전환 등 편집 기능은 최소화합니다. 영상 편집의 기술적 측면보다 아이가 직접 콘텐츠를 기획하고 창작하는 경험을 중심에 놓아야 하기 때문입니다.

❸ 교육적 효과

초등 중학년의 영상 표현 활동은 저학년보다 한 단계 더 나아가 아이들의 자기 주도적인 학습 능력과 미디어 리터러시의 기초를 다지는 데 큰 도움이 됩니다.

아이들은 스스로 주제를 정하고 영상의 흐름을 구상하며 필요한 자료를 탐색하고 준비하는 과정을 통해 논리적인 사고력과 기초적인 문제 해결 능력을 기를 수 있습니다. 자신이 좋아하는 것을 영상으로 자유롭게 표현하면서 창의적인 아이디어를 발휘하고 완성된 결과물을 통해 성취감과 자신감을 높일 수 있습니다.

부모님과 함께 영상 제작 과정을 진행하고 피드백을 주고받으면서 효과적인 의사소통 방법과 협업의 가치를 경험할 수 있습니다. 나아가 부모님의 도움을 받아 직접 영상 자료를 제작하고 편집 과정을 경험하며 디지털 도구 활용 능력을 키울 수 있습니다. 이 과정에서 자료 출처와 저작권, 개인 정보 보호 등의 디지털 윤리 개념을 자연스럽게 익히며 올바른 디지털 시민 의식을 함양할 수 있습니다.

초등 고학년(5~6학년): 의미 있는 영상 만들기

초등 5~6학년이 되면 아이들은 한층 더 성장하여 주변 사회 문제에 관심을 두기 시작하고, 자신만의 관점과 의견을 형성하게 됩니다. 2022 개정 교육과정 국어과 매체 영역 역시 이러한 고학년의 발달을 반영해 학생들이 필요한 정보를 능숙하게 찾아내고 뉴스 같은 다양한 매체 자료의 신뢰성을 비판적으로 판단하는 능력을 기르도록 안내하고 있습니다. 나아가 자기 생각과 의도를 효과적으로 전달하기 위해 다양한 형태의 영상 자료를 직접 만들고 공유하며, 디지털 기기를 사용하는 자신의 습관을 성찰하는 것도 중요한 배움의 요소입니다.

이처럼 깊이 있는 사고가 가능한 고학년에게는 단순히 좋아하는 것을 넘어 사회적 의미를 담은 주제를 스스로 정하고 탐구하는 영상 제작 활동이 특별한 의미를 지닙니다. 관심 있는 문제를 깊이 들여다보고 다양한 자료를 직접 찾아 신뢰성을 평가하며 논리적인 구성으로 의미 있는 영상을 만들어보는 것이지요. 이를 통해 아이들은 세상을 이해하는 폭을 넓히고 비판적 사고를 기르며 자신의 의견을 논리적으로 표현하는 기회를 얻습니다.

가정에서도 학교에서 배우는 내용과 적극적으로 연계하여 이러한 활동을 함께 시도한다면 배움의 폭과 깊이가 더 넓어지는 동시에 디지털 세상에서 정보를 이해하고 활용하는 능력을 자연스럽게 키울 수 있을 거예요.

❶ **활동의 흐름: 세상에 전하고 싶은 나의 목소리 영상 만들기**

단계	활동 내용	세부 안내와 예시
관심 주제 선정	아이가 스스로 관심 있고 의미 있다고 생각하는 주제를 선택합니다.	환경 보호를 위한 작은 실천, 내가 존경하는 사람 소개, 미래의 나에게 보내는 영상 편지 등
자료 탐색	선택한 주제에 대한 배경지식을 활성화하고 내용을 풍부하게 하기 위한 자료를 탐색합니다.	주제와 관련된 자료를 인터넷이나 책에서 찾아봅니다.
영상 흐름과 메시지 구성	탐색한 자료를 바탕으로 주제를 효과적으로 전달할 수 있도록 영상의 전체 흐름과 핵심 메시지를 구성합니다.	스토리보드는 자녀가 스스로 작성하고, 부모님은 피드백을 통해 최소한으로 개입함으로써 아이의 자율성을 존중합니다.
자료 수집 및 촬영	구성한 영상의 흐름과 메시지에 맞춰 필요한 자료를 수집하고, 직접 촬영이 필요한 부분을 촬영합니다.	인터넷, 책 등에서 탐색했던 자료 중 필요한 것을 최종적으로 선택하고, 영상에 담을 장면을 직접 촬영합니다.
영상 편집 및 완성	수집 및 촬영한 자료를 간단한 편집 앱을 활용하여 영상으로 완성합니다.	• 필요한 자막, 배경 음악, 화면 전환 등을 적절히 활용하여 영상을 완성합니다. • 부모님의 도움은 최소화하고 아이가 직접 편집을 마무리할 수 있도록 격려합니다.
공유 및 피드백	완성된 영상을 가족이나 친구들과 공유하고 감상하면서 서로의 의견과 피드백을 나눕니다.	자료 출처와 저작권, 초상권 등 디지털 윤리에 대해서도 함께 이야기 나눕니다.

❷ **영상 제작 시 유의 사항**

- 편집 과정에서 지나치게 화려한 효과보다는 전달하고자 하는 메시지의 명확성과 논리성, 활용한 정보의 정확성에 중점을 두도록 합니다.
- 아이가 주도적으로 영상을 구성·제작하도록 하고, 부모는 영상 제작 과정에 대한 애정과 관심, 필요한 기술적 지원과 윤리적 지도를 보조하는 역할로 지원합니다.

❸ **교육적 효과**

고학년의 영상 제작 활동은 디지털 세상에서 주체적으로 성장하는 데 꼭 필요한 다양한 능력을 키워 줍니다. 아이들은 스스로 주제를 정하고 자료를 탐색하는 과정에서 관심사를 깊이 파고드는 힘과 정보를 비판적으로 바라보는 능력을 기를 수 있습니다. 사회적 문제와 관련된 영상을 만들면서 세상을 더 넓게 이해하고 다른 사람의 생각에 공감하는 마음을 키울 수 있습니다.

자기 아이디어를 영상으로 만들고 메시지를 전달하는 가운데 창의적인 표현력과 성취감, 자신감을 얻습니다. 직접 영상을 만들고 공유하는 과정에서 정보 출처, 저작권 등 디지털 미디어를 올바르게 활용하는 책임감과 윤리 의식을 이론이 아닌 실제 체험을 통해 익힐 수 있습니다.

가족이 함께 즐길 수 있는 영상 표현 활동하기

학년별 활동과 별개로 온 가족이 함께 참여해 영상을 만들면 더욱 의미 있는 시간이 됩니다. 함께 웃고 이야기하며 가족만의 특별한 콘텐츠를 제작해 보세요.

❶ 우리 가족 뉴스 만들기

우리 가족만의 특별한 뉴스를 만들어 보는 건 어떨까요? 평소 가족이 자주 겪는 재미있는 일이나 특별한 순간을 뉴스 형식으로 촬영해 보는 활동입니다.

◉ 활동 방법
- 가족이 함께 어떤 뉴스를 만들지 주제를 정합니다.
  - 예) "이번 주 우리 가족의 가장 큰 사건은?" / "가족의 특별한 나들이 소식을 전해 드립니다!" 등
- 앵커, 리포터, 카메라 감독 등 함께 역할을 정합니다.
- 스마트폰으로 간단히 촬영하고, 편집 앱으로 뉴스처럼 자막이나 효과를 넣습니다.
- 촬영이 끝나면 온 가족이 함께 완성된 뉴스를 감상하며 소감을 나눕니다.

❷ 가족 추억 사진 영상 앨범

가족 여행이나 특별한 날 찍었던 사진을 모아 슬라이드쇼 영상으로 만들면 멋진 가족 앨범이 완성됩니다.

◉ 활동 방법
- 아이와 함께 가족의 추억이 담긴 사진들을 고릅니다.
- 선택한 사진의 순서를 정하고, 가족과 함께 이야기를 나누며 편집 앱에 배치합니다.
- 어울리는 자막과 가족이 좋아하는 음악을 추가하여 영상을 완성합니다.
- 완성된 영상을 가족과 함께 감상하며 사진 속의 이야기를 다시 나눠 봅니다.

❸ 매월 가족 주제 영상 제작하기

매월 하나의 주제를 정해 가족이 함께 영상을 만들어 보는 활동입니다. 가족이 꾸준히 함께 소통하고, 다양한 주제를 통해 경험을 공유하며 추억을 만들 수 있습니다.

◉ 활동 방법
- 매월 가족 영상을 만들 주제를 함께 정합니다.
  - 예 '새해 소망과 계획', '즐거운 가족 나들이', '우리 가족 칭찬 릴레이', '우리 가족 감사 릴레이' 등
- 정한 주제를 중심으로 촬영을 진행하고, 간단한 편집 앱으로 영상을 완성합니다.
- 완성된 영상을 매월 가족이 함께 보며 추억을 공유하고 소감을 나눕니다.
- 12월에는 한 해 동안 만든 영상을 함께 보며 가족의 1년을 회고하는 특별한 시간을 가질 수 있습니다.

◉ 기대 효과
- 가족 간의 소통과 이해, 공감 능력을 키웁니다.
- 꾸준한 활동을 통해 창의적 표현 능력과 영상 제작 능력을 향상시킬 수 있습니다.
- 가족의 소중한 추억을 체계적으로 기록하고 간직할 수 있습니다.

슬기로운 영상 활동을 위해

아이와 영상을 만들 때 부모는 감독이나 평가자가 아니라 아이들의 아이디어와 표현을 적극적으로 자극하고 끌어내는 조력자가 되어야 합니다.

❶ 창의성과 주도성 존중하기

"이렇게 하는 게 더 좋겠어."보다는 "네 생각은 어때?"와 같이 아이의 창의적 아이디어를 존중하고 주도성을 최대한 보장해 주세요.

❷ 과정 중심으로 인정하고 격려하기

"영상이 좀 흔들렸네."보다는 "네가 전하고 싶은 이야기가 잘 담겼어."와 같이 기술적 완성도보다 아이가 표현하고 싶은 내용을 있는 그대로 칭찬하고 격려해 주세요. 완성된 영상을 보며 영상 제작 과정에 담긴 아이의 창의적 노력과 표현력을 공감하고 인정해 주세요.

❸ 적절한 도움 제공하기

영상을 제작하며 내용 선정과 구성은 아이가 주도하고 기술적인 부분에서 어려움이 있다면 부모님이 적절한 도움을 줍니다. 무엇보다 내용의 기획과 구성 과정에서 아이 스스로 사고하고 문제를 해결해 나가는 경험이 중요합니다. 저학년에서는 영상 편집을 위해 도구를 활용하는 모습을 간접적으로 경험하는 것으로도 충분하며, 영상 편집 기술은 학년 수준에 맞춰 꼭 필요한 부분만 부모님의 도움과 함께 익혀 나가면 됩니다.

쉽게 시작할 수 있는 영상 제작 도구

가정에서 영상 제작 활동을 처음 시작할 때 활용할 수 있는 쉽고 간편한 영상 편집 도구를 안내합니다. 이 도구들은 모두 스마트폰에서 간단히 사용할 수 있으며, 자세한 사용법은 공식 홈페이지나 유튜브의 다양한 튜토리얼 영상을 참고하시면 됩니다.

❶ 캡컷(CapCut)

- 모바일, 온라인, PC 앱으로 제공되는 무료 영상 편집 도구입니다.
- 브이로그, SNS용 영상, 짧고 빠른 편집이 필요한 콘텐츠 제작에 적합합니다.
- 직관적인 인터페이스로 음악, 화면 전환 등 기본 기능을 쉽게 활용할 수 있습니다.

❷ 브루(VLLO)

- 한국의 비모소프트(Vimosoft)에서 개발한 영상 편집 도구로 모바일앱과 웹 브라우저에서의 편집이 가능합니다.
- 특히 자막 기능이 뛰어나고 조작이 쉬워 뉴스나 인터뷰 영상 등 자막이 많거나 강조되는 영상 제작에 효과적입니다.
- 간단한 터치로 자막 삽입, 텍스트 꾸미기, 다양한 효과를 쉽게 추가할 수 있어 초보자도 쉽게 사용할 수 있습니다.

⬆ 캡컷 편집 화면

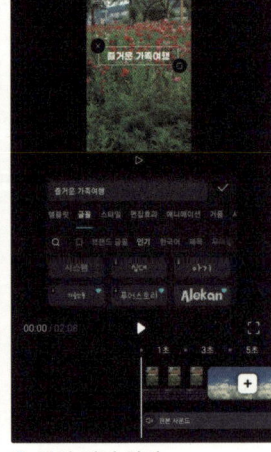
⬆ 클립 편집 화면

⬆ 브루 편집 화면

❸ 네이버 클립(Naver Clip)
- 네이버 블로그 운영자라면 별도의 앱 설치 없이 간편하게 이용할 수 있습니다.
- 사진과 동영상을 손쉽게 조합하여 슬라이드쇼 형태로 만들고 비공개로 저장할 수 있어 가족의 영상 제작 및 누적 기록 관리에 유용합니다.

세 가지 도구는 모두 가정에서 아이들과 함께 영상 활동을 시작하는 데 충분히 적합한 기능을 갖추고 있습니다. 각 도구의 특성을 참고하여 목적에 맞게 활용해 보세요.

영상 기록, 성장의 자산으로

만들어진 영상을 꾸준히 관리하면 아이의 성장 과정이나 가족의 역사를 담은 소중한 기록이 됩니다. 이러한 영상 기록은 아이가 디지털 세상에서 단순히 콘텐츠를 소비하는 것을 넘어, 직접 생산하고 관리하는 주체로 성장하는 소중한 경험을 제공할 수 있습니다.

영상 제작은 아이들이 일상에서 주체적으로 자기 표현을 경험할 수 있는 의미 있는 활동입니다. 결과물이 완벽하지 않아도 아이의 창의적 아이디어와 표현력은 충분히 가치 있고 소중합니다. 아이가 영상 제작을 통해 느끼는 즐거움과 성취감을 부모님이 적극적으로 격려해 준다면 이 경험은 가족 모두에게 의미 있는 추억과 성장의 기록이 될 것입니다.

재미있는 디지털 탐험대

생각하는 힘과 디지털 시민 감각

"엄마, 유튜브 좀 봐도 돼요?"

아이들은 심심하거나 궁금한 게 생기면 자연스럽게 유튜브를 찾습니다. 화려한 영상과 재미있는 말투로 가득 찬 콘텐츠가 끊임없이 이어지고, 알고리즘은 아이의 관심사를 분석하여 추천 영상을 제공합니다. 이런 이유로 아이들은 쉽게 유튜브의 매력에 빠집니다.

하지만 아이가 얻는 정보는 얼마나 유익하고 신뢰할 수 있을까요? 부모라면 걱정이 되는 부분입니다. 아이가 흥미롭게 배우면서도 신뢰할 수 있고 다양한 정보의 세계를 접하게 해 주는 방법은 없을까요? 그래서 아이와 함께 키워야 할 능력이 바로 '디지털 감각'입니다.

디지털 감각은 넓은 개념입니다. 컴퓨팅 사고력이나 창의력 등도 포함됩니다. 이번 장에서는 특히 정보 탐색과 정보의 신뢰성 평가에 초점을 맞춘 디지털 감각을 다룹니다.

이번 활동과 구체적으로 관련된 핵심 요소는 다음 네 가지입니다.

- **호기심을 키우는 질문 능력:** 궁금한 것을 질문으로 표현하는 힘
- **정보의 가치를 판단하는 안목:** 정보를 보고 신뢰성과 가치를 판단하는 능력
- **다양한 디지털 매체 활용력:** 유튜브 외 다양한 자료를 통해 정보를 찾는 습관
- **자기 주도적 탐구력:** 스스로 정보를 탐색하고 배움으로 연결하는 능력

그럼, 아이들이 신뢰할 수 있는 정보를 스스로 탐색하고 찾을 수 있는 능력은 어떻게 길러 주면 좋을까요? 가정에서 가족과 함께 흥미있게 해 볼 수 있는 디지털 탐험대 활동 세 가지를 소개합니다.

하루 한 번, '오늘의 궁금증 놀이'

매일 저녁 아이와 '오늘의 궁금증'을 하나씩 정하고 함께 답을 찾아봅니다. 이 활동의 포인트는 유튜브가 아닌 다른 다양한 정보원을 이용하는 것입니다.

- **예시 질문:** 펭귄은 왜 남극에 살까요? 무지개는 왜 반원일까요?
- **활용 자료:** 위키백과, 네이버 지식백과, 뉴스, 전자책 등

[출처와 신뢰성을 확인하는 대화의 예시]

아이의 말	부모의 반응
여기 이 글은 맞는 것 같아요!	정말 그럴까? 누가 쓴 글인지 한번 같이 볼까?
이건 블로그에 있던데요.	블로그도 괜찮지만, 그 블로그의 작가가 어떤 사람인지 알 수 있을까?
뉴스에서 나왔다고 해요.	어느 뉴스인지 한번 확인해 보자. 뉴스 이름도 중요하거든.
이건 유튜브에서 봤어요.	그 유튜버가 전문가인지, 정보를 어디서 가져왔는지도 같이 살펴보자.
이건 책에도 있었어요.	책이면 더 믿을 수 있을 가능성이 크지만, 책 제목도 같이 적어 두자.
이 영상의 내용은 진짜일까요?	그럴 수도 있고 아닐 수도 있어. 정확한 정보인지 확인할 방법을 생각해 보자.

우리 가족은 '디지털 명탐정!'

가족이 흥미롭게 본 뉴스나 SNS 정보를 골라 진짜인지 탐정처럼 질문하며 함께 확인합니다. 정보를 평가하는 습관을 게임처럼 재미있게 키울 수 있습니다.

- 예시 활동
  - SNS에서 본 신기한 동물 사진이 진짜일까?
  - 바이러스 뉴스는 정확한 정보인가?
- 확인 포인트: 출처, 작성자, 날짜, 증거 여부

[활동 시 활용 가능한 질문 목록]

탐정 질문 예시	질문의 목적
이 뉴스는 언제 작성된 걸까?	뉴스의 정보가 현재 시점에서도 여전히 유효하고 적절한지 확인하기 위함
누가 이 글을 썼지?	믿을 수 있는 작성자인지 확인하기 위함
이 사진은 원본일까?	이미지를 조작하지 않았는지 확인하기 위함
이 정보는 어떤 출처에서 왔지?	정보의 출처를 믿을 수 있는지, 정확한 정보인지 파악하기 위함
이 정보는 왜 이렇게, 여기에 사용되었을까?	이 정보에 숨겨진 의도는 무엇인지 파악하기 위함
다른 자료에서도 같은 내용을 말하고 있을까?	교차 검증을 통해 신뢰성을 확보하기 위함

가족이 함께 만드는 '정보 보물지도'

아이가 흥미를 느끼는 주제를 정한 뒤, 그와 관련된 다양한 정보 출처를 가족이 함께 탐색해 모아 보는 활동입니다. 아이는 탐색을 통해 스스로 정보를 찾아내는 재미를 느끼고, 부모는 아이가 믿을 수 있는 정보원에 접근할 수 있도록 도와줄 수 있습니다.

❶ 진행 방법

[1단계: 주제 정하기]

공룡, 우주, 축구, 요리, 곤충 등 아이가 관심 있어 하는 주제를 자유롭게 정합니다.

[2단계: 정보 탐색 경로 정리하기]

- 검색 엔진을 이용한 정보 찾기
- 교육 기관, 박물관, 과학관, 뉴스 사이트 등 공신력 있는 정보원 찾기
- 유튜브 중에서도 전문가나 기관이 운영하는 채널 분류하기
- 어린이용 도서 또는 전자책 서비스 활용하기

[3단계: 보물지도 그리기]

- A4 용지나 큰 종이의 중심에 주제를 적고, 그 주제와 관련된 정보원들을 가지처럼 그려 나갑니다.
- 마인드 맵 앱, 구글 킵과 같은 디지털 툴을 활용해 디지털 보물 지도로 정리할 수도 있습니다.

[4단계: 활용과 업데이트]

- 새로운 정보원이 생길 때마다 가족과 함께 지도에 추가하며 꾸준히 확장합니다.
- 아이가 혼자 검색하려 할 때, 지도에 있는 정보원을 우선 활용하도록 유도합니다.

◎ 주제 정하기   ◎ 정보 탐색하기

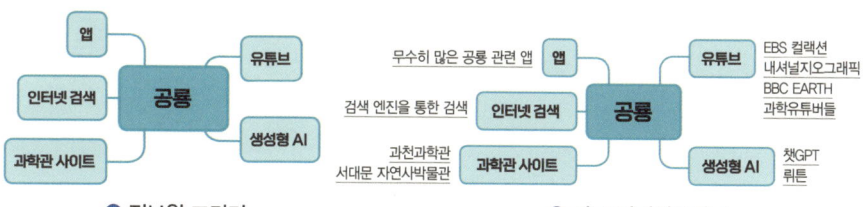

◎ 정보원 그리기   ◎ 정보 업데이트하기

이러한 활동을 통해 아이는 신뢰할 수 있는 정보원을 구별하고, 정보를 체계적으로 모아 활용하는 디지털 감각을 자연스럽게 익힐 수 있습니다.

유튜브는 분명 좋은 도구입니다. 하지만 아이가 더 넓고 깊은 정보의 세계를 경험하려면 신뢰할 수 있는 다양한 정보원을 활용하는 방법과 태도를 배워야 합니다. 이를 위해 자녀가 이용하는 디지털 정보원에 대한 부모의 관심과 역할이 무엇보다 중요합니다.

부모와 자녀가 함께 이런 활동을 꾸준히 실천하면, 아이는 수동적으로 유튜브를 소비하기보다 능동적으로 정보를 찾고 활용하는 멋진 디지털 탐험가로 성장할 것입니다. 작은 실천이 아이에게 큰 변화를 가져옵니다.

지금부터 우리 가족의 디지털 감각을 키우는 즐거운 여정을 함께 시작해보세요.

이 광고, 왜 나한테만 보일까?

"엄마, 이 광고는 왜 자꾸 나오는 거예요?"

아이가 태블릿 화면을 가리키며 묻습니다. 화면 속에는 화려한 로봇 장난감이 신나는 음악과 함께 등장합니다. 아이는 이 광고를 여러 번 본 적이 있습니다. 어제 친구와 이야기했던 장난감과 관련된 광고가 유튜브에서 만화를 볼 때, 게임에서 다음 단계로 넘어갈 때 계속 나타나기 때문입니다. 마치 아이의 생각을 알고 있는 듯 계속 나타나는 광고에 아이는 신기하지만, 부모는 광고뿐만 아니라 무분별한 영상이나 콘텐츠에 자녀가 노출되지는 않을지 걱정이 됩니다.

어려서부터 디지털 콘텐츠를 접하는 아이는 콘텐츠 추천에 숨어 있는 비밀을 아는 것이 중요합니다. 나에게 적합한 콘텐츠를 선별해서 활용하는 능력은 핵심 디지털 감각 중 하나이기 때문입니다. 우리는 수많은 콘텐츠 중 적절한 것을 선별할 수 있는 눈을 기르기 위해 그 뒤에 숨은 디지털 개념에 대한 이해가 필요합니다.

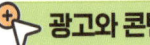 **광고와 콘텐츠 뒤에 숨은 디지털 개념**

❶ 디지털 발자국(Digital Footprint)

인터넷에서 웹사이트를 방문하거나 자료를 검색해서 콘텐츠를 클릭하고, '좋아요'를 누르는 등의 모든 활동은 흔적을 남깁니다. 아이가 유튜브에서 클릭한 귀여운 동물 영상, 인터넷으로 검색한 게임 이름 등은 모두 데이터로 저장됩니다. 이런 데이터, 남겨진 기록을 디지털 발자국이라고 합니다. 디지털 발자국은 온라인에서 사용자의 관심사를 분석하는 데 사용됩니다. 나도 모르게 남겨진 디지털 발자국은 알고리즘을 통해 광고나 콘텐츠를 추천하는 데 활용됩니다.

❷ 추천 알고리즘(Recommendation Algorithm)

유튜브나 게임 앱, 쇼핑몰 등에서는 사용자의 관심사나 취향 등 디지털 발자국 데이터를 활용하여 개인에게 맞는 콘텐츠와 광고를 자동으로 추천합니다. 이때 사용되는 기술이 추천 알고리즘입니다. 추천 알고리즘은 사용자가 클릭했던 영상, 검색했던 키워드, 좋아했던 주제나 특징 등 과거의 행동 데이터를 분석해서 흥미를 느낄 콘텐츠를 예측하고 제공하는 역할을 합니다.

❸ 필터 버블(Filter Bubble)

추천 알고리즘은 편리함을 제공하지만, 알고리즘의 특성을 제대로 알고 대처하지 않으면 사용자의 다양한 시각을 제한하는 문제를 낳을 수 있습니다. 한번 특정 주제에 관심을 가지면 알고리즘은 계속 비슷한 콘텐츠를 추천하고, 사용자는 다른 주제의 콘텐츠를 접하기 어려워지는 필터 버블 현상을 겪게 됩니다. 특히 알고리즘의 특성을 알지 못하는 아이들의 경우 필터 버블에 갇히면 다양한 정보를 접하지 못해 사고의 폭이 좁아지거나 다른 의견이나 정보를 분석하여 비판적으로 평가하는 능력이 떨어질 수 있습니다.

또한 원하는 정보를 능동적으로 찾기보다는 추천된 정보에 의존하게 되면서 문제 해결력이나 의사 결정 능력이 떨어질 수 있습니다. 심한 경우 비슷한 정보만 반복적으로 접하면서 특정 관점만 옳다고 생각하는 확증 편향이 심화될 가능성도 있습니다.

이렇듯 나도 모르게 남는 디지털 발자국에 따라 광고와 콘텐츠가 자동 추천되는 환경에서 발생할 수 있는 문제점을 예방하려면 아이에게 어떤 디지털 감각이 필요할까요?

추천 콘텐츠에 현명하게 대처하기 위한 디지털 감각

❶ 미디어 리터러시(Media Literacy)

광고나 추천 콘텐츠가 왜 나타나는지 이해하고, 이 정보를 비판적으로 바라보는 능력을 미디어 리터러시라고 합니다. 아이는 광고를 보면서 "이 광고의 목적은 무엇일까?", "이 콘텐츠에 나오는 정보는 믿을 만할까?" 같은 질문을 던지며 스스로 판단하는 힘을 키워야 합니다. 부모님과 아이가 이런 질문을 함께 나누면 아이는 광고를 무조건 믿지 않고 스스로 판단할 수 있는 힘을 기를 수 있습니다.

❷ 개인 정보 보호(Privacy Protection)

아이들이 온라인에 남기는 디지털 발자국은 개인의 소중한 정보입니다. 온라인에서 콘텐츠를 사용하는 동안 자신도 모르게 남긴 개인 정보가 광고나 추천 콘텐츠 외 다른 목적으로도 사용될 수 있다는 점을 인식하도록 도와주어야 합니다. 디지털 발자국뿐 아니라 콘텐츠 활용 시 입력하게 되는 자신의 개인 정보를 소중히 다루고 보호하는 감각도 키워야 합니다. 어릴 때부터 개인 정보가 어떻게 수집되고 활용되는지 이해하고, 이를 스스로 관리하는 습관을 부모님과 함께 길러나가는 것은 매우 중요한 디지털 학습입니다.

알고리즘을 이해하고 정보 탐색의 재미 느끼기

자주 접하는 광고나 추천 콘텐츠가 나타나는 이유를 자연스럽게 이해하고 스스로 관심 있는 정보를 찾아 탐색하는 즐거움을 경험할 수 있도록 두 가지 활동을 안내합니다. 아이들은 이 활동을 통해 디지털 발자국과 알고리즘 추천의 원리를 이해하고, 정보 이용자로서 보다 주도적이고 균형 잡힌 디지털 습관을 기를 수 있습니다.

❶ 광고야, 너 또 왔니?

이 활동의 목적은 아이가 자주 보는 광고나 영상이 왜 나타나는지 함께 관찰하면서 추천 알고리즘의 원리를 자연스럽게 이해하고, 자신의 디지털 발자국을 돌아보도록 돕는 것입니다. 동시에 아이가 보는 영상이나 광고가 좋은 것인지 스스로 판단하는 미디어 리터러시 능력도 기를 수 있습니다.

● **준비물**
스마트폰 또는 태블릿, 활동 기록지와 연필(색연필)

● **활동 방법 및 단계별 대화**

[1단계: 추천 영상 알아보기 활동 안내]
주말 아침, 아이에게 하루 동안 자주 나타나는 광고나 자동으로 뜬 영상, 많이 보았던 영상을 찾아보는 탐정 놀이를 제안하고 영상과 광고를 체크하는 방법을 설명합니다.

> "오늘 우리는 일부러 찾아보지도 않았는데, 저절로 뜨는 영상과 광고를 추적하는 탐정이 되어 보는 거야. 저녁 먹기 전까지 엄마와 네가 자주 본 광고나 영상, 저절로 뜨거나 화면에 나타난 광고나 영상이 뭐가 있는지 이 표에 정리해 보자."

종류	내용	가짓수	보게 된 이유
광고	로봇 장난감	3	게임 영상을 보는데 광고가 나왔어요.
추천 영상	로봇 애니메이션	2	화면에 떴지만 안 봤어요.
내가 본 영상	게임	3	구독하는 채널을 봤어요.
내가 본 영상	종이접기	5	숙제하려고 찾아봤어요.
광고	게임	1	홈 화면에 떴는데 궁금해서 봤어요.

[2단계: 정보 공유 및 광고와 영상 추천 이유 생각해 보기]

저녁 시간 정리한 표를 함께 보면서 가족마다 어떤 특징이 있는지 이야기 나눕니다.

> "정호는 로봇 관련 영상을 많이 봤고, 로봇 장난감 광고가 많이 떴구나."
> "엄마는 요리 영상을 제일 많이 보셨네요. 음식 재료 판매하는 광고랑 조리 도구 광고가 많이 떴어요."
> "엄마와 네가 직접 검색하지도 않았는데 엄마는 조리 도구 광고가 너는 게임 광고가 저절로 나타나는 게 신기하지 않아?"
> "로봇 게임 영상을 보고 나면 다시 로봇 게임을 검색하지 않았는데도 비슷한 영상들이 유튜브 홈 화면에 계속 나타나요. 컴퓨터가 제가 좋아하는 영상이나 광고를 알아서 보여 주는 것 같아요."
> "컴퓨터가 어떻게 네가 좋아하는 걸 알아차렸을까?"
> "제가 게임 관련 영상을 자주 보니까 그런 것 같아요."
> "맞아, 컴퓨터는 네가 클릭한 영상, 본 시간, 검색한 단어들을 기억해 뒀다가 비슷한 것들을 다시 추천해 줘. 이걸 '추천 알고리즘'이라고 한단다."

[3단계: 추천 알고리즘 변경 실험하기]

평소에 보지 않던 영상을 몇 개 검색해 시청해 본 뒤 일정 시간 후 추천 영상이 어떻게 바뀌었는지 관찰하여 추천 알고리즘의 작동 원리를 직접 확인합니다.

> "그럼 이번엔 추천 알고리즘이 바뀌는 걸 확인해 볼까? 우리 안 보던 주제의 영상을 몇 개 검색해서 보고 광고나 자동으로 뜨는 영상이 달라지는 확인해 보자."

> "떡볶이 영상을 검색해서 보고 난 뒤 5분 정도 지나니 다른 떡볶이 영상이 화면에 떴어요. 정말 빨리 알아차리네요."
> "엄마는 브롤스타즈 게임 영상을 두 개 검색해서 봤더니 숏츠 화면에 브롤스타즈 관련된 다른 영상이 뜨는구나."

[4단계: 추천 알고리즘의 장단점과 필터 버블 이해하기]

필터 버블 현상에 대해 아이가 이해할 수 있는 말로 설명하고, 추천 알고리즘의 좋은 점과 아쉬운 점을 함께 생각해 봅니다.

> "컴퓨터가 영상이나 광고를 추천해 주는 것의 좋은 점과 나쁜 점은 뭘까?"
> "알아서 추천해 주니 좋아하는 것과 관련된 영상을 빨리 볼 수 있어서 좋아요."
> "맞아, 그런 편리함이 있지. 하지만 네가 좋아하는 로봇이나 게임 영상이 계속 뜨면 어떻게 됐어?"
> "그걸 계속 보다 보면 시간이 많이 흘러 버려요."
> "그래, 알아서 보여 주는 영상을 이어서 보다 보면 시간은 그냥 흘러버리고, 다양한 정보를 스스로 찾아보지 않게 되는 문제가 발생하게 돼. 심지어 어른들도 그러거든. 그러다 유익하고 재미있는 다양한 정보들을 놓칠 수 있지. 그래서 자동으로 추천하는 정보만 보지 말고 다양한 정보를 직접 찾아보는 것이 중요하단다."

[5단계: 현명한 정보 이용자 되기]

광고와 추천 영상을 볼 때 어떤 마음가짐을 가져야 하는지 이야기하고 앞으로 어떻게 행동할 것인지 함께 약속해 봅니다.

> "온라인의 여러 정보를 현명하게 이용하려면 어떻게 해야 할까?"
> "광고나 자동으로 뜨는 영상을 보면 '이 광고가 왜 나에게 뜬 걸까?'라고 생각해 보고 이 영상이 정말 나에게 필요하고 도움이 되는 영상일까 생각해 봐야 해요."
> "맞아. 모든 정보는 정보를 이용하는 목적을 생각하며 이용해야 해. 그리고, 추천 목록만 이용하지 말고 직접 새로운 영상을 찾아보는 것도 필요하단다."

❷ 나만의 콘텐츠 도서관 만들기!

이 활동은 아이들이 필터 버블에 갇히지 않고 폭넓은 관심사를 키우며 다양한 콘텐츠를 경험하도록 돕습니다. 아이가 직접 새로운 세상을 탐험하는 즐거움을 느끼고 정보를 스스로 찾아보는 습관을 기르도록 지원합니다.

◉ 준비물
태블릿 또는 컴퓨터, 패들렛(Padlet) 혹은 포스트잇과 큰 종이(전지), 필기도구

◉ 활동 방법 및 단계별 대화
매주 새로운 주제를 탐색하며 아이만의 '콘텐츠 도서관'을 채워 나가는 방식으로 진행됩니다. 아이의 탐색을 옆에서 격려하고 지원하는 역할에 집중해 주세요.

[1단계: 새로운 관심사 씨앗 심기]

아이와 함께 평소 좋아하는 것들을 포함한 다양한 주제의 '새로운 관심사 씨앗' 목록을 만듭니다. 평소에는 잘 생각하지 않던 분야나 '궁금했지만 찾아보지 않았던 것들', 학교 수업에서 배우거나 진행하고 있는 활동 중 흥미가 생긴 주제도 함께 탐색해 봅니다.

> **부모:** 정호야, 요즘 가장 관심을 두고 있는 건 뭐야? 좋아하는 아이돌 게임 전략?
>
> **아이:** 음… 저는 제가 요즘 하는 게임의 새로운 스킨이요!
>
> **부모:** 그렇구나. 그럼 그것 외에 또 관심을 가진 것들은 없어? 아니면 평소에 잘 안 찾아봤지만 '조금 궁금하다!' 했던 것도 좋고.
>
> **아이:** 학교에서 바다의 날에 대한 영상을 봤는데 그 영상 속 고래 이야기가 신기했어요. 지구 환경 보호와 관련된 내용이었거든요.
>
> **부모:** 지구 환경 보호! 그거 정말 중요하고 흥미로운 주제구나.

[2단계: 다양한 콘텐츠로 도서관 채우기]

'새로운 관심사 씨앗' 목록에 주제를 하나씩 새로 더합니다. 정해진 주제에 대해 아이가 스스로 관련 콘텐츠(영상, 기사, 이미지, 짧은 글 등)를 찾아보고, 그중에서 가장 좋았거나 인상 깊었던 것을 온라인 도구(구글 프레젠테이션, 패들렛 등)에 캡처하거나 링크를 저장하여 '나만의 콘텐츠 도서관'을 만듭니다.

> 👤 **부모**: 이번 주엔 어떤 새로운 씨앗을 골라 볼까?
> 👤 **아이**: 스포츠 스태킹에 대해 알아보고 싶어요.
> 👤 **부모**: 그럼 스포츠 스태킹 관련 정보를 정호가 직접 찾아볼까? 검색창에 뭐라고 검색어를 넣으면 될까?
> 👤 **아이**: 스포츠 스태킹이나 스포츠 스태킹 하는 법이라고 검색하면 될 것 같아요.
> 👤 **부모**: 그런데 스포츠 스태킹을 선택한 이유는 뭘까?
> 👤 **아이**: 학교 스포츠 클럽 대회 종목으로 스포츠 스태킹을 한다고 해서 관심이 생겼어요. 열심히 연습해서 대회에 나가 보려고요.

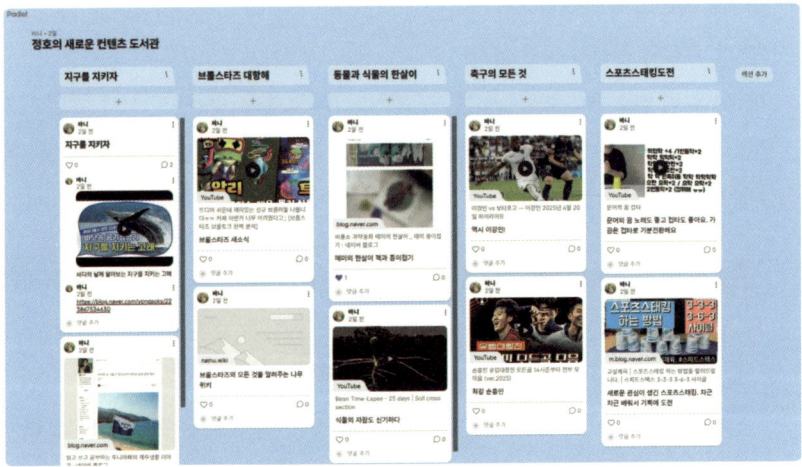

🔹 패들렛으로 만든 콘텐츠 도서관

[3단계: '나만의 콘텐츠 도서관' 함께 둘러보기]

한 달 정도 꾸준히 활농해 '나민의 콘덴츠 도서관'이 구성되면 가족들이 함께 도서관의 정보를 둘러봅니다. 다양한 주제를 탐험하며 아이가 느꼈던 점과 새롭게 알게 된 것들을 이야기 나누며 알고리즘 추천이 아닌 자발적 정보 탐색 경험에서 느낀 점과 의견을 나눕니다.

> **부모:** 정호가 콘텐츠 도서관을 만들고 나서는 처음과 달리 다양한 분야에 대한 정보를 많이 찾아보고 있구나.
>
> **아이:** 제가 직접 정한 주제로 정보를 찾아보니 더 관심이 높아졌어요.
>
> **부모:** 그랬구나. 어때? 컴퓨터가 계속 추천해 주는 것만 보는 것과 정호가 직접 찾아보는 것에 차이점이 있었어?
>
> **아이:** 여러 가지 다양한 영상과 정보를 보게 되는 게 가장 달랐어요. 전에는 게임과 관련된 정보만 계속 봤는데, 지금은 게임 말고도 관심이 가는 주제가 생겼거든요. 식물의 한살이 영상에서 찾은 콩 영상이 정말 신기하고 재미있어서 식물이 자라는 것과 관련된 다른 영상도 찾아보고 싶었어요.
>
> **부모:** 앞으로도 이렇게 다양하고 좋은 콘텐츠들을 스스로 찾아보며 현명하게 이용하는 정보 이용자가 되자. 그러면서 정호가 아는 세상은 점점 더 넓어지게 될 거야.

이러한 활동들을 통해 아이는 스스로 선택하는 정보의 소중함과 알고리즘이 주는 편리함의 균형을 이해하게 됩니다. 알고리즘은 아이들의 관심사를 빠르게 파악하여 좋아할 만한 콘텐츠를 제공하지만 그만큼 다양한 정보 탐색의 기회를 좁힐 수 있습니다. 어릴 때부터 이러한 디지털 환경을 이해하고 활용하는 능력을 키운 아이는 앞으로 더욱 폭넓고 건강한 디지털 감각을 가진 어른으로 성장할 것입니다.

부모의 적극적인 관심과 지지 속에서 아이는 알고리즘 추천과 같은 디지털 기술을 비판적으로 바라보고, 자신의 디지털 발자국을 신중하게 관리하며, 다양한 콘텐츠를 능동적으로 탐색하는 습관을 기를 수 있습니다. 디지털 시대의 현명한 정보 이용자로 성장하기 위한 가장 확실한 방법은 '알고리즘 추천에만 기대지 않고 스스로 다양한 세상을 탐험하는 습관을 갖는 것'임을 기억해 주세요.

댓글 하나에도 책임이 필요해요

아빠와 함께 아이들이 아침 운동을 나간 일요일 아침. 초등학교 4학년 민수의 엄마는 모닝커피 한 잔과 함께 모처럼 느긋한 아침을 보내고 있습니다. 블로그 이웃 새 글에 정성껏 댓글을 달던 중 알림과 함께 뜬 기사를 클릭해 보니 악성 댓글 문제가 심각하다는 내용이 눈에 들어옵니다. 악성 댓글로 어려움을 겪는 유명인은 물론 청소년의 사이버 폭력 문제와 함께 일부 어린 학생들도 악성 댓글에서 자유롭지 않다는 내용의 기사였습니다.

문득 걱정스러운 마음이 든 민수 엄마는 아침 운동을 마치고 들어오는 아들에게 조심스럽게 물었습니다.

"민수야, 너도 유튜브나 인스타 영상에 댓글을 달아 본 적 있어?"

"네, 친구들하고 가끔 댓글을 달긴 해요."

"혹시 이상한 댓글 남기고 그러지는 않지?"

민수는 엄마의 질문에 별생각 없다는 듯 어깨를 으쓱하며 대답했습니다.

"장난으로 놀리거나 재미있는 댓글을 달 때도 있어요. 다들 그러는걸요?"

그다지 심각하게 생각하지 않는 듯한 민수의 말에 엄마는 순간 가슴이

덜컥 내려앉았습니다. 장난으로 시작한 댓글도 상대방에게는 심각한 상처를 주고 좋지 못한 결과로 이어질 수 있다는 것을 어떻게 가르쳐야 할까요?

가벼운 댓글이 만드는 생각지 못한 결과, 사이버 폭력

「2024년 사이버 폭력 실태조사」[43]에 따르면, 우리나라 청소년의 42.7%가 사이버 폭력을 경험한 것으로 나타났습니다. 이는 전년 대비 1.9% 증가한 수치로 사이버 폭력이 청소년 사이에서 여전히 심각한 문제임을 보여 줍니다. 사이버 폭력의 유형으로는 욕설(44.8%), 희롱 및 조롱(각각 19.6%)이 가장 많았으며, 대부분 문자나 인스턴트 메시지를 통해 발생했습니다.

사이버 폭력을 가하는 이유로 청소년의 38.5%가 '보복'을, 24.2%가 '상대방이 싫거나 화가 나서'라고 응답했습니다. 특히 주목할 점은 일부 청소년들이 이유 없이 또는, 재미와 장난으로 사이버 폭력을 행하고 있다는 것입니다. 이는 아이들이 사이버 폭력의 심각성을 충분히 인식하지 못하고 있음을 시사합니다.

비대면이라는 특성상 아이들은 사이버 공간에서 책임감을 명확히 인지하기 어렵습니다. 장난으로 남긴 댓글뿐만 아니라 카카오톡이나 메신저에서의 무분별한 대화나 초대, 타인의 사진이나 개인 정보 무단 공유 및 유포, 온라인 게임에서의 욕설과 상대 비하, SNS에서 허위 사실이나 소문을 퍼뜨리는 것 등이 어떤 결과를 낳을지 생각지 않고 행동합니다. 익명성 뒤에서 가볍게 한 행동이 누군가에게는 큰 상처가 될 수 있다는 사실을 충분히 이해하지 못하기 때문입니다.

학교에서 이루어지는 디지털 윤리 교육뿐만 아니라, 가정에서도 온라인상에서 책임감 있는 행동의 중요성을 꾸준히 가르쳐야 하는 이유입니다.

작은 댓글에서 출발하는 건강한 디지털 세상

온라인에서 무심코 남긴 댓글 하나가 때로는 상대방에게 큰 상처가 될 수도 있습니다. 따라서 아이들은 댓글 하나에도 책임과 배려가 필요하다는 사실을 자연스럽게 이해할 필요가 있습니다. 이어지는 활동들은 아이가 댓글의 무게를 직접 느껴 보고, 디지털 공간에서 지켜야 할 윤리와 예절을 재미있게 배우며, 가족이 함께 실천하기 위한 구체적인 약속을 정하도록 구성했습니다. 온라인에 남기는 댓글에 담는 책임감과 따뜻한 배려심이 결국 건강한 디지털 세상을 만드는 바탕이 된다는 점을 아이와 함께 의미 있게 체험해 보는 시간을 만들어 보세요.

❶ 내 댓글, 말로도 괜찮을까?

● **활동 목적**

이 활동은 교육연극의 핫시팅과 역할 바꾸기 기법을 적용한 것입니다. 아이들이 온라인에서 작성하는 댓글 하나하나에 책임이 따른다는 사실을 인식해 댓글 작성 시 상대방의 입장과 감정을 공감하고 책임감과 배려하는 마음을 키울 수 있도록 돕기 위한 방법입니다.

● **활동 방법**

- 아이와 함께 평소 자주 보는 유튜브 영상, 게임 영상, 또는 자녀가 자주 방문하는 SNS 페이지를 선택합니다.
- 댓글 목록에서 비난, 놀림, 욕설 같은 부정적인 표현을 담은 글을 4~5개 고릅니다.
- 골라낸 댓글을 눈으로만 먼저 읽어 보게 한 뒤, 실제로 소리 내어 읽어 보게 합니다.
- 댓글을 눈으로만 읽었을 때와 소리 내어 말했을 때의 느낌에 대해 함께 이야기해 봅니다.
- 아이가 영상이나 콘텐츠 제공자의 입장이 되도록 역할을 설정한 뒤 부모가 소리 내어 댓글을 읽어 줍니다. 부모가 읽어 준 댓글을 듣고 생각하거나 느낀 점을 이야기합니다.

● **활동 진행을 위한 대화 예시**

[1단계: 눈으로 읽기]

> 🧑‍🦱 **엄마:** 민수야, 네가 자주 보는 유튜브나 게임 영상 댓글 중에서 욕이 아니더라도 읽었을 때 기분 나쁠 수 있는 댓글을 몇 개 선택해 보자. 선택했으면 우선 눈으로 한번 읽어 봐. (민수가 마음속으로 댓글을 읽는다.) 읽어 보니까 느낌이 어때?
>
> 👦 **민수:** 음, 욕은 없는데 사람을 무시하거나 비웃는 댓글이 좀 있어요. 그런데, 그렇게 심각한지는 모르겠어요. 좀 기분 나쁘겠다. 이런 생각은 들지만요.

[2단계: 소리 내어 읽기]

> 🧑‍🦱 **엄마:** 이번엔 그 댓글들을 엄마가 들을 수 있게. 편안하게 읽어도 돼.
>
> 👦 **민수:** (약간 망설이며)
> 이 영상은 완전 망이네. 왜 이렇게 재미가 없냐?
> 게임 못하면 그냥 접어라.
> 그 수준에 왜 하냐? 하. 완전 답답이네.
>
> 🧑‍🦱 **엄마:** 소리 내 읽으니까 느낌이 어때? 눈으로만 읽었을 때랑 좀 달라?
>
> 👦 **민수:** 네, 눈으로 볼 때는 별생각 없었는데, 엄마가 바로 앞에서 듣고 있다고 생각하니까 기분이 좀 불편하고 편하게 읽어지지 않아요.
>
> 🧑‍🦱 **엄마:** 왜 그런 기분이 들었을까?
>
> 👦 **민수:** 상대방한테 기분 나쁜 말을 하는 거니까요. 욕은 없지만 무시하는 느낌이나 비웃는 느낌이 있으니까 소리 내서 읽는 건 불편한 느낌이 들어요.

[3단계: 역할 바꾸기]

> **엄마:** 이번에는 민수가 이 영상을 열심히 만든 사람이라고 생각하고, 엄마가 댓글을 쓴 사람이 되어서 민수에게 댓글을 직접 말하듯이 읽어 볼게. 영상 만든 사람의 입장이 되어 어떤 느낌이 드는지 생각해 보렴. (댓글에 담긴 부정적인 의미가 잘 드러나도록 생생하게 감정을 담아 읽어 준다.)
>
> **엄마:** 직접 들으니까 기분이 어때?
>
> **민수:** 듣고 있으니까 기분이 별로예요. 욕이 없는데도 무시하는 느낌이라 좋지 않네요.
>
> **엄마:** 민수는 이 댓글을 쓴 사람이 아닌데도 그런 느낌이 드는데 실제 댓글을 받은 사람은 어떨까?
>
> **민수:** 저보다 훨씬 더 많이 상처받을 것 같아요.

[마무리 대화: 정리 및 성찰]

> **엄마:** 이렇게 댓글을 직접 읽어 보고 들으면서 생각한 점이 있어?
>
> **민수:** 욕을 쓰는 것만 문제가 아니라고 생각했어요. 무시하거나 놀리는 말도 좋지 않다는 생각이 들었어요. 댓글을 눈으로 읽는 것보다 귀로 듣는 게 더 마음이 안 좋았어요. 더 느낌이 세게 전달됐는데, 쓰는 것뿐 아니라 상대방을 무시하거나 놀리는 말도 조심해야겠다고 생각했어요.
>
> **엄마:** 그래, 그 영상을 만든 사람은 눈으로 읽지만, 귀로 듣는 것 같은 느낌을 받게 되거든. 욕이 아니라도 무시하거나 비웃는 말은 글을 쓴 사람이 의도한 것보다 몇 배 더 큰 상처를 준단다.
>
> **민수:** 소리 내어 읽고 들어보니 알 것 같아요.
>
> **엄마:** 그럼 댓글을 쓸 때 어떤 마음으로 써야 할까?
>
> **민수:** 댓글을 쓰기 전에 제가 쓴 말을 직접 듣고 있다고 생각하고, 그 사람이 기분이 나쁠지 아닐지 생각하면서 글을 써야 할 것 같아요.
>
> **엄마:** 민수가 정말 중요한 걸 깨달았구나. 앞으로도 댓글을 쓸 때 지금 느꼈던 걸 꼭 기억하면 좋겠어.

이렇게 아이의 생각을 충분히 들으며 댓글이 가진 책임과 중요성을 자연스러운 대화의 과정에서 이해할 수 있도록 활동을 진행합니다.

◉ 기억해 주세요.

- 아이가 댓글을 눈으로 읽는 것과 소리 내어 읽을 때의 차이를 이해하고 표현하도록 도와주세요.
- 아이가 댓글을 읽으며 불편함을 느끼면 그 감정을 그대로 인정하고 공감해 주세요.
- 이 활동을 통해 악성 댓글은 부정적 피드백을 직접 듣는 것처럼 정보 제공자에게 큰 상처를 줄 수 있음을 인식할 수 있습니다. 이를 통해 가볍게 여긴 댓글이라도 상대에게는 훨씬 강력한 영향을 미칠 수 있다는 점을 직접 체험을 통해 이해하도록 중점을 둡니다.
- 활동 이후 댓글을 남기기 전 "이 말을 내 친구나 가족에게 직접 할 수 있을까?"라고 스스로 물어보는 습관을 들이도록 약속합니다.
- 부모도 평소 온라인 댓글을 자녀와 함께 작성하거나 수정하는 모습을 보여 주세요.

❷ 놀이와 퀴즈로 배우는 디지털 윤리

첫 번째 활동을 통해 아이가 댓글과 디지털 행동의 중요성을 정서적으로 깨달았다면, 디지털 윤리에 대한 개념을 인지적으로 명확하게 이해하고 올바른 온라인 행동 기준을 세울 수 있도록 재미있는 보드게임과 퀴즈 활동을 진행합니다.

2-1 디지털 윤리 보드게임

◉ 활동 방법

- 큰 종이나 도화지에 간단한 보드판을 그립니다.
- 디지털 윤리 상황 카드를 뽑는 칸을 표시합니다.
- 주사위를 굴려 말을 움직이고 카드 칸에 멈추면 상황 카드를 뽑아 카드의 지시에 따라 이동합니다.
- 먼저 결승점에 도착한 사람이 승리합니다.

  ※ 부록의 보드게임 활동 자료(상황 카드 등)를 활용하거나 가족이 함께 상황 카드를 만들어 활동할 수 있습니다.

● **부모-자녀 대화 예시**

> 🧒 **자녀:** 친구를 놀리는 댓글을 지우고 사과했으니까 한 칸 앞으로 가래요!
> 👨‍👩 **부모:** 맞아, 실수할 수 있지만 바로 고치고 사과하는 게 중요한 거지. 댓글을 쓸 땐 어떻게 해야겠어?
> 🧒 **자녀:** 꼭 상대방 입장에서 생각하고 써야겠어요.

● **기억해 주세요**
- 놀이를 통해 디지털 윤리를 자연스럽게 배우도록 밝고 긍정적으로 접근해 주세요.
- 정답을 맞히지 못해도 과정을 격려하고 아이의 생각을 충분히 들어주세요.
- 활동 후에는 배운 내용을 간단히 짚어 보고 아이와 함께 디지털 윤리의 중요성을 정리해 주세요.
- 아이는 놀이를 통해 디지털 윤리를 재미있게 배울 수 있고 첫 번째 활동에서 깨달은 공감과 책임을 더욱 명확하게 내면화할 수 있습니다.

2-2 골든벨 퀴즈로 배우는 디지털 윤리

● **활동 방법**
- 디지털 윤리 보드게임을 하며 여러 상황별 바람직한 디지털 윤리를 학습한 후 골든벨 퀴즈 활동을 진행하면 자연스럽게 활동이 이어질 수 있습니다.
- 디지털 윤리와 관련된 퀴즈를 준비합니다. 부모님이 직접 문제를 출제해도 되고, 부록으로 제공된 문제를 활용하여 진행해도 됩니다.
- 특별한 도구 없이 답을 알면 손을 들거나 '딩동!' 같은 간단한 구호를 외치며 묻고 답하는 형태로 진행하거나, 실제 골든벨처럼 작은 골든벨 판을 활용해서 문제를 풀어 나가는 형태로 진행해도 됩니다.
- 아이가 정답을 맞히면 작은 보상(칭찬이나 점수)을 주세요.

● **부모-자녀 대화 예시**

> 👨‍👩 **부모:** 댓글을 쓸 때 가장 중요한 것은 뭘까?
> 🧒 **자녀:** 상대방이 기분 나쁘지 않게 써야 해요.
> 👨‍👩 **부모:** 맞아! 댓글은 친구와 직접 말하는 것과 똑같이 중요한단다.

◉ **기억해 주세요.**
- 부록의 예시 문제들은 아이들이 상황을 스스로 생각하고 구체적으로 표현할 수 있도록 돕기 위한 질문입니다.
- 정답을 한 번에 맞추는 것보다, 아이의 생각을 들어보며 함께 바람직한 행동을 대화로 이끌어 가는 것이 더 중요합니다.

❸ 가족 디지털 약속 정하기

활동 ❶과 ❷에서 배운 디지털 윤리를 바탕으로 우리 가족 구성원이 함께 지킬 수 있는 디지털 에티켓을 정합니다. 이를 통해 온라인에서의 바람직한 태도를 구체적으로 내면화하고, 꾸준히 실천할 수 있는 습관을 형성할 수 있습니다.

◉ **활동 방법**

[1단계: 가족회의 열기]

아이들이 댓글 공감 놀이나 퀴즈를 통해 배운 내용을 직접 떠올리며 가족들이 온라인에서 지킬 약속을 구체적으로 이야기합니다.

[2단계: 디지털 약속 문장 만들기]
- 가족 모두 쉽게 이해하고 기억할 수 있도록 명확하고 간단한 약속 문장을 만듭니다.
- 약속의 개수는 실천할 수 있도록 3~4가지 정도로 정합니다.

[3단계: 가족 약속 포스터(혹은 배너) 만들기]
- 완성된 약속을 큰 종이나 포스터 형태로 작성하여 잘 보이는 곳에 붙입니다.
- 아이가 직접 약속 문장을 꾸미고 그림을 그려서 포스터를 완성하면 더욱 의미 있고 기억하기 좋습니다.
- 고학년의 경우 캔바와 같은 디지털 도구를 활용하여 포스터를 만들 수도 있습니다.

◉ **부모-자녀 대화 예시**

> 👨‍👩 **부모:** 우리 가족이 꼭 지켜야 할 디지털 약속을 함께 만들어 보자. 가장 중요하다고 생각되는 건 뭘까?
>
> 🧒 **자녀:** 댓글 달 때 친구 기분을 생각하는 거랑, 게임할 때 화내지 않는 거요.

> 👨 **부모:** 맞아, 그게 정말 중요하지. 그럼 약속 문장을 구체적으로 적어 볼까?
> 👦 **자녀:** 댓글을 달 때는 친구의 마음을 생각하며 써요. 이렇게 쓰면 좋겠어요.
> 👨 **부모:** 좋은 생각이야. 이 약속을 함께 지킬 수 있도록 간단한 안내문을 만들어 보는 건 어때?
> 👦 **자녀:** 네, 제가 그림을 그릴게요. 현관 입구 가족 칠판에 붙여 놓으면 매일 볼 수 있어서 좋을 것 같아요.

우리 가족 디지털 약속(예시)
- 댓글을 달기 전 상대방에게 상처가 되지 않는지 두 번 이상 생각합니다.
- 친구의 사진이나 영상을 허락 없이 온라인에 함부로 올리지 않습니다.
- 모르는 사람이 개인 메시지를 보내거나 친구 요청 시 부모님께 바로 말합니다.
- 개인 정보(주소, 전화번호 등)를 인터넷에 올리거나 다른 사람과 공유하지 않습니다.
- 게임 할 때 화가 나면 잠시 쉬고, 친구에게 욕설이나 나쁜 말을 하지 않습니다.

　디지털 도구를 활용하는 방법에 대한 학습과 함께 디지털 공간에서의 책임감 있고 올바른 행동에 대해 이해하고 지속적으로 실천하는 습관을 형성하는 것 역시 중요한 디지털 감각입니다. 온라인에서 무심코 한 행동이 실제 사람에게 어떤 영향을 주는지 이해하며 다른 사람을 존중하고 배려하는 마음은 디지털 윤리의 밑바탕이 됩니다.

　학교에서도 디지털 윤리 교육을 실시하고 관련된 인지적 학습이 이루어지고 있지만, 디지털 세상의 건전한 사용자가 되기 위한 올바른 태도의 내면화는 부모님의 관심을 바탕으로 가정에서 지속적인 실천이 함께해야 가능합니다. 가정에서의 디지털 윤리 교육은 단순히 지식을 외우는 데 그치지 않고, 아이가 스스로 생각하고 느끼며 행동으로 실천할 수 있도록 돕는 데 중심이 놓여야 합니다. 가족이 함께 지키는 규칙을 통해 길러진 바른 습관이 디지털 시대를 건강하게 살아가는 든든한 힘이 되어 줄 수 있습니다.

디지털 윤리 보드게임 상황 카드

카테고리	상황 카드 내용	이동 규칙	활용 가능 학년
댓글 에티켓	친구 게시물에 칭찬 댓글을 써서 친구가 행복해했어요.	3칸 앞으로	전학년
	친구에게 상처 주는 댓글을 달았지만 바로 지우고 사과했어요.	2칸 앞으로	중·고학년
메신저 예절	친구가 단톡방에서 괴롭힘을 당하는 걸 보고 부모님께 바로 알렸어요.	3칸 앞으로	전학년
SNS 사용	친구 사진을 올리기 전에 먼저 친구의 허락을 받고, 필요하면 부모님과 상의했어요.	3칸 앞으로	전학년
	SNS에서 모르는 사람이 말을 걸었지만 무시하고 부모님께 알렸어요.	3칸 앞으로	중·고학년
온라인 게임 예절	게임에서 지더라도 친구에게 친절하게 대했어요.	3칸 앞으로	전학년
	게임 방법을 모르는 친구에게 친절히 설명해 주었어요.	3칸 앞으로	전학년
개인 정보 보호	모르는 사람이 인터넷에서 내 개인 정보를 물어봐서 부모님께 알렸어요.	3칸 앞으로	중·고학년
온라인 협동·팀플레이	팀원이 실수했지만 비난하지 않고 격려했어요.	3칸 앞으로	전학년
	팀원의 의견을 듣고 전략을 세워 게임에서 승리했어요.	2칸 앞으로	전학년
	게임에서 졌지만, 팀원들에게 '수고했어.'라고 말해서 좋은 분위기를 유지했어요.	3칸 앞으로	전학년

카테고리	상황 카드 내용	이동 규칙	활용 가능 학년
메신저 활용	답하기 곤란한 친구 DM을 받았을 때 부모님께 먼저 상담했어요.	3칸 앞으로	중·고학년
	모르는 사람의 DM을 무시하고 부모님께 바로 알렸어요.	3칸 앞으로	중·고학년
따돌림 대응	친구를 괴롭히는 카톡방에 참여하지 않고 부모님께 알렸어요.	3칸 앞으로	중·고학년
개인 정보	친구가 나의 비밀을 인터넷에 올리겠다고 협박했지만 혼자 고민하지 않고 부모님께 알렸어요.	3칸 앞으로	중·고학년
악의적 소문 대응	나에 대한 잘못된 소문이 인터넷에 올라왔을 때 사실인지 확인하고, 부모님과 선생님께 알려 함께 해결했어요.	3칸 앞으로	중·고학년
이미지· 동영상 대응	내 사진이나 동영상을 허락 없이 인터넷에 올린 걸 보고 부모님께 바로 알렸어요.	3칸 앞으로	중·고학년
계정 도용 대응	누군가 내 계정에 몰래 접속한 걸 알고 즉시 부모님과 함께 비밀번호를 바꿨어요.	3칸 앞으로	중·고학년
온라인 여론 몰이 대응	친구들이 인터넷에서 나를 욕하거나 비난했지만, 온라인에서 다투지 않고 부모님과 선생님께 도움을 요청했어요.	3칸 앞으로	중·고학년
게임 내 방해 대응	게임에서 친구가 일부러 방해했지만 욕설하거나 화내지 않고 게임을 멈추고 부모님께 말했어요.	3칸 앞으로	중·고학년

디지털 윤리 보드게임 상황 카드 ②

카테고리	상황 카드 내용	이동 규칙	활용 가능 학년
댓글 에티켓	친구를 놀리는 댓글을 달아 친구가 속상해했어요.	3칸 뒤로	전학년
메신저 예절	친구를 동의 없이 단톡방에 초대해서 친구가 불편해했어요.	2칸 뒤로	중·고학년
메신저 예절	친구에게 답장이 느리다고 계속 재촉해서 친구가 부담스러워했어요.	1칸 뒤로	중·고학년
SNS 사용	친구의 허락 없이 SNS에 사진을 올려서 친구가 속상해했어요.	3칸 뒤로	중·고학년
SNS 사용	부모님 허락 없이 오픈 채팅방에 참여해서 걱정을 끼쳤어요.	2칸 뒤로	중·고학년
온라인 게임 예절	게임에서 화가 나서 친구에게 욕했어요.	3칸 뒤로	중·고학년
개인 정보 보호	실수로 친구의 전화번호를 인터넷에 올려 친구가 화났어요.	3칸 뒤로	중·고학년
온라인 팀플레이	게임에서 팀원과 싸우다가 결국 졌어요.	3칸 뒤로	중·고학년
온라인 팀플레이	원하는 캐릭터만 고집해서 팀에 피해를 줬어요.	2칸 뒤로	중·고학년
메신저 활용	친구가 메시지 답을 늦게 해서 화를 냈는데, 사정이 있었음을 알고 나서 미안해졌어요.	2칸 뒤로	중·고학년
메신저 활용	메시지 답을 안하는 친구에 대해 다른 친구들과 뒷담화를 했어요.	3칸 뒤로	중·고학년

카테고리	상황 카드 내용	이동 규칙	활용 가능 학년
사이버 따돌림	친구를 놀리기 위한 카톡방을 만들어 친구가 괴로워했어요.	3칸 뒤로	중·고학년
개인 정보	친구의 비밀을 인터넷에 올리겠다고 해서 친구가 힘들어했어요.	3칸 뒤로	중·고학년
악의적 소문 유포	친구에 대한 잘못된 소문을 인터넷에 올려 친구가 크게 상처 받았어요.	3칸 뒤로	중·고학년
이미지동영상 괴롭힘	친구의 사진이나 동영상을 허락 없이 찍어서 인터넷에 올렸어요.	3칸 뒤로	중·고학년
계정 도용 및 장난	친구의 계정으로 몰래 접속해서 친구가 곤란해했어요.	3칸 뒤로	중·고학년
온라인 여론 몰이	친구를 인터넷에서 다른 친구들과 함께 비난해서 친구가 크게 상처 받았어요.	3칸 뒤로	중·고학년
게임 내 방해 행동	게임에서 일부러 같은 팀 친구를 방해해서 그 친구가 속상해했어요.	2칸 뒤로	중·고학년

골든벨 퀴즈로 배우는 디지털 윤리 퀴즈 예시 문항

번호	유형	문제	선다형 선택지 및 정답	적합 학년
1	O/X	친구 사진을 올릴 때는 허락이 필요하다.	O	전학년
2	O/X	게임에서 화가 나면 욕을 해도 된다.	X	전학년
3	O/X	단톡방에서 친구를 따돌리는 것을 보면 부모님이나 선생님께 알려야 한다.	O	전학년
4	객관식	온라인에서 친구를 놀리면 어떻게 될까요? ① 아무 일 없다 ② 친구에게 큰 상처가 된다 ③ 친해진다 ④ 재미있어 한다.	②	전학년
5	객관식	친구가 게임에서 자꾸 실수할 때 좋은 행동은? ① 화낸다. ② 놀린다. ③ 친절히 도와준다. ④ 게임을 그만한다.	③	전학년
6	단답형	댓글을 쓸 때 중요한 마음가짐은?	배려, 존중	전학년
7	O/X	친구에게 받은 메시지를 다른 친구에게 보여 줘도 된다.	X	저학년
8	객관식	친구를 칭찬할 때 좋은 표현은? ① 비꼬기　　② 진심 담아 친절하게 ③ 놀리기　　④ 과장해서 표현	②	저학년
9	단답형	모르는 사람의 메시지를 받으면?	무시하고 부모님께 알린다	저학년

번호	유형	문제	선다형 선택지 및 정답	적합 학년
10	O/X	친구의 비밀을 인터넷에 올리겠다고 장난쳐도 된다.	X	중학년
11	객관식	모르는 사람의 DM을 받았을 때 올바른 행동은? ① 친절히 대답한다. ② 친구에게 대신 답장하게 한다. ③ 같이 대화해 본다. ④ 무시하고 부모님께 알린다.	④	중학년
12	객관식	친구가 허락 없이 내 사진을 온라인에 올린 것을 발견했을 때 해야 할 행동은? ① 메시지로 사진을 내려 달라고 정중히 전한다. ② 욕을 남긴다. ③ 나도 친구의 사진을 올린다. ④ 무시한다.	① 친구가 내려 달라는 의견에 따르지 않으면 부모님이나 선생님께 도움을 청하도록 안내합니다.	중학년
13	단답형	인터넷에서 찾은 자료 사용 시 규칙은?	허락받거나 출처를 밝힌다.	중학년
14	서술형	친구가 온라인에서 괴롭힘을 당할 때 내가 해야 할 행동은?	부모님이나 선생님께 알리고 도움을 청한다.	중학년
15	O/X	인터넷의 모든 정보는 믿어도 된다.	X	고학년
16	O/X	친구가 답장을 늦게 하면 재촉해도 된다.	X	고학년
17	객관식	친구 사진을 온라인에 올릴 때 올바른 행동은? ① 친구 허락을 받는다. ② 친구 부모님 허락을 받는다. ③ 먼저 친구의 허락을 받고, 필요하면 부모님과 상의한다. ④ 그냥 올린다.	③	고학년

번호	유형	문제	선다형 선택지 및 정답	적합 학년
18	객관식	친구가 내 계정의 비밀번호를 물었을 때 해야 할 행동은? ① 바로 알려 준다. ② 친하니까 알려 준다. ③ 친절히 거절하고 이유를 설명한다. ④ 비밀번호를 바꿔서 알려 준다.	③	고학년
19	단답형	SNS에서 친구에 대한 나쁜 소문을 봤다면?	사실인지 확인하고, 부모님이나 선생님께 알린다.	고학년
20	단답형	인터넷 비밀번호는 어떻게 관리해야 하나요?	정기적으로 바꾼다.	고학년
21	서술형	댓글을 달 때 기억할 점은?	상대방을 배려하고 존중하는 표현을 사용한다.	고학년
22	서술형	개인 정보 보호 실천 방법은?	개인 정보를 함부로 공개하지 않고, 다른 사람에게 개인 정보를 주지 않는다.	고학년
23	서술형	게임에서 친구와 의견이 다를 때 행동은?	상대방 의견을 존중하고 침착히 대화한다.	고학년
24	서술형	인터넷에 친구 사진을 올리기 전에 해야 할 것은?	먼저 친구의 허락을 받고, 필요하면 부모님과 상의한 뒤 올린다.	고학년
25	서술형	모르는 사람이 개인 메시지를 보내왔을 때 대처법은?	무시하고 부모님께 알린다.	고학년
26	서술형	온라인에서 내가 친구에게 상처 주는 말을 했다면?	바로 사과하고 부모님과 함께 문제를 해결한다.	고학년
27	O/X	친구와 다투었을 때 화난 마음으로 댓글을 써도 괜찮다.	X	중학년

번호	유형	문제	선다형 선택지 및 정답	적합 학년
28	객관식	온라인에서 잘 모르는 사람과 친해지고 싶을 때 좋은 방법은? ① 바로 친구 추가한다. ② 신중히 생각하고 부모님과 상의한다. ③ 바로 연락한다. ④ 친구와 상의한다.	②	중·고학년
29	서술형	친구가 온라인에서 괴롭힘을 당할 때 절대로 하지 말아야 할 행동은?	따라 하거나 놀리지 않는다. 괴롭힘에 동참하지 않는다.	중·고학년
30	서술형	인터넷에 글을 올리기 전에 꼭 생각해야 할 점은 무엇인가요?	다른 사람에게 상처나 불편함을 주지 않는지 생각하고 신중하게 올린다.	고학년

우리 가족은 디지털 감별사

 토요일 저녁, 정호네 가족 모두 거실 소파에 앉아 OTT 화면을 바라봅니다. 가족이 함께 볼 영화를 고르며 정호가 친구들에게 추천받은 영화를 보자고 말합니다.
 "이거 친구들이 진짜 재밌다고 했어요! 오늘은 이걸 봤으면 좋겠어요."
 그러나 아빠는 정호가 고른 영화 정보를 보며 걱정스러운 표정을 짓습니다. 등급이 생각보다 높았고, 리뷰 중에서는 이 영화가 폭력적이거나 자극적이라는 의견도 있었기 때문입니다.
 "정호야, 이 영화 친구들이 봤다고 무조건 좋은 건 아닐 수도 있어. 좀 더 살펴봐야 할 것 같은데?"
 정호는 실망한 표정을 감추지 못합니다. 친구들의 얘기에 기대가 컸던 만큼 실망도 커 보입니다. "우리 영화 후기를 좀 더 읽어 보고 신중히 결정하자."라며 옆에 있던 엄마도 중재에 나섭니다.
 그렇게 영화 후기를 살펴보던 가족은 더 큰 혼란에 빠지고 말았습니다. 같은 영화를 봤는데도 사람마다 전혀 다른 평가를 하고 있었기 때문입니다.

과연 어떤 정보를 믿고 판단해야 할까요?

이처럼 영상이나 뉴스를 선택할 때 고민이 생기는 이유는 우리가 접하는 정보가 늘 신뢰할 만한 것은 아니기 때문입니다. 온라인 세상에는 의도적으로 만들어진 가짜 뉴스나 사람들의 관심을 끌기 위해 만든 조작된 영상(페이크 영상), 심지어 AI가 잘못 생성한 허위 정보(할루시네이션) 등이 포함되어 있기에 정보와 콘텐츠를 올바르게 판단하기 위한 감별력이 매우 중요한 세상이 되었습니다.

그렇다면 정보의 올바른 감별을 위해 필요한 디지털 감각은 어떤 것일까요?

❶ 정보의 신뢰성을 감별하는 능력

뉴스나 영상 속의 정보가 사실인지, 아니면 가짜 정보인지 정확하게 구분하는 능력입니다. 뉴스의 출처, 작성자, 근거 자료를 꼼꼼히 따져 보는 습관을 통해 길러집니다.

❷ AI 정보의 비판적 수용 능력

AI가 생성하는 정보 역시 항상 신뢰할 수 있는 것은 아닙니다. AI 챗봇 등 인공 지능이 만들어 낸 콘텐츠에 대해서도 비판적으로 판단하고 다른 신뢰할 수 있는 출처와 교차 검증할 수 있는 능력입니다.

❸ 정보의 의도 분석력

모든 뉴스나 영상은 특정한 목적이나 의도를 바탕으로 만들어집니다. 정보가 어떤 목적이나 배경에서 제작되었는지 그것이 사람들에게 어떤 영향을 미칠지를 비판적으로 분석하는 능력입니다.

이 세 가지 디지털 감각은 자녀들이 온라인 세상에서 정보를 무작정 소비하지 않고, 비판적으로 판단하며 현명하게 활용하는 사람으로 성장하는 데 필수적인 능력입니다. 급변하는 AI와 디지털 환경 속에서 아이들이 혼란 없이 성장할 수 있도록 돕기 위해 가족이 함께 디지털 감별사가 되어 현명한 정보 소비자가 될 수 있는 실질적인 활동들을 안내합니다.

활동1 진실 혹은 거짓: 팩트 체크가 필요해!

온라인에서 접하는 뉴스나 콘텐츠 중에는 정확한 정보와 그렇지 않은 정보가 섞여 있습니다. 이 활동은 가족이 함께 실제 콘텐츠에 대한 팩트 체크를 진행하며 정보의 신뢰성을 평가하고 가짜 정보나 조작된 콘텐츠를 구분하는 능력을 키우는 것이 목표입니다.

이 활동을 통해 아이들은 온라인 정보를 비판적으로 바라보는 습관을 기를 수 있습니다.

① 준비물

가족 구성원 각각 관심 있는 뉴스 기사, 유튜브 영상, SNS 게시물 1~2개, 필기구, 스마트폰, 태블릿, 컴퓨터 등 인터넷 사용 가능한 디지털 기기, 부록의 팩트 체크 체크리스트

② 활동 방법

[1단계: 선택한 콘텐츠 소개하기]

가족이 각자 준비한 뉴스나 영상 등 콘텐츠를 돌아가며 간략하게 소개합니다. 콘텐츠를 선택한 이유와 그 정보가 왜 궁금한지 서로 이야기합니다.

> **정호:** 공룡이 아직 살아 있다는 이 유튜브 영상이 진짜인지 궁금해요.
> **엄마:** 모임 단톡방에서 공유된 건강 관련 뉴스가 사실인지 확인해 보고 싶어.
> **아빠:** 뉴스에 자주 나오는 이 사건이 정말 사실인지, 또 어떤 부분이 잘못된 정보인지 궁금하네.

[2단계: 진실 혹은 거짓, 가족 투표하기]

가족들이 준비한 콘텐츠를 보면서 각자 콘텐츠가 '진실'인지 '거짓'인지 생각합니다. 다 살펴보고 난 뒤 콘텐츠가 진실인지 거짓인지 투표하고 그렇게 생각한 이유에 대해 의견을 나눕니다.

> 아빠: 정호가 준비한 공룡 영상에 대해 먼저 얘기해 볼까?
> 정호: 영상이 재미있긴 하지만, 공룡이 아직 살아 있다면 정말 대단한 소식인데 이런 영상으로만 나올 것 같지 않아서 가짜 같아요.
> 아빠: 아빠도 정호 생각과 같아. AI가 조작한 영상 같아.
> 엄마: 내용이 재미있고 호기심이 가지만 공룡이 아직 살아 있다면 과학자들의 연구도 바뀌었을 것 같아. 엄마도 거짓 같다고 생각해.
> 엄마: 그럼 이번엔 엄마가 고른 정보가 진실인지 거짓인지 얘기해 볼까?

[3단계: 가족이 함께 팩트 체크하기]
- 부록으로 제시된 팩트 체크 체크리스트를 활용해, 각각의 콘텐츠에 대해 실제로 팩트 체크를 해 봅니다.
- 체크리스트에 제시된 기준에 따라 콘텐츠의 신뢰성을 차근차근 평가하며 확인하되, 부모님과 아이가 함께 팩트 체크를 진행하는 것이 도움이 됩니다.

[4단계: 결과 비교하기]
팩트 체크로 확인한 결과를 가족이 처음 생각했던 의견과 비교해 보고, 정보의 신중한 판단과 선택이 중요하다는 점을 확인합니다.

> 아빠: 이렇게 팩트 체크를 해 보니 어때? 우리가 온라인에서 보는 정보가 모두 사실일까?
> 정호: 학교에서도 배웠지만 엄마 아빠와 함께 체크리스트로 점검하며 확인해 보니 사실이 아닌 정보가 있는 걸 다시 알 수 있었어요. 어떤 정보든 무조건 믿지 말고 팩트 체크해서 잘 판단하고 선택해야겠다고 생각했어요.
> 엄마: 그래, 앞으로는 어떤 정보를 보더라도 곧바로 믿지 말고 오늘처럼 체크리스트로 다시 한번 확인하는 습관을 가지는 게 좋겠다. 엄마에게도 정말 도움이 되는 시간이었어.
> 아빠: 정호가 얘기한 것처럼 인터넷에는 재미있거나 놀라운 이야기가 많지만 그만큼 잘못된 정보도 많다는 것을 꼭 기억했으면 해. 친구들이 보내 주는 영상이나 뉴스도 무조건 믿지 말고 한 번 더 확인하는 걸 잊지 말자.

활동2 AI가 만든 정보, 믿어도 될까?

　AI가 제공하는 정보는 편리하지만 때로는 할루시네이션과 같이 정확하지 않은 내용을 포함하기도 합니다. 이 활동은 AI가 준 정보를 그대로 믿지 않고 신뢰할 수 있는 자료와 비교하며 정확성을 평가하는 습관을 키우는 데 목적이 있습니다.

① **준비물**
　ChatGPT나 클로드 등 생성형 인공 지능, 필기구, 노트

② **활동 방법**
[1단계: 질문을 정하고 AI에게 물어보기]
　초등학교 4학년 소윤이는 학교에서 동시 공부를 하다가 과일에 관한 동시가 궁금해졌습니다. 집에 돌아온 소윤이는 엄마와 함께 AI에게 이렇게 질문을 했습니다.

> **소윤:** 맛있는 과일을 주제로 한 동시를 알려 줘.

　AI는 『과일나라 동시집』(김영희), 『달콤한 과일 동시』(이수진)라는 두 권의 책을 소개했습니다.

　맛있는 과일을 주제로 한 동시도 알고 싶어

친구들에게 소개하기 좋은, 한국 동시 작가들이 직접 쓴 과일을 주제로 한 동시집을 추천해 드릴게요. 이 동시집들은 어린이들의 눈높이에 맞춰 과일의 특징과 일상을 따뜻하게 그려낸 작품들입니다.

🍎 **『과일나라 동시집』 – 김영희**
김영희 작가가 다양한 과일을 주제로 쓴 동시들을 모은 동시집입니다. 사과, 바나나, 포도 등 친숙한 과일들의 생김새와 맛, 향기를 생생하게 표현하고 있어요. 아이들이 과일에 대한 흥미를 느끼고, 자연스럽게 시의 아름다움을 접할 수 있는 작품입니다.

🍎 **『달콤한 과일 동시』 – 이수진**
이수진 작가가 과일을 통해 계절의 변화를 표현한 동시집입니다. 봄의 딸기, 여름의 수박, 가을의 감, 겨울의 귤 등 계절별 과일을 주제로 한 동시들이 수록되어 있어, 계절 감각을 익히는 데도 도움이 됩니다.

○ 허위 정보를 제공한 인공 지능 화면

[2단계: AI가 준 답변 평가하기]

소윤이의 엄마는 AI의 답변을 보며 이상한 점을 발견했습니다.

> **엄마:** 소윤아, AI의 답에 뭔가 이상한 부분은 없어?
> **소윤:** 과일나라 동시집과 달콤한 과일 동시라는 책을 추천해 줬는데, 책 사진은 없고 과일가게 사진이나 축제 사진만 나오는 게 이상해요.
> **엄마:** 맞아, 답변과 관련된 사진이 보여야 하는데 과일가게 사진은 아무래도 이상해. 진짜 있는 책인지 다시 물어봐야 하지 않을까?"
> **소윤:** 학교에서 배웠는데 AI 정보가 항상 정확한 건 아니래요. 확인하는 질문을 해 볼게요.

소윤이는 AI에게 직접 추가 질문을 했습니다.

> **소윤:** 「과일나라 동시집」(김영희)와 「달콤한 과일 동시」(이수진) 책을 온라인 서점에서 찾아 줘.

AI는 곧바로 사과하며 이렇게 답했습니다.

> **AI:** 죄송하지만 제가 언급한 「과일나라 동시집」(김영희)과 「달콤한 과일 동시」(이수진)는 실제 존재하지 않는 것으로 확인됩니다. 대신 과일 주제의 다른 동시집을 다시 추천해 드리겠습니다.

AI는 대신 『과일 특공대』(김이삭)와 『달콤한 과일 나라』(박정애)를 다시 추천했습니다. 하지만 이 추천 역시 정확한 정보인지 엄마와 소윤이는 의심이 생겼습니다.

[3단계: 신뢰할 수 있는 자료와 교차 검증하기]

소윤이는 엄마와 함께 AI가 추가로 추천한 책들이 정말 믿을 만한 정보인지 다음과 같은 방법으로 직접 교차 검증하기로 했습니다.

- 온라인 서점에서 AI가 추천한 책 제목, 작가명 직접 검색하기
- 온라인 도서관 실제 책 정보 검색하여 확인하기

○ 허위 정보 제공에 대한 인공 지능의 사과 답변

[4단계: AI 정보 평가 기록하기]

AI가 추가로 추천한 「과일 특공대」는 온라인 서점에서 판매하고 있었고, 과일과 관련된 동시집인 것을 확인할 수 있었습니다. 하지만 「달콤한 과일 나라」는 박정애 작가의 동시집이 아닌 민키 작가의 그림책이었습니다. 소윤이는 엄마와 함께 실제로 검증한 결과를 정리해 보았습니다.

활동 순서	AI의 답변
최초 질문	맛있는 과일 주제 동시 추천
최초 답변	• 「과일 나라 동시집」(김영희) • 「달콤한 과일 동시」(이수진)
추가 답변	두 책 모두 실제 존재하지 않는다고 사과하며, 「과일 특공대」(김이삭)와 「달콤한 과일 나라」(박정애)를 다시 추천
교차 검증 결과	• 「과일 특공대」는 실제 존재하는 과일 동시집이 맞음 • 「달콤한 과일 나라」 작가와 내용에 대한 잘못된 정보 제공
정확도 평가	• 최초 답변: 완전히 잘못된 정보(할루시네이션) • 추가 답변: 부분적으로 정확한 정보

[5단계: 알게 된 내용 함께 나누기]

> **엄마:** 소윤아, AI가 추천한 책들이 실제로는 없거나 잘못된 정보였다는 걸 알게 됐을 때 어땠어?
>
> **소윤:** AI는 뭐든 다 알고 있다고 생각했는데 실제로 틀린 답을 주는 것을 보고 놀랐어요.
>
> **엄마:** 맞아, AI가 항상 정확한 것은 아니란다. AI가 실제로는 없는 정보를 마치 사실인 양 그럴듯하게 지어내는 '환각(Hallucination)' 현상도 자주 발생하거든. 앞으로 AI를 사용할 때는 항상 믿을 수 있는 방법을 통해 한번 더 확인하는 습관을 들이도록 하자.
>
> **소윤:** 네! 이제부터 AI가 준 정보는 오늘처럼 꼭 한 번 더 확인할게요.

활동3 정보 뒤에 숨은 의도를 찾아라!

온라인에서 접하는 뉴스나 영상 등 다양한 콘텐츠는 특정한 목적이나 의도를 가지고 제작됩니다. 이 활동은 아이들이 관심을 가지는 주제에 대한 영상을 보면서 영상 뒤에 숨은 목적이나 의도를 스스로 분석하고 판단하는 능력을 키우는 데 목적이 있습니다.

① **준비물**
- 아이가 관심을 가지는 주제 관련 유튜브 영상
  - **예** 성장기 키 크는 방법을 다룬 유튜브 영상 중 특정 식품 광고나 영양제 광고 등이 포함된 영상
- 필기구, 노트, 체크리스트(부록의 「AI가 준 정보 분석 체크리스트」 활용 가능)

② **활동 방법**

[1단계: 콘텐츠 선택하기]

초등학교 6학년 지현이의 요즘 가장 큰 관심사는 키입니다. 반에서 키가 작은 편이라 고민이 되었기 때문입니다. 키 크는 방법을 찾아 실천하겠다고 생각한 지현이는 부모님과 함께 유튜브에서 관련된 정보를 찾아보기로 했습니다. 지현이는 '키 크는 법'을

검색어로 넣어 찾은 영상 중 제목이 눈에 띄는 영상 두 가지를 선택했습니다.

예 한 달에 5cm 키 크는 놀라운 비법!, 키를 빨리 크게 하는 특별한 스트레칭 운동법

[2단계: 콘텐츠 뒤에 숨은 의도 찾기]

지현이와 부모님은 함께 두 영상을 보고 난 후 영상 제작의 목적은 무엇인지, 영상에 숨겨진 의도는 없는지 등에 대해 체크리스트를 만들어 이야기를 나눴습니다.

분석 기준	영상을 보며 생각해 볼 질문
관심 끌기	영상의 제목이나 내용이 지나치게 과장되지 않았나요?
광고와 홍보	영상에서 특정 제품을 소개하며 구매하도록 유도하나요?
특정 의견 유도	특정한 방법만을 최고의 방법이라고 하며 꼭 해야 한다고 강조하나요?
오해나 편견 조장	한쪽으로 지나치게 치우쳤거나 오해를 유발할 수 있는 내용이 있나요?
잘못된 정보 제공	제공하는 정보의 정확성을 믿을 수 있나요?

엄마: 지현아 첫 번째 영상은 어떤 목적으로 만든 것 같니?

지현: 키 크는 방법을 얘기하고는 있지만 영양제 덕분에 한 해에 5cm 이상 자랐다고 말하는 게 광고처럼 보여요.

아빠: 왜 광고라고 생각했어?

지현: 처음 5cm가 자랐다는 말을 들었을 땐 키가 많이 컸다고 생각했지만, 영상을 다시 볼 때 우리 반 친구가 생각났어요. 그 친구가 작년에 비해 키가 많이 컸는데 영양제를 먹어서 키가 큰 건 아니거든요. 그래서 영양제 때문이 아니라 그냥 자연스럽게 큰 걸 수도 있다는 생각이 들었어요.

아빠: 그래 맞아. 일 년이란 시간은 무엇 때문에 키가 자랐는지 정확히 확인하기 어려운 긴 시간이지. 정말 영양제만으로 누구나 일 년에 5cm 자랄 수 있다면 굉장히 획기적인 영양제가 될 수 있을 거야. 그럼, 왜 이렇게 오해할 수 있는 표현을 사용한 걸까?

지현: 저는 그 영상이 영양제를 많이 팔기 위한 목적에서 만들어졌다고 생각해요. 직접적으로 영양제를 사라고 말하지는 않았지만 영양제를 광고하려는 의도가 숨어 있다고 생각해요.

> **엄마:** 그럼, 두 번째 영상은 어떤 목적으로 만든 것 같아?
> **지현:** 키가 자라는 데 도움이 되는 스트레칭 방법을 알려 주기 위해 만든 영상이라고 생각해요.
> **엄마:** 그럼 영상 제목과 내용이 일관성이 있는 거네?
> **아빠:** 영상에서 보여 준 스트레칭이 정말 키가 자라는 데 도움이 될까?
> **지현:** 틀린 말은 아니지만 모든 사람이 그 스트레칭만으로 키가 자랄 것 같진 않아요.
> **아빠:** 그 영상을 보면서 겉으로 드러난 목적 외에 숨겨진 목적이 있다고 생각되는 점은 없었니?
> **지현:** 운동하는 영상 뒤에 체육관 이름이랑 전화번호가 계속 나왔어요. 저 체육관 홍보하려는 건가 싶었어요.
> **엄마:** 엄마도 그런 생각이 들었단다.

[3단계: 분석한 내용 기록하기]

지현이는 부모님과 함께 체크리스트를 활용해 두 가지 영상을 분석한 결과를 기록했습니다.

[콘텐츠 분석 예시]

콘텐츠	분석					최종 평가
	관심 끌기	광고 홍보	특정 의견 유도	오해 편견 유도	잘못된 정보	
영상1	○	○	○	○	○	제품의 효과를 과장하여 판매를 유도하는 의도가 숨어 있다.
영상2	○	△	○	△	△	운동법 제공이 주된 목적이지만 운동 효과를 지나치게 과장하고 있다.

[4단계: 의견 나누고 생각 정리하기]

콘텐츠 분석 후, 지현이는 부모님과 함께 앞으로 이런 영상을 어떻게 보고 판단할지 이야기를 나눴습니다.

> **아빠:** 이런 영상을 볼 때 우리가 꼭 기억해야 할 건 뭘까?
> **지현:** 영상 내용이 전부 진실은 아니니까 무조건 믿지 말고 다른 정보도 확인해야 할 것 같아요.
> **엄마:** 맞아, 영상을 살펴보며 활용했던 체크리스트의 질문을 늘 생각하며 콘텐츠를 보는 습관이 필요해.
> **지현:** 네, 온라인에서 정보를 찾아볼 땐 오늘 해 본 것처럼 늘 다시 생각해 볼게요.

디지털 세상은 매우 빠르게 변하고, 매일 수많은 정보가 쏟아집니다. 넓고 깊은 디지털 세상을 채우는 정보는 진실과 거짓이 뒤섞여 있고 우리가 미처 인식하지 못하는 다양한 목적과 의도가 숨겨져 있습니다. 이런 이유로 올바른 정보와 정확한 콘텐츠를 찾아내는 방법을 초등학교 시기부터 꾸준히 배우고 익혀 비판적 사고력을 길러야 합니다. 초등학교 시기는 온라인 정보를 무조건 받아들이기보다 한 번 더 생각하며 올바르게 판단하는 습관을 기를 수 있는 최적의 시기입니다.

지금 이 순간에도 수많은 정보가 인터넷에 올라오고 사라집니다. 그 속에서 우리 아이가 올바른 정보를 스스로 가려내고 현명하게 판단할 힘을 기르는 것은 아주 중요합니다. 오늘 함께 해 본 작은 실천을 통해 생각하고 느낀 것들이 자녀에게는 미래를 살아갈 든든한 디지털 감별력의 바탕이 되어 줄 것입니다.

정보 팩트 체크를 위한 체크리스트

영역	확인 질문	정보 평가	
		네	아니오
작성자 및 출처 확인	정보의 작성자를 분명히 밝히고 있나요?		
	정보의 출처는 신뢰할 수 있는 기관이나 사람인가요?		
정보의 정확성	제시된 통계, 수치, 날짜가 정확한가요?		
	다른 신뢰할 수 있는 자료와 비교했을 때 같은 내용을 담고 있나요?		
	주장의 근거가 명확하게 제시되어 있나요?		
정보의 최신성	정보가 만들어진 시기를 확인할 수 있나요?		
	주어진 정보가 현재 상황에 맞는 내용을 제시하고 있나요?		
정보의 객관성	사실을 객관적으로 전달하지 않고 특정 주장이나 의견에 치우쳐 있지 않나요?		
	감정적이거나 자극적인 언어를 사용하고 있지 않나요?		
숨은 의도 파악	광고나 홍보를 위한 내용은 없나요?		
	특정 의견이나 행동을 유도하고 있지 않나요?		
	사람들의 관심을 끌기 위해 과장하거나 왜곡된 내용은 없나요?		
비정상적 요소	맞춤법이나 문법 오류가 많지 않나요?		
	이미지나 영상이 조작된 것처럼 보이지는 않나요?		

AI 정보 확인 체크리스트

영역	확인 질문	정보 평가	
		네	아니오
출처 확인	AI가 제공한 정보에서 내용의 출처나 배경을 확인할 수 있나요?		
정보 검증	AI가 알려 준 내용을 인터넷 검색 등 다른 자료나 AI를 통해 다시 확인했나요?		
정보 편향	AI가 제공한 정보가 한쪽으로만 치우친 내용이 없는지 확인했나요?		
차별 표현	AI가 제공한 정보에 특정 사람이나 집단을 차별하거나 비하하는 내용은 없나요?		
개인 정보 보호	AI에게 내 개인 정보(이름, 사진, 주소 등)를 제공하진 않았나요?		
적정한 사용	AI가 제공하는 정보를 그대로 사용하지 않고 내 생각에 비춰 필요한 부분만 적절히 선택해서 활용하고 있나요?		

※ NIA 한국지능정보사회진흥원 발행 AI윤리가이드북(2023)의 '생성형 AI를 현명하게 활용하기 위한 체크리스트'와 'UNESCO AI 윤리 권고문(2021)'을 토대로 초등학생 수준에 적절하게 재작성하였습니다.

스마트폰 사용, 우리 집 기준 만들기

가족과 함께 지키는 디지털 균형

많은 가정에서 스마트폰 문제로 크고 작은 갈등을 겪습니다. "게임만 하고 공부는 언제 하려고?", "밥 먹을 땐 휴대 전화 좀 내려놔!" 하는 말이 집마다 자주 들리는 이유입니다. 그런데 이런 규칙을 부모님의 생각만으로 일방적으로 정하면 대부분 오래가지 못합니다. 아이들이 스마트폰 사용 기준이 필요함에 공감하고 스스로 실천하기 위해서는 규칙을 만들 때부터 아이들 스스로 주도적으로 참여하는 것이 필요합니다.

지금부터 제안할 활동은 가족 모두가 함께 참여해 재미있게 스마트폰 규칙을 정하고 실천하도록 돕기 위한 활동입니다.

활동1 온 가족 스마트폰 사용 패턴 그리기

① 큰 종이나 A4 용지, 가족 각자 다른 색상의 형광펜이나 색연필을 준비합니다.
② 하루 24시간을 한 시간 단위로 나누어 세로축에 적고, 가족 구성원 이름을 가로축에 적습니다.

③ 가족 구성원 각자 하루 동안 스마트폰을 사용한 시간대를 기록하고 정해진 색으로 표시합니다.

④ 기록이 완료되면 다 같이 모여서 완성된 그림을 보며 이야기를 나눕니다.

⑤ 토론 질문 목록
- 우리 가족들의 스마트폰 사용 패턴에서 공통점과 차이점은 무엇인가요?
- 줄이거나 조정하고 싶은 사용 시간은 언제인가요?
- 스마트폰 사용이 가장 집중되는 시간대는 언제이고, 왜 그 시간에 집중될까요?
- 스마트폰 사용이 우리 가족의 생활과 소통에 어떤 영향을 주고 있나요?
- 가족이 함께하는 시간 중 스마트폰을 사용하지 않는 시간을 만든다면 언제가 가장 좋을까요?
- 스마트폰 사용을 줄인다면 그 시간에 하고 싶은 활동이 있나요?
- 스마트폰 사용으로 인해 가족 구성원들이 느끼는 어려움이나 고민이 있나요?

🔷 가족 스마트폰 사용 패턴 찾기 및 가족 토론 예시

이 활동을 할 때는 가족 구성원 누구도 비난하지 않고 긍정적인 분위기에서 서로의 의견을 존중하며 진행하는 것이 중요합니다.

활동2 우리 가족 스마트폰 헌법 만들기

① 모든 가족이 함께 앉아 우리 가족의 스마트폰 사용에서 중요한 규칙이 무엇인지 이야기해 봅니다.
② 각자 스마트폰 사용과 관련해 중요하게 생각하는 규칙을 포스트잇에 하나씩 적어 봅니다.
③ 규칙을 메모한 포스트잇을 벽이나 큰 종이에 모두 붙여 놓고 서로 읽어 보며 비슷하거나 공통된 것을 함께 묶습니다.
④ 묶인 규칙들을 검토하면서 가족 모두가 동의하는 최종 규칙 목록을 만듭니다.
⑤ 최종적으로 합의된 규칙을 큰 종이나 보드판에 정리한 뒤 가족 모두가 서명합니다.
⑥ 가족들이 자주 지나다니는 장소(거실, 주방 등)에 붙여 자주 볼 수 있게 합니다.
⑦ 가족 스마트폰 헌법 예시
  • 숙제와 중요한 일을 먼저 끝낸 후 스마트폰을 사용한다.
  • 하루 스마트폰 총 사용 시간은 최대 2시간을 넘기지 않는다.
  • 식사 시간과 잠자리에 들기 1시간 전에는 스마트폰을 사용하지 않는다.
  • 스마트폰을 사용할 때는 가족이나 주변 사람들에게 방해가 되지 않도록 한다.

스마트폰 헌법은 정기적으로 가족이 함께 검토하고 필요하면 수정해 가는 것이 좋고, 규칙을 어겼을 때의 합리적이고 현실적인 약속도 미리 정해 두는 것이 효율적입니다.

활동3 디지털 시간 쿠폰 발행하기

① 모든 가족이 각자의 하루 스마트폰 사용 시간을 미리 정합니다.
② 정한 사용 시간을 10분 또는 30분 단위로 나누어 쿠폰 형태로 만듭니다. 예를 들어, 하루 1시간이면 10분짜리 쿠폰 6장을 만듭니다.
③ 각 쿠폰에 가족의 이름과 사용할 수 있는 시간이 명확히 적혀 있어야 합니다.
④ 하루 동안 스마트폰을 사용할 때마다 쿠폰을 한 장씩 사용하고 다 사용한 쿠폰은 별도의 보관함에 넣어 관리합니다.

⑤ 하루 사용 시간이 모두 소진되었는데 추가 사용을 원할 때 가족회의를 통해 요청 이유와 추가 시간 허락 여부를 논의합니다.
⑥ 쿠폰 사용 기록을 가족이 함께 확인하면서 일주일 단위로 사용 습관을 점검하고 필요한 개선 방법을 논의합니다.

디지털 쿠폰을 활용하면 스마트폰 사용 시간을 보다 명확하고 재미있게 관리할 수 있으며, 아이들의 자기 관리 능력과 책임감도 자연스럽게 키워 줄 수 있습니다.

활동4 우리 가족 스마트폰 자유일(스마트폰 프리데이) 정하기

① 가족들이 모두 모여 일주일에 하루 혹은 한 달에 하루 스마트폰을 사용하지 않을 '스마트폰 자유일(스마트폰 프리데이)'을 정합니다.
② 자유일을 선택할 때는 모두의 의견을 충분히 반영하여 다 같이 합의합니다.
③ 자유일에 스마트폰 대신 함께 할 수 있는 보드게임, 산책, 요리하기, 스포츠 활동, 영화 보기 등 즐거운 활동을 미리 계획합니다.
④ 자유일 전날 잠들기 전 가족이 모두 모여 스마트폰을 정해진 장소에 모아 두고, 다음 날 저녁까지 사용하지 않기로 약속합니다.
⑤ 스마트폰 자유일을 보낸 후에는 각자 느낀 점이나 좋았던 점, 어려웠던 점을 공유하는 시간을 갖습니다.
⑥ 추가 팁과 주의할 점
- 처음부터 긴 시간 스마트폰을 사용하지 않는 것이 어렵다면 반나절이나 몇 시간으로 짧게 시작해 점차 시간을 늘리는 방법도 좋습니다. 또한 스마트폰 사용을 대신해 어떤 활동을 했는지 가족이 함께 기록하며 지속적인 동기를 부여할 수 있습니다.
- 모든 가족 구성원이 동의하고 즐길 수 있는 대체 활동을 찾는 것이 중요합니다. 컴퓨터 사고력을 기를 수 있는 보드게임 같은 아날로그 놀이를 가족이 함께하는 것도 좋은 대체 방법이 됩니다.
- 스마트폰 자유일을 너무 강압적이거나 부담스럽게 느끼지 않도록 긍정적인 경험을 만드는 것이 중요합니다.

활동5 가족 디지털 생활 리뷰 모임

① 매주 또는 매월 정기적으로 가족이 모이는 날짜와 시간을 정합니다.
② 모임에서 스마트폰 사용 규칙을 얼마나 잘 지켰는지 각자 돌아가며 이야기합니다.
③ 잘 지켜진 규칙과 지키기 어려웠던 규칙을 나눠 구체적인 이유를 함께 찾아봅니다.
④ 지키기 어려웠던 규칙은 더 현실적인 방법이나 규칙으로 함께 수정합니다.
⑤ 규칙을 잘 지킨 가족은 칭찬과 격려를 합니다. 규칙을 지키지 못한 가족에게는 비난 대신 긍정적인 제안과 격려를 전합니다.
⑥ 회의 결과와 수정된 규칙을 가족 모두가 볼 수 있는 곳에 게시해 공유합니다.
⑦ 추가 팁
- 가족 구성원이 번갈아 가며 회의를 진행하면 아이들의 참여도가 높아지고 책임감도 키울 수 있습니다.
- 규칙을 정기적으로 조정함으로써 현실적이고 실천할 수 있는 규칙으로 유지하는 것이 중요합니다.

실제 가족 사례로 배우는 스마트폰 기준 정하기

몇 년 전 우리 가족도 스마트폰 사용 문제로 자주 갈등을 겪었습니다. 아이는 스마트폰에서 눈을 떼지 못했고, 부모인 저는 잔소리를 멈출 수 없었습니다. 처음에는 일방적으로 사용 시간을 제한했지만 별다른 효과가 없었습니다.

고민을 거듭한 우리는 부모가 의도적으로 스마트폰을 과도하게 사용한 뒤 아이에게 사용 허락을 구하는 '역전된 역할 놀이'를 시도했습니다. 처음에 아이는 당황스러워했지만, 이 경험을 통해 스마트폰 사용 규칙의 필요성을 스스로 깨닫게 되었습니다.

그 뒤 우리는 아이를 '가족 스마트폰 전문가'로 정하고 직접 우리 가족의 스마트폰 사용 기준을 제안하도록 했습니다. 큰 기대 없이 시작한 처음과 달리 아이는 놀랍게도 스스로 사용 시간을 정하고 스마트폰 사용이 금지되는 시간과 장소까지 제안했습니다. 처음 만든 규칙이 완벽하지 않아 여러 번 시행착오도 있었지만 실패할 때마다 가족이 함께 모여 원인을 솔직하게 분석하고 현실적인 방법을 찾아 수정했습니다.

과제를 할 때는 스마트폰을 사용하지 않는다는 규칙을 지키지 못했을 경우 대화를 통해 가족 공동 스마트폰 보관함을 마련하기로 했습니다. 해야 할 과제가 우선하는 시간에는 스마트폰을 보관함에 넣어 놓고 과제 완료 후 사용하는 것으로 규칙을 수정한 것이에요. 이런 방식으로 규칙을 계속 개선해 나가면서 가족 간의 갈등도 서서히 줄어들었습니다.

스마트폰이나 디지털 도구의 사용 기준을 적용하기 위해 많은 가정에서 어려움을 겪을 것입니다. 기준을 정하고 적용해 가는 과정이 쉽지는 않습니다. 하지만 쉽지 않다고 해서 무조건 강압적으로 강제하거나 아무런 기준 없이 방치하는 것 모두 적절하지 않은 교육 방법입니다.

비록 쉽지 않고 길고 지난한 시간이 지속될지라도 아이들과 함께 규칙을 만드는 소통의 과정 그 자체가 자녀들의 바른 디지털 사용 습관을 형성해 나가는 진정한 배움의 시간이 될 것이라는 믿음을 버리지 마세요.

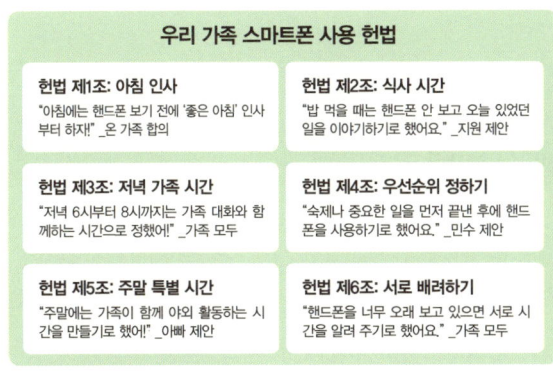

◆ 스마트폰 사용 헌법 예시 ◆ 디지털 활용 시간 쿠폰 예시

스크린 타임, 바꾸고 줄이기

    2023년 정보통신정책연구원(KISDI)의 조사에 따르면, 청소년의 하루 평균 스마트폰 사용 시간은 약 2시간 40분으로 나타났습니다. 어린이와 청소년 전체의 스크린 사용 시간은 스마트폰, TV, 컴퓨터, 태블릿 등을 모두 합산할 경우 하루 약 4시간 내외에 달하는 것으로 조사되었습니다.[44] WHO 등 국제기구와 다수의 연구에서는 과도한 스크린 타임이 집중력 저하, 수면 부족, 정서적 불안 등을 유발할 수 있다고 경고하고 있습니다. 이러한 통계와 연구 결과는 우리 아이들의 스크린 타임 관리가 얼마나 중요한지를 보여 줍니다.

우리 집 스크린 타임, 얼마나 쓸까?

    아침 알람이 울리자 눈을 뜬 아이는 태블릿을 켜고 유튜브를 봅니다.
    "엄마, 이것만 보고 일어날게요." 하던 아이는 엄마가 부르는 소리를 듣는 둥 마는 둥 하며 30분 넘게 스마트폰 화면에서 눈을 떼지 못합니다. 가족이 함께 저녁 식사를 마친 후 거실 풍경도 비슷합니다. 각자 스마트폰 화면을 들여다보며 조용히 시간을 보내고 있지요.

그러던 어느 날 아이가 학교에서 배운 '지구의 날'에 대해 이야기하며 "오늘 저녁에 가족끼리 불 끄기 운동해 봐요."라고 제안했습니다. 환경 보호에 동참하자는 아이의 뜻에 공감해 온 가족이 함께 전등을 끄고 두런두런 대화를 나누기 시작했습니다.

어둠 속에서 시작된 대화는 생각보다 길어졌고 불을 켜고 보니 약속한 10분이 한참 지난 뒤였습니다. 그런데 문득 이렇게 가족이 마주 앉아 이야기를 나눈 게 언제였을까 하는 생각이 스쳤습니다. 평소에는 각자 스마트폰 화면만 들여다보느라 저녁에도 서로 눈 마주칠 시간이 없었다는데 생각이 미치자 가슴 속에 서늘한 바람이 한 자락 지나갑니다.

이처럼 많은 가정에서 디지털 화면을 보며 보내는 시간이 늘어나면서, '스크린 타임(Screen Time)' 관리에 대한 진지한 고민이 필요하게 되었습니다.

스크린 타임(Screen Time)이란?

스크린 타임이란 스마트폰, 태블릿, 컴퓨터, TV 등 디지털 화면을 보며 보내는 시간을 말합니다. 디지털 기기는 우리 삶에 많은 편리함을 주었지만 과도한 사용은 신체적·정서적 건강을 해치고 가족 간 소통의 기회도 줄어드는 역기능을 하기도 합니다. 그래서 스크린 타임을 건강하게 관리하고 조절하는 것은 디지털 시대의 필수적인 디지털 감각입니다.

스크린 타임 줄이기 vs. 바꾸기

스크린 타임을 관리하는 방법에는 크게 두 가지가 있습니다. 하나는 '줄이기', 다른 하나는 '바꾸기'입니다. 스크린 타임 줄이기는 말 그대로 디지털 기기를 사용하는 절대적인 시간을 줄이는 방법입니다. 하루에 2시간 스마트폰을 보던 아이가 하루에 1시간으로 사용 시간을 줄이는 방식의 관리 방법입니다.

반면 스크린 타임 바꾸기는 사용하는 시간을 단순히 줄이는 것에 그치지 않고 디지털 기술의 수동적인 사용을 창의적이고 적극적인 활동으로 전환하는 방법을 의미합니다. 유튜브 영상을 수동적으로 시청하는 대신 직접 영상을 제작하거나 AI로 그림을 그리는 등 디지털 기술과 도구를 활용해 창의적인 활동을 하는 방식으로 바꾸는 것입니다.

그럼 우리 가족 스크린 타임의 실제 모습을 확인해 과도한 스크린 타임은 조절하고 창의적인 스크린 타임 시간은 늘릴 수 있는 구체적인 방법을 알아보겠습니다.

활동1 우리 가족 스크린 타임 알아보기

가족마다 스크린 타임 사용량이나 패턴은 다릅니다. 그래서 우리 가족이 사용하는 스크린 타임이 어느 정도인지 정확히 파악하는 것이 중요합니다. 실제 사용 시간을 눈으로 확인하면 막연했던 고민을 구체적으로 해결할 수 있는 실마리를 더 쉽게 찾을 수 있습니다.

◉ **활동 방법**
- 가족이 각자 사용하는 디지털 기기(스마트폰, 태블릿, 컴퓨터, TV 등)를 적어 봅니다.
- 스마트폰이나 태블릿은 자체 기능(아이폰의 스크린 타임이나 안드로이드의 디지털 웰빙)을 활용해 하루 사용량을 기록합니다.
- TV나 컴퓨터는 가족이 직접 사용한 시간을 간단히 수기로 기록합니다.
  - 예) 아빠 TV 시청 30분, 아이 컴퓨터 게임 1시간
- 일주일 동안 기록한 뒤 주말 저녁에 가족이 함께 모여 결과를 공유합니다.

◉ **대화 예시**

 엄마: 민준아, 이번 주에 우리 스마트폰 얼마나 사용했는지 같이 확인해 볼까?

민준: 네, 엄마! (스마트 폰 화면을 확인하고) 와, 제가 하루에 이렇게 많이 사용했어요?

엄마: 생각보다 많이 사용했지? 엄마도 꽤 많이 썼네.

민준: 저는 특히 저녁 먹고 자기 전에 유튜브를 제일 많이 봤네요.

엄마: 그런데 우리가 스마트폰만 보는 건 아니잖아? TV도 보고 태블릿이나 컴퓨터도 사용하지. 이렇게 디지털 기기로 디지털 화면을 보며 보내는 시간을 스크린 타임이라고 하는데 스마트폰 사용 시간 말고 전체 스크린 타임이 어떻게 되는지 확인해 보는 것도 필요할 것 같아.

민수: 좋아요. 어떻게 하면 좋을까요?

엄마: 스마트폰 사용 시간은 핸드폰으로 확인할 수 있으니, 다른 기기 사용 시간을 일주일 동안 기록한 뒤 주말에 확인해 보자.

민수: 네, 그럼 스크린 타임을 오늘부터 일주일 동안 잘 기록해 볼게요.

○ 스크린 타임 기록지

활동2 가족 스크린 타임 그래프 만들기

활동①에 기록한 스크린 타임을 그래프로 시각화해 봅니다. 이 활동은 14장에서 활동한 가족 스마트폰 사용 패턴 그리기와 유사하나 디지털 기기 전체의 총 사용 시간과 사용 패턴을 확인할 수 있도록 확장한 활동입니다.

우리 가족이 언제, 얼마나 스크린을 많이 보는지 한눈에 파악함으로써 과도하게 사용할 때 직접적인 확인을 통한 경각심을 가질 수 있고 사용 패턴에 따른 효과적인 관리와 조정 계획을 수립할 수도 있습니다.

활동 방법
- 일주일간 가족 구성원이 각자 기록한 스크린 타임 기록지를 토대로 가족 전체의 스크린 타임 그래프를 만듭니다.
- 큰 종이 같은 요일별 가족 스크린 타임 그래프를 그릴 수 있는 기록표를 준비합니다.
- 요일별 가족 구성원의 스크린 타임 그래프를 만듭니다. 세로는 시간 축 가로는 가족 구성원을 표시하고 가족 구성원별 각자의 색깔을 달리하여 그래프에 스크린 타임을 표시합니다. 예 엄마-빨강, 아이1-초록, 아이2- 노랑, 아빠-파랑 등
- 완성된 그래프를 요일별로 모아 함께 보며 가족들의 스크린 사용 패턴을 파악하고 스크린 타임을 줄일 수 있는 시간을 찾아 봅니다.

대화 예시

아빠: 이렇게 그래프에 표시해 보니 매일 저녁 식사 후엔 모두 스마트폰을 보는 걸 알 수 있구나.

자녀1: 맞아요! 저도 저녁 먹고 난 뒤부터 자기 전까지 제일 많이 쓴 것 같아요.

자녀2: 주말엔 생각보다 게임기 사용 시간이 길다는 걸 알았어요.

엄마: TV 보는 시간이 얼마 되지 않는데 각자 따로 디지털 기기를 사용하기 때문인 것 같구나. 직접 사용 시간을 확인하기 전엔 우리 가족이 이 정도로 각자 시간을 보내는 줄 몰랐어. 매일은 아니더라도 조금씩 스크린을 보는 시간을 줄여 보는 게 어떨까?

자녀1: 아, 엄마. 저는 스마트폰 보는 시간을 줄이고 싶지 않은데요….

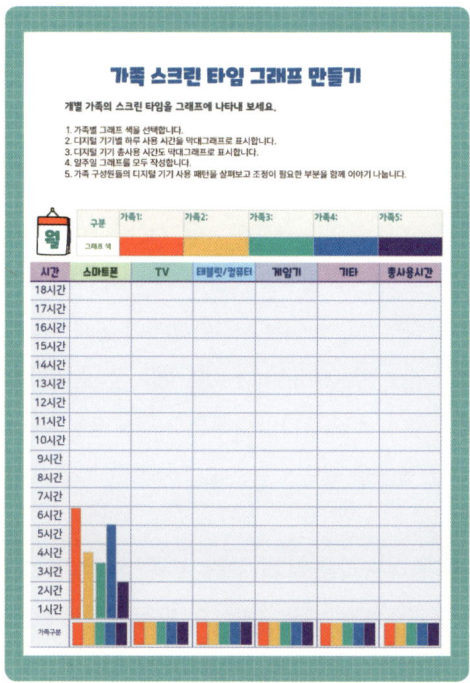

⬆ 스크린 타임 그래프

　가족의 스크린 타임 패턴을 충분히 파악하고 난 뒤에는 본격적으로 스크린 타임을 줄이고 실천할 차례입니다. 하지만 활동❷ 대화 예시 속 아이처럼 스크린 타임 줄이기를 부모 중심으로 한꺼번에 욕심을 내어 시도하면 자녀의 반발이 커지고 꾸준히 실천하기 어렵습니다. 스크린 타임 줄이기는 가족 간 깊이 있는 대화를 통해 가족 구성원 모두가 부담 없이 받아들일 수 있는 작고 현실적인 목표 범위에서 점진적으로 줄여 가는 것이 효과적입니다.

◉ 활동 방법

스크린 타임 줄이기 챌린지를 위한 가족회의를 합니다.

- 챌린지 기간과 도전 시간을 함께 정합니다
    - 예) 현재 확인된 스크린 타임에서 하루 10분 줄이기 일주일 도전 혹은 1주일에 1시간 줄이기 한 달 도전 등

- 줄인 시간 동안 가족이 함께할 수 있는 활동도 미리 함께 정합니다
  - 예) 저녁 식사 후 가족 산책 15분, 주말 가족 보드게임 1시간 등
- 정해진 챌린지에 성공한 경우 작은 보상을 설정해 지속적인 동기를 만들어 줍니다.

대화 예시

> **엄마:** 갑자기 스마트폰이나 태블릿 사용 시간을 많이 줄이는 건 어렵지. 엄마 생각엔 이번 주 일주일 동안만 우선 챌린지를 해 보면 어떨까 생각하는데. 하루 동안 줄이는 시간은 현우가 정해 보렴.
>
> **현우:** 그러면 저는 하루에 5분이나 10분 정도 줄이는 도전으로 하고 싶어요.
>
> **엄마:** 그래 현우야. 스크린 타임을 줄인 시간을 활용해서 엄마와 현우가 함께 다른 활동을 했으면 하는데, 그러려면 최소 10분은 되어야 할 것 같아.
>
> **현우:** 10분을 줄여도 다른 걸 하기에는 부족한 시간이라고 생각해요. 5분 줄이기에 일주일 챌린지를 해 보고, 다음 주에는 10분 줄이기 챌린지를 하면서 낮에 사용하는 시간을 줄여 볼게요.
>
> **엄마:** 그래 그러면 줄어든 시간이 20분 이상이 될 때, 그 시간을 활용해서 엄마와 현우가 함께 다른 일을 해 보자.
>
> **현우:** 20분 정도 줄이게 되면 저녁에 줄넘기 같은 운동도 할 수 있을 것 같아요.
>
> **엄마:** 좋은 생각이야. 그럼 일단 5분 줄이기 챌린지부터 시작해서 20분 줄이기까지에 도전해 보자. 기간을 정해 놓고 도전하면 목표 달성에 더 효과적일 것 같아.

활동4 스크린 타임, 창의적으로 바꾸기

스크린 타임을 줄이는 데만 집중하면 아이들의 참여를 끌어내기 어렵고 자칫 반발로 인한 갈등이 생길 수도 있습니다. 점진적인 줄이기와 함께 소비가 아닌 생산적인 디지털 활동으로 전환하면 아이들의 적극적인 참여를 유도하는 효과를 거둘 수 있습니다.

● **활동 방법**

숏츠 시청이나 모바일 게임 등 수동적인 콘텐츠 소비를 앞에서 살펴봤던 영상 제작, AI로 노래 만들기 같은 창의적인 가족 프로젝트 활동으로 바꿔 봅니다.

- 아이와 함께 가족 영상 만들기, 가족 전자 앨범 만들기, AI로 그림책 만들기 같은 창의적인 AI 활용 프로젝트를 정합니다.
- 가족이 함께 창작물을 공유하는 시간을 마련하여 창의적인 성취감을 느낄 수 있도록 합니다. (제3장 6~9섹션의 활동을 참고하세요.)

● **대화 예시**

> **아빠:** 다음 달 5월 8일 할아버지 할머니께 영상 편지를 찍어서 보내는 건 어떨까?
>
> **현우:** 영상 편지요? 어떻게 만들어요? 숏츠나 릴스처럼 만드는 거예요?
>
> **엄마:** 어떤 종류의 영상으로 만들면 좋을까? 현우 네가 아이디어를 내 보렴.
>
> **현우:** 그냥 편지를 읽는 것처럼 하는 것보다는 릴스 챌린지 동작을 연습해서 먼저 보여 드리고, 뒷부분에 할아버지 할머니께 드리는 편지를 가족들이 이어서 말하는 건 어때요?
>
> **아빠:** 좋은 아이디어구나. 그럼, 영상을 찍기 위한 스토리보드를 간단하게 만들고 가족들이 서로 어떤 작업을 나눠서 맡을지 더 자세히 얘기 나눠 볼까?

이처럼 스크린 타임을 줄이고 가족 프로젝트를 통해 창의적으로 활용하는 법을 배우면, 아이뿐만 아니라 가족 구성원 모두 함께 성장하는 시간이 됩니다.

실제 사례로 배우는 스크린 타임 줄이기

초등학교 4학년 민서는 주말이면 부모님과 자주 차를 타고 외할머니 댁이나 캠핑장에 가곤 했습니다. 그런데 민서는 차에 타기만 하면 항상 스마트폰이나 태블릿으로 영상을 보거나 게임을 했어요. 차 안에서는 늘 화면에서 눈을 떼지 않았고, 부모님과 대화를 나누는 일도 거의 없었지요. 장거리 이동 중 스크린 타임으로 인해 민서가 두통과 멀미를 느끼기도 하고 흔들리는 차 안 스크린 노출로 좋지 않은 시력이 더 나빠지진 않을지 부모님은 걱정이 되었습니다.

어느 날, 민서의 아빠는 새로운 방법을 제안했습니다. 바로 차 안에서 스마트폰 대신 가족끼리 할 수 있는 간단한 놀이를 해 보는 것이었습니다. 처음에는 민서도 부모님도 익숙하지 않아 어색했습니다. 하지만 도로에서 빨간색 자동차 먼저 찾기, 간판에서 숫자 5를 찾아 외치기, 차 번호판 끝자리로 곱셈하기와 같은 간단한 게임들을 하나씩 시도하자, 민서는 금세 화면에서 벗어나 놀이에 몰입했습니다.

특히 민서가 제일 좋아한 놀이는 가족 이어 말하기였습니다. 한 사람이 이야기를 시작하면 다른 가족이 이어 가는 방식이었는데, 점점 이야기가 엉뚱한 방향으로 흘러가면서 차 안이 웃음바다가 되곤 했습니다.

이제 민서는 차를 탈 때 스마트폰부터 찾지 않습니다. 오히려 "엄마, 오늘은 이어 말하기 할까요? 아니면 숫자 찾기 게임 할까요?"라고 먼저 물어볼 정도입니다.

어느 날 민서가 부모님에게 말했습니다.

"이제 차를 타고 가며 스마트폰을 안 봐도 심심하지 않아서 좋아요. 엄마 아빠와 게임을 하다 보면 시간도 금방 지나가요."

부모의 지속적인 관심과 노력이 민서의 의미 없는 스크린 타임을 가족이 함께 공유하는 즐거운 시간으로 바꾸는 출발점이 된 것입니다.

스크린 타임을 줄이고 바꾸는 과정에서 때로는 가족 간 갈등도 있고 계획대로 되지 않아 실망스러운 순간도 있을 수 있습니다. 하지만 가족들이 함께 실천하는 시간 그 자체가 가장 소중한 경험입니다. 완벽하지 않아도 괜찮습니다. 가족이 함께 손잡고 한 걸음씩 나아가고 있다는 것 자체로 충분히 잘하고 있는 것이니까요.

'스크린 타임 줄이고 바꾸기'에 도전하는 가족 모두의 행복한 디지털 라이프를 응원합니다.

우리 가족 '디지털 디톡스 데이'

주말 저녁, 오랜만에 가족끼리 외식하러 식당에 왔습니다. 주문을 마치고 음식이 나오기를 기다리는 동안 가족 모두의 시선은 각자의 손에 들린 스마트폰 화면에 고정되어 있습니다. 함께 식사하러 왔지만 정작 서로 이야기를 나누거나 눈을 마주치는 사람은 없습니다.

엄마는 SNS에 올라온 친구들의 일상을 확인하고, 아빠는 스마트폰으로 뉴스를 보고, 아이는 이어폰을 끼고 유튜브 영상을 봅니다. 간혹 한두 마디 말을 걸어도 "잠깐만요." 또는 "이것만 보고요." 하며 대화는 쉽게 끊기고 맙니다. 문득 고개를 들어 주변을 둘러보니 옆 테이블 가족의 모습도 다르지 않습니다. 가족이 함께하는 자리에서도 서로가 아닌 스마트폰을 바라보고 있습니다.

디지털 기기는 분명 우리에게 많은 편리함을 제공해 주지만 과도한 사용으로 인해 가족 간 대화는 점점 줄어들고 있습니다. 가족과의 소통이 부족해지고 정서적 유대감이 약해지는 현실에서 스마트폰과 태블릿을 내려놓고 서로의 얼굴을 마주하는 시간, '디지털 디톡스 데이'가 필요합니다.

디지털 디톡스(Digital Detox)란 무엇일까?

디지털 디톡스는 스마트폰, 태블릿, 컴퓨터, TV 등 디지털 기기를 일정 시간 동안 사용하지 않고 그 시간을 가족과의 대화, 놀이, 야외 활동 등 아날로그적 활동으로 채우는 것을 말합니다. 단순히 디지털 기기를 사용하지 않는 것을 넘어 가족들이 서로에게 집중하며 대화를 나누고 소통하는 데 의의가 있습니다.

디지털 디톡스는 왜 필요할까?

과도한 디지털 기기 사용은 가족 간의 소통과 정서적 유대감을 줄이고 서로의 마음을 깊이 이해할 수 있는 기회마저 빼앗습니다. 이뿐만 아니라 아이들의 집중력과 창의성도 떨어뜨리는 원인이 됩니다. 디지털 디톡스는 가족들이 서로의 이야기에 귀를 기울이며 정서적으로 더 가까워질 수 있는 기회를 제공합니다.

❶ 가족 간 대화의 양과 질 향상

디지털 기기가 없는 하루는 가족들이 자연스럽게 서로에게 더 많은 말을 걸고 귀를 기울이는 계기가 됩니다. 평소 스마트폰 화면에 집중하느라 듣지 못했던 서로의 작은 이야기와 감정을 공유하며 가족 대화의 깊이와 폭이 확장됩니다.

❷ 서로에 관한 관심과 이해 증진

가족이 디지털 화면에서 눈을 떼고 서로를 바라보는 시간이 길어질수록 상대방이 무엇에 관심이 있는지 최근 어떤 고민을 하고 있는지 더 잘 알게 됩니다. 이는 자녀가 부모의 관심을 충분히 느끼고 부모 또한 자녀의 마음을 이해하는 데 큰 도움을 줍니다.

❸ 집중력과 창의력 향상

디지털 디톡스를 통해 스마트폰이나 태블릿 같은 즉각적인 자극이 줄어들면 아이들이 스스로 놀이를 찾고 생각하는 시간이 늘어납니다. 이러한 시간은 아이들의 집중력과 상상력을 키우고 창의적인 사고를 촉진하는 효과를 가져옵니다.

❹ 가족 전체의 정서적 안정감과 친밀감 강화

함께 보내는 디지털 없는 하루는 가족 간의 정서적 유대감을 높이고 서로의 감정을 더욱 가까이에서 공유하게 합니다. 가족 모두 마음의 안정과 평화를 느끼게 되고 서로에 대한 신뢰와 애정이 더욱 깊어지는 계기가 됩니다.

활동1 우리 가족 디지털 디톡스 데이 계획하기

디지털 디톡스를 성공적으로 실천하려면 가족 모두가 공감하고 참여할 수 있는 계획을 세워야 합니다. 디지털 디톡스를 통해 우리가 얻고자 하는 것이 무엇인지 함께 고민하고 서로의 의견을 존중하며 계획을 세워 보세요.

◉ 활동 방법

- **가족회의 날짜 정하기**
  디톡스 데이를 위한 가족회의 날짜를 미리 함께 정하고 무엇에 관한 회의인지도 미리 공유합니다. 모든 가족이 참석할 수 있는 시간대를 골라야 합니다.

- **디지털 디톡스 데이 날짜 및 시간 정하기**
  가족이 함께 디톡스를 실천할 날짜와 시간을 결정합니다. 처음부터 하루 전체를 정하기 어려우면 반나절 혹은 몇 시간 정도의 짧은 시간부터 시작해 보는 것도 좋습니다.

- **디지털 사용 중단 범위 결정하기**
  디지털 디톡스 데이에 제한할 기기의 종류와 범위를 정합니다. 모든 디지털 기기를 중단할지, 스마트폰만 중단할지, 또는 게임과 SNS 등 특정 활동만 중단할지 가족이 함께 협의해서 결정합니다. 처음부터 모든 기기를 중단하는 것 보다는 사용 빈도가 적은 기기부터 하나씩 대상을 늘려 가는 것이 좋습니다.

• 대체 활동 계획 세우기

디지털 기기 대신 가족이 함께 할 수 있는 활동들을 구체적으로 정합니다. 처음 디지털 디톡스를 시작하면 생각보다 시간이 잘 가지 않고 지루하게 여겨져 지속적으로 이어지기 어려운 상황이 발생합니다. 가족들의 흥미, 취미, 선호하는 활동들을 면밀하게 검토해서 산책, 요리, 미술, 체험, 도서관 나들이, 운동 등의 아날로그 활동으로 알찬 계획을 세웁니다. 자칫 무계획하게 디지털 디톡스를 진행하다가 무료한 시간을 보내게 되면 아이들은 더 이상 디지털 디톡스를 하고 싶지 않아 할 수도 있기 때문입니다.

대체 활동 계획을 세울 때 각자 하고 싶은 활동을 포스트잇에 써서 붙인 뒤 공통되거나 비슷한 의견을 묶어 가며 정리하는 방법을 활용할 수도 있습니다.

◉ 대화 예시

> **엄마:** 이번 주말에 우리 가족이 스마트폰이나 TV 없이 보내는 디지털 디톡스 데이를 해 보면 어떨까? 주말에도 각자 스마트폰이나 디지털 기기만 들여다보니 함께 대화할 시간이 너무 부족해서 안되겠다는 생각이 들어.
>
> **지우:** 엄마, 스마트폰과 TV 없이 지내면 너무 심심할 것 같아요. 그리고 하루 종일 뭘 하며 시간을 보내요.
>
> **아빠:** 그래, 처음부터 갑자기 끊는 건 힘들 수 있으니 처음엔 몇 시간만 해 보면 어떨까? 오전 10시부터 오후 3시까지, 5시간 정도는 가능하지 않을까?
>
> **지우:** 5시간도 긴 시간인데….
>
> **엄마:** 무조건 싫다고 하지 말고 일단 한번 해 보고 나서 다시 얘기해 보는 게 어떨까? 일단 이번 주 일요일에 같이 할 수 있는 활동을 해 보고 나서 말이야.
>
> **지우:** 그럼, 저는 공원에 가서 자전거를 타고 싶어요.
>
> **아빠:** 그래, 아침 먹고 나서 공원에서 자전거를 타고 돌아와 점심은 아빠와 함께 음식을 만들어 보는 게 어때?

> 🧒 **지우:** 좋아요. 아빠가 만들어 주시는 피자가 맛있는데, 그날 저도 같이 만들래요.

이렇게 서로의 의견을 듣고 존중하며 함께 계획을 세우면, 디지털 디톡스 데이에 대한 부담이 줄어들고 가족 모두 함께 참여하는 날이 될 수 있습니다.

👆 활동2 디지털 디톡스 데이 실천하기

정해진 디톡스 데이에 모든 가족이 디지털 기기를 사용하지 않도록 미리 간단한 설정 변경을 해 두는 것이 효과적입니다. 가족이 함께하는 활동이 무엇이냐에 따라 반드시 사용해야 하는 앱이나 주말 동안 꼭 받아야 할 연락이 있는 경우 전화 통화 등 예외 사항에 대한 사전 협의도 필요합니다. 처음에는 조금 어색하고 어려울 수 있지만 일단 부담 없이 짧은 시간이라도 도전해서 가족이 서로에게 집중하며 보내는 시간을 경험해 보세요.

● 활동 방법

- **알림을 끄고 디지털 기기를 한곳에 모아 두기**
  가족들의 스마트폰이나 태블릿을 거실이나 주방 등 정해진 장소에 잠시 모아 놓습니다. 중요한 연락 외에는 방해받지 않도록 각 기기의 알림을 꺼둡니다.
- **인터넷 사용 제한하기**
  디톡스 데이(시간) 동안 와이파이를 끄거나 잠시 인터넷 연결을 제한하면 더 효과적입니다. 다만, 야외 활동 시 꼭 필요한 전화 통화는 허용합니다.
- **대체 활동으로 비워진 시간 알차게 보내기**
  디지털 기기 없이 가족이 함께 시간을 보내기 위해 미리 계획한 활동을 같이합니다.

● **대화 예시**

> 🙋‍♀️ **엄마:** 이제 디지털 디톡스 시간이야. 각자 스마트폰을 어떻게 하면 좋을까? 바깥에 나가지 않을 땐 거실 테이블 위에 모아 두는 것도 좋은 방법이지만, 오늘은 공원을 가기로 했으니 혹시 모를 비상 상황에 대비해 핸드폰을 가지고 가야 할 것 같아.
>
> 🙋‍♂️ **아빠:** 알림과 와이파이는 끄는 게 좋겠구나. 알림이 오면 자꾸 기기에 관심을 두게 되니까 말야.
>
> 🧒 **지우:** 네, 알겠어요. (알림과 와이파이를 끈다.)
>
> 🙋‍♂️ **아빠:** 그럼 어제 계획 세웠던 대로 공원에 자전거를 타러 갈까? 돌아와서는 지우가 좋아하는 피자를 아빠와 함께 만들어 먹자.
>
> 🙋‍♀️ **엄마:** 그럼, 음식을 만들 땐 거실 테이블에 전화를 모아 두면 되겠네.
>
> 🧒 **지우:** 좋아요. 다 함께 자전거를 타러 고! 고!

활동3 디톡스 데이 마무리하기

즐겁고 의미 있었던 디톡스 데이를 보낸 뒤에는 가족이 함께 하루를 정리하며 느낀 점을 나누는 시간을 가집니다. 이렇게 소감을 공유하면 서로의 생각을 이해할 수 있고 앞으로 디지털 디톡스를 지속적으로 실천하는 데에도 도움이 됩니다.

● **활동 방법**

• **디톡스 데이의 소감 나누기**

　가족들이 오늘 하루 동안 느낀 점을 돌아가며 이야기합니다. 가장 좋았던 활동과 스마트폰을 사용하지 않으면서 어려웠던 점을 서로 나누고 공감합니다.

• **개선할 점 이야기하기**

　오늘 경험을 바탕으로 다음 디톡스 데이를 더 잘 실천할 수 있도록 아쉬웠던 점이나 개선할 점을 함께 찾아봅니다.

- **다음 디톡스 데이 계획하기**

  오늘의 경험을 바탕으로 다음 디톡스 데이 날짜를 정하고 가족이 모두 즐길 수 있는 활동을 미리 계획합니다.

● **대화 예시**

> **엄마:** 오늘 디지털 디톡스를 처음으로 실천해 봤는데 어땠어?
>
> **지우:** 처음엔 휴대전화가 없어서 좀 심심했는데, 가족들이랑 자전거도 타고 피자도 만들면서 놀다 보니 정해진 시간을 지루하지 않게 보낼 수 있었어요.
>
> **아빠:** 아빠도 오늘 가족들과 함께한 시간이 너무 좋았어. 다음 달에도 다시 해 보는 게 어때? 이번엔 캠핑을 가 보는 것도 재미있을 것 같은데?
>
> **지우:** 와, 캠핑 너무 좋아요! 꼭 해요!
>
> **엄마:** 좋아. 그럼, 다음 디톡스 데이엔 캠핑 가는 걸로 결정하자. 단, 캠핑하러 가서도 디지털 디톡스 규칙을 지켜야 하는 건 알지?

사례로 알아보는 디지털 디톡스 데이 효과

초등학교 5학년 현서는 주말마다 스마트폰 게임을 하느라 가족들과의 대화가 거의 없었습니다. 부모님이 이야기를 걸어도 건성으로 대답하고, 늘 게임만 하려고 했지요. 현서의 부모님은 고민 끝에 매주 일요일 오후를 '디지털 디톡스 데이'로 정하고, 스마트폰 없이 온전히 가족이 함께 보내는 시간을 만들어 보기로 했습니다.

처음 디톡스 데이를 시작했을 때는 현서가 많이 힘들어하고, 불만과 저항이 컸습니다. 물론 부모님들도 그 시간에 적응하기가 쉽지 않았습니다. 현서나 부모님 모두 스마트폰 없이 시간을 보내는 것 자체가 어색했고, 현서는 스마트폰 없이 즐겁게 지내는 게 가능할지 의심스러웠으니까요. 부모님은 현서가 불만을 표현할 때마다 "조금 해 보고 힘들면 시간을 협의해서 조정하자."라고 부드럽게 설득했습니다.

부모님은 디톡스 데이를 지속하기 위해 가족이 함께할 수 있는 것들을 고민했습니다. 집 앞 공원에서 배드민턴을 치거나 산책하며 대화를 나누던 어느 날, 현서가 강아지를 무척 좋아한다는 사실을 확인하고 정기적으로 반려동물 동반 카페를 방문하는 루틴을 만들게 되었습니다.

반려동물 동반 카페에서 강아지와 놀며 현서는 디지털 기기 없이 가족과 함께 보내는 시간이 생각보다 즐겁다는 것을 느끼기 시작했습니다. 현서의 만족감 덕분에 디톡스 시간은 점차 자연스럽게 늘어났고, 반려동물 동반 카페 이야기를 들은 친구들도 호기심을 가지면서 함께 참여하게 되었습니다. 친구들과 현서 가족은 카페뿐 아니라 함께 배드민턴을 치거나 집에서 보드게임을 하며 디지털 디톡스 시간을 의미 있게 보냈습니다.

이제 현서는 이번 주 디톡스 데이에 무엇을 할지 기대합니다. 이렇게 되기까지는 부모님의 꾸준한 노력과 인내가 필요했습니다. 초등 고학년인 현서가 자발적으로 디톡스 데이에 참여하도록 이끄는 과정이 절대 쉽지 않았기 때문입니다. 부모님은 현서가 관심을 가지는 주제와 좋아하는 활동에 대해 편안하게 대화를 나눌 수 있도록 끊임없이 노력했습니다. 결국 현서도 부모님의 진심을 느끼게 되었지요.

가족이 함께 대화하는 과정에서 엄마와 아빠의 어린 시절 이야기도 듣고, 미처 몰랐던 관심사도 알게 되면서 현서는 부모님을 조금 더 이해할 수 있었습니다. 어느 날 카페에서 대화를 나누다 현서의 부모님은 잊고 있었던 야구에 대한 애정을 떠올리게 되었고, 현서에게 야구 경기 관람을 제안했습니다. 처음 가 본 야구장에서 현서는 야구의 재미와 매력을 발견했고 가족과 함께 야구 경기를 즐기는 새로운 취미가 생겼습니다.

이제 야구 경기를 관람하는 날은 현서네 가족의 자연스러운 디지털 디톡스 데이입니다. 스마트폰에서 벗어나 가족이 함께 하는 시간이 어느새 소중한 추억이 되어 차곡차곡 쌓이게 된 것입니다.

디지털 디톡스 데이는 가족이 서로에게 온전히 집중하고 진정한 소통을 나눌 수 있는 소중한 기회를 줍니다. 처음에는 현서네 가족처럼 스마트폰 없이 지내는 하루가 어색하고 힘들 수도 있습니다. 하지만 가족과 함께하는 따뜻한 대화와 작은 활동들이 쌓이다 보면 어느새 아이들도 스마트폰이나 태블릿 없이 보내는 시간을 좋아하게 될 것입니다.

자녀가 디지털 기기를 내려놓았을 때 무엇을 좋아하고 어떤 이야기를 나누고 싶어 하는지 귀 기울여 들어주세요. 그 관심이 바로 디지털 디톡스를 성공적으로 실천하는 출발점입니다. 가족이 함께 공유하는 소중한 시간을 통해 가족 구성원 모두의 디지털 균형을 찾아가기를 진심으로 응원합니다.

디지털 웰빙, 부모가 먼저 실천해요

"아이의 스마트폰 습관, 결국 내 모습이었어요."

초등학교 4학년 현우는 최근 스마트폰 게임 브롤스타즈에 깊이 빠져 있었습니다. 식사 시간에도 몰래 스마트폰을 식탁 밑에 숨기고 게임을 했고, 밤에도 잠자는 척하며 이불 속에서 스마트폰을 보는 날이 많았습니다. 현우 엄마는 그런 현우의 모습을 보고 한숨이 나왔습니다. 결국 보다 못한 현우 엄마는 단단히 한마디 했습니다.

"현우야, 너 그렇게 스마트폰만 보다가 눈도 나빠지고 건강도 안 좋아져! 이제 그만 좀 해!"

그 순간 현우는 표정이 달라지며 목소리를 높였습니다.

"엄마는요? 엄마도 매일 밤늦게까지 드라마 보고, 자기 전에 침대에서 SNS랑 릴스 영상 엄청 오래 보잖아요. 지난주에도 새벽 두 시까지 스마트폰을 보다 잠들어서 아침에 일어나기 힘들었다고 하셨잖아요. 그리고 엄마도 인터넷 쇼핑한다고 스마트폰 오래 보고 있잖아요. 왜 나한테만 그러시는 거예요?"

현우의 말에 당황스러운 마음과 함께 얼굴이 화끈 달아올랐습니다. 현우가 무례하다고 느껴져 화가 났습니다. 하지만 시간이 지나고 당황한 마음이 가라앉자 현우가 틀린 말을 하지 않았다는 생각이 들었습니다. 실제로 현우 엄마는 최근 들어 밤늦게 OTT 드라마를 몰아 봤고, 친구의 메시지를 확인하기 위해 스마트폰을 들다 알고리즘이 추천하는 숏폼에 빠져 2시간을 훌쩍 넘기기 일쑤였습니다. 인터넷 쇼핑을 하면서 꼭 필요한 물건만 사겠다고 결심했지만 추천 상품들을 구경하다가 필요 없는 상품을 사거나 시간을 허비할 때도 많았습니다.

현우 엄마는 정신이 번쩍 들었습니다.

'아이의 문제라고만 생각했는데, 결국 현우의 스마트폰 습관은 내 모습을 그대로 따라 한 거구나….'

현우 엄마는 그제야 깨달았습니다.

아이의 디지털 습관은 부모의 행동과 밀접한 관련이 있습니다. 부모의 디지털 습관이 거울이 되어 아이에게 그대로 비춰지고 있었던 것입니다.

핵심 개념: 디지털 웰빙과 모델링 효과

디지털 웰빙(Digital Well-being)이란, 디지털 기기와 온라인 활동을 건강하고 균형 있게 사용할 수 있도록 스스로 관리하는 능력을 의미합니다. 단순히 스마트폰의 사용 시간을 제한하는 데 그치지 않고, 자신의 삶에 도움이 되는 방향으로 디지털 기기를 의식적으로 조절하고 관리하는 습관을 기르는 것을 뜻합니다.

부모가 건강한 디지털 습관을 먼저 실천하면 아이는 자연스럽게 부모의 행동을 모델로 삼아 좋은 습관을 배우게 됩니다. 이를 심리학에서는 '모델링 효과(Modeling Effect)'라고 합니다. 부모가 자녀에게 말로 가르치는 것보다 실제 생활에서 보여 주는 행동이 자녀에게 훨씬 강력한 메시지가 됩니다. 특히 디지털 사용 습관의 경우 부모가 보여 주는 행동을 아이들은 매우 빠르게 습득하고 무의식적으로 따라 하게 됩니다.

실제로 국내에서 진행된 한 연구를 통해 이런 경향성을 통계적으로 확인할 수 있습니다. 초등학교 6학년 자녀와 학부모 2,229쌍을 대상으로 스마트폰 의존도를 분석한 결과 학부모의 스마트폰 의존도가 높을수록 자녀의 의존 수준도 함께 높아지는 경향이 나타났습니다. 학부모가 스마트폰에 고의존형일 경우 자녀의 78.6%가 역시 고의존형에 해당했고, 학부모가 스마트폰을 적게 사용하는 저의존형일 경우에는 자녀의 7.6%만이 고의존형으로 나타났습니다. 즉, 학부모의 스마트폰 의존도가 증가할수록 자녀의 스마트폰 의존도 역시 증가하며 가족 내 스마트폰 사용 문화가 세대 간에 전이됨을 확인할 수 있습니다.[45]

그렇다면 부모가 자신의 디지털 습관을 점검하고 관리하는 디지털 웰빙을 실천해서 얻을 수 있는 긍정적 효과는 무엇일까요?

❶ 건강한 디지털 사용 습관 형성

부모가 스스로 디지털 사용 시간을 제한하면 아이도 자연스럽게 따라 하게 됩니다.

❷ 정서적 안정과 집중력 향상

스마트폰의 과도한 사용을 줄이면, 신체적 건강뿐 아니라 스트레스가 감소하고 집중력도 좋아집니다.

❸ 가족 관계의 회복

가족이 디지털 기기 사용을 줄이면, 서로 대화하고 소통하는 시간이 늘어나 관계가 더 돈독해집니다.

결국 부모가 실천하는 디지털 웰빙은 아이뿐 아니라 가족 구성원 전체의 삶에 변화를 가져옵니다. 아이에게 디지털 습관을 바꾸라고 말하기 전에 부모 스스로가 먼저 실천해야 하는 이유가 바로 여기에 있습니다.

부모가 자신의 디지털 습관을 점검하고 관리하며 가족 문화를 건강하게 바꾸기 위한 구체적인 디지털 웰빙 실천법은 어떤 것이 있을까요?

디지털 습관 점검하기

자녀의 디지털 기기 사용 문제를 개선하고 싶다면 먼저 부모의 디지털 습관을 점검하고 관리해야 합니다. 일상에서 스마트폰과 디지털 기기를 얼마나 자주, 어떻게 사용하는지 스스로 확인해 보세요. 이를 바탕으로 부모의 디지털 사용 습관에 건강한 변화가 시작됩니다.

❶ 스마트폰 사용량 점검하기

스마트폰에 있는 스크린 타임(아이폰) 또는 디지털 웰빙(안드로이드) 기능을 이용해 최근 일주일의 사용 기록을 확인합니다. 하루 평균 스마트폰 사용 시간을 대충 가늠하는 것과 직접 기록 혹은 앱을 통해 구체적으로 확인하는 것에는 큰 차이가 있습니다. 물론 구체적인 사용 시간을 확인하는 것이 즉각적인 각성에 가장 도움이 됩니다.

❷ 사용 패턴 발견하기

스마트폰을 가장 자주, 오래 사용하는 시간대가 언제인지 기록합니다. 아침에 일어나자마자 사용하는지, 식사 시간이나 취침 전 사용 습관이 있는지, 스트레스를 받았을 때 무의식적으로 보게 되는지 점검합니다. 가장 많이 사용하는 앱, 특정 시간에 주로 사용하는 앱 등 앱 사용시 특정 패턴도 파악합니다.

🔼 설정으로 들어가기

🔼 디지털 웰빙 및 자녀 보호 기능

🔼 사용 패턴 확인

🔼 앱 사용 주간 리포트

❸ 목표 정하기

점검한 내용을 바탕으로 하루에 스마트폰 사용을 몇 분 줄일지, 어떤 앱 사용을 줄일지 구체적이고 현실적인 목표를 설정합니다. 목표는 한 번에 너무 높게 잡지 않고 하루 10~20분 정도의 작고 실천 가능한 목표로 시작하는 것이 좋습니다. 불필요하고 무의미하게 사용하는 앱의 사용 시간부터 줄이는 것을 목표로 정합니다.

❹ 작은 변화 실천하기

스마트폰의 알림을 최소화하거나, 자주 사용하지 않는 앱을 삭제(앱 다이어트)하는 것부터 시작합니다. 자기 전 30분과 기상 후 30분 동안은 스마트폰을 보지 않는 등 자신에게 맞는 작은 실천을 선택하여 일주일 동안 꾸준히 시도해 보세요.

디지털 환경 재설계하기

우리의 행동은 자신을 둘러싼 환경에 매우 큰 영향을 받습니다. 스마트폰과 같은 디지털 기기를 과도하게 사용하는 이유도 습관이나 의지력 부족이 아니라, 쉽게 손이 가도록 주변 환경이 설계되어 있기 때문입니다.

이번 활동은 행동경제학의 환경 설계 전략을 활용해 부모가 자신의 스마트폰과 디지털 사용 환경을 의도적으로 바꾸서 덜 유혹받고 더 건강하게 사용할 수 있도록 실천해 보는 것입니다.

❶ 스마트폰 첫 화면(홈화면) 재배치하기

자주 사용하지만 사용량을 줄이고 싶은 앱은 첫 화면에 배치하지 않고, 폴더에 넣거나 맨 뒤 화면으로 이동시킵니다. 대신 메모, 일정 관리, 독서 기록과 같은 생산적이고 유익한 앱들만 첫 화면에 배치합니다.

🔼 홈화면 정리 전 　　　　🔼 홈화면 정리 후

❷ 알림 최소화하기

전화나 문자 등 꼭 필요한 알림만 남기고, SNS·뉴스·쇼핑·게임 등 기타 앱의 알림은 모두 끄거나 무음으로 설정합니다. 불필요한 알림이 줄어들면 스마트폰을 자주 확인하는 습관도 자연스럽게 줄어듭니다.

 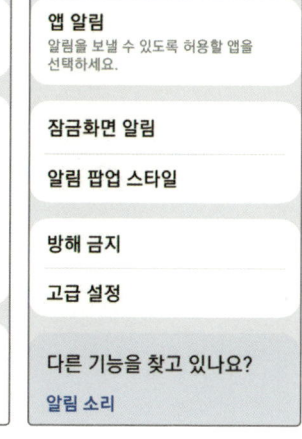

🔼 알림 끄기 설정

❸ **앱 다이어트하기**

최근 한 달 동안 사용하지 않은 앱, 사용 빈도가 낮거나 시간만 빼앗는 비생산적인 앱들은 과감히 삭제하거나 숨깁니다. 스마트폰의 시각적 복잡성을 줄여 필요한 용도로만 사용하는 데 도움이 됩니다.

❹ **아날로그 도구로 대체하기**

스마트폰 기능을 대체할 수 있는 아날로그 도구를 적극 활용합니다. 알람 시계, 종이책, 메모장, 손목시계 등의 활용으로 스마트폰 의존 빈도를 의도적으로 줄입니다.

❺ **기기 없는 공간 만들기**

집안에서 스마트폰 사용을 줄이고 싶은 공간을 정합니다. 침실이나 식탁 등 특정 공간은 가족이 디지털 기기를 두지 않기로 미리 약속합니다. 스마트폰 충전기도 침실이 아닌 거실이나 현관 등 멀리 두면 사용을 효과적으로 줄일 수 있습니다.

❻ **앱 타이머·다운 타임 설정하기**

안드로이드(디지털 웰빙)와 아이폰(스크린 타임)의 기능을 활용해 자주 사용하는 앱에 일일 사용 시간을 제한(예 하루 30분, 1시간)하고, 설정된 시간이 되면 자동으로 앱이 잠기도록 합니다. 특히 밤 10시 이후부터 아침까지 스마트폰 사용을 제한하는 다운 타임 기능을 활용하면 수면의 질을 개선하는 데 큰 도움이 됩니다.

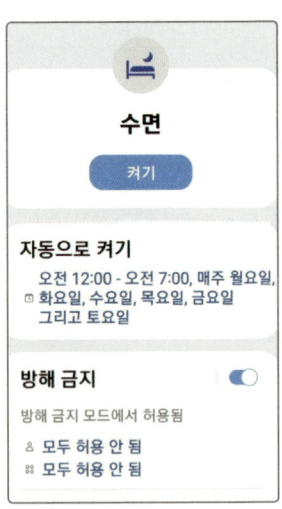

○ 다운 타임 설정

❼ **실천을 위한 작은 팁**

모든 환경을 한꺼번에 바꾸려 하지 않고 가장 쉽게 실천할 수 있는 한 가지 방법부터 시도한 뒤 효과가 느껴지면 점차 다른 방법으로 확장하도록 합니다. 환경을 바꾼 후에는 변화를 공유합니다. 부모의 작은 변화가 자녀들에게도 긍정적인 자극을 줄 수 있습니다.

이렇게 디지털 환경을 재설계하면 스마트폰을 무의식적으로 혹은 습관적으로 사용하는 빈도가 자연스레 줄어들고 꼭 필요한 순간에만 의식적으로 사용하는 경험을 할 수 있습니다. 디지털 환경의 작은 변화만으로도 건강한 디지털 습관을 훨씬 쉽게 유지할 수 있습니다.

스트레스 상황 대체 활동 찾기

많은 부모들이 바쁘고 스트레스가 많은 일상 속에서 무의식적으로 스마트폰에 의존하는 경향이 있습니다. 스트레스를 해소하기 위한 수단으로 디지털 기기를 사용할 경우 일시적 완화 효과를 볼 수 있으나 장기적으로는 더 큰 스트레스를 유발할 수 있습니다. 스트레스 상황에서 나도 모르게 손이 가는 스마트폰을 대신해 건강하고 지속 가능한 나만의 스트레스 해소법을 찾아보면 어떨까요?

❶ **스트레스 상황과 디지털 습관 돌아보기**

평소 내가 어떤 상황에서 무의식적으로 스마트폰이나 태블릿을 사용하게 되는지 생각해 보고 기록합니다.

예 업무 후 피곤할 때 SNS 보기, 스트레스를 받으면 OTT에서 드라마 몰아보기, 불안할 때 인터넷 쇼핑하기 등

❷ **디지털 기기를 대신할 수 있는 나만의 스트레스 해소법 생각하기**

　스트레스를 받았을 때 디지털 기기가 아닌 나만의 대체 활동을 떠오르는 대로 써 봅니다. 써 놓은 방법 중 큰 준비 없이 어디서나 쉽게 할 수 있는 활동을 2~3가지 선택합니다.

　예 산책, 명상, 좋아하는 음악 듣기, 독서, 가벼운 스트레칭, 필사나 일기 쓰기

❸ **하나씩 천천히 실천하기**

　정해진 활동 중 자신에게 가장 편안하고 쉽게 느껴지는 활동부터 시작하여 일주일간 꾸준히 실천해 봅니다. 처음에는 5~10분 정도의 짧은 시간이라도 충분히 효과가 있습니다.

❹ **자신의 감정과 상태 변화 기록하기**

　대체 활동을 실천한 후 자신의 감정과 상태가 어떻게 변했는지 간단히 기록해 봅니다. 스마트폰을 대체해 스트레스 해소에 효과적인지 확인하며 꾸준히 지속할 수 있는 활동을 찾아갑니다.

　부모가 먼저 디지털 웰빙을 실천하는 것은 단순히 자신의 습관을 고치는 것 이상의 의미를 지닙니다. 이는 아이에게 건강한 디지털 삶을 물려주는 가장 확실한 방법이자 가족 구성원 모두가 더 행복하고 균형 잡힌 일상을 살아가는 첫걸음입니다. 부모의 작은 변화가 곧 아이의 변화로 이어지고 그 변화가 다시 가정 전체의 긍정적인 문화로 확장될 것입니다. 오늘부터 시작해 보세요. 디지털 웰빙의 주인공은 바로 당신입니다.

 **스트레스 상황 대처를 위한 힐링 파우치**

심리학과 상담 분야에서는 스트레스 상황에서 감정을 즉각 진정시키고 안정감을 찾도록 돕기 위해 신체적 감각을 활용하는 방법을 권장합니다. 이는 마음챙김 키트(Mindfulness Kit), 자기돌봄 키트(Self-care Kit), 대처 키트(Coping Kit) 등으로 불리며 일상 속 스트레스나 불안을 손쉽게 완화하는 데 효과적으로 활용되고 있습니다. 이러한 점에 착안해 바쁜 부모들이 스트레스 상황에서 스마트폰 대신 건강하고 즉각적으로 사용할 수 있는 작은 도구들을 담은 힐링 파우치로 디지털 웰빙을 실천할 것을 제안합니다.

힐링 파우치는 어떻게 준비하고 사용할까요?

작은 파우치나 주머니에 간단한 물품들을 담아 가방이나 책상 서랍 등 평소 쉽게 손이 가는 곳에 둡니다. 스트레스로 스마트폰을 사용하고 싶은 충동이 들 때 파우치 속 도구를 골라 즉각적으로 사용하면 마음이 안정되고 스트레스 완화에 도움이 됩니다.

힐링 파우치는 자신이 좋아하고 마음이 편안해지는 물품으로 자유롭게 구성할 수 있습니다. 작은 준비로 스마트폰 대신 건강한 스트레스 해소 습관을 길러 보세요.

구분	목록	기대 효과
작은 메모장과 펜	간단한 수첩이나 메모 카드, 필기구	감정을 즉시 기록해 마음 정리
향기 제품	아로마 오일, 핸드크림, 작은 향수	후각 자극으로 긴장 완화
작은 간식	초콜릿, 사탕, 견과류	미각 자극으로 기분 전환
미니 스트레스 볼	말랑한 촉감의 볼	촉각 자극으로 신체 이완
긍정적 글귀 카드	위로 메시지, 짧은 시, 명언 카드	감정과 사고 전환

제**4**장

답을 찾는 부모
AI·디지털 교육
이런 것도 궁금해요

AI·디지털 교육, 창의력 저하와 중독 문제는 어쩌나요?

> "학교에서 태블릿을 활용한 수업이 시작된 이후, 아이가 창의적으로 생각하기보다 정답만 찾으려는 모습이 보여 걱정됩니다. 집에서도 게임이나 유튜브에 몰입하는 시간이 늘어서 디지털 기기에 중독될까 봐 걱정입니다. 디지털 교육이 필요하다고는 하지만, 정말 창의력 저하나 중독 문제는 괜찮은 걸까요?"
>
> —초등 4학년 하율 엄마의 고민—

최근 한국 교육 현장에서 AI·디지털 교육 도입을 앞두고 '아이들의 창의력이 떨어지고, 디지털 기기 중독이 심해질 것'이라는 걱정의 목소리가 높습니다. 실제로 처음 AI 디지털 교과서 도입이 예정되었을 때 문해력과 창의력 저하를 우려한 일부 학부모들이 국회 청원까지 제기했습니다. 이 청원은 한 달 만에 5만 명 이상이 동의하여 국회 교육위원회에 회부될 정도로 호응이 컸습니다. 그만큼 많은 학부모들이 AI 디지털 교과서가 자녀의 학습 능력과 창의적 사고에 미칠 영향을 깊이 우려하고 있는 것입니다.

학부모들의 우려는 크게 두 가지로 두드러집니다.

첫째, 스마트폰과 태블릿 같은 디지털 기기 사용이 잦아지면 아이들의 창의력이 떨어질지 모른다는 점입니다.

제주도의회 예산위원회에서도 "디지털 교과서가 학생들의 창의력을 저하시킨다."라며 북유럽 국가들이 디지털 교육 후 다시 종이책으로 회귀한 사례를 지적했을 정도입니다. 이 책의 제2장에서도 살펴보았듯이 실제로 스웨덴, 노르웨이 등 북유럽에서는 일찍 디지털 교육을 도입했다가 학생들의 독해력과 학업 능력 저하 문제로 일부 학년은 다시 종이 교과서로 되돌아간 바 있습니다. 이러한 해외 사례를 접한 학부모들은 "우리 아이들도 종이책보다 태블릿에 익숙해지면 상상력과 창의적 사고력이 줄어드는 것 아니냐."라고 염려합니다.

둘째, 디지털 기기 과다 사용으로 인한 중독 문제입니다.

이미 자녀를 둔 가정에서는 스마트폰 사용 시간을 두고 아이들과 전쟁을 치르는 현실을 토로합니다. "실리콘밸리 기술 기업의 개발자나 CEO는 자녀들에게 스마트폰을 쓰지 못하게 한다는데, 왜 우리 학교는 아이들에게 태블릿을 쥐여 주려 하느냐."라며 불만을 나타내기도 합니다. 이처럼 학습 도구로 디지털 기기를 사용하게 하면 아이들이 게임이나 영상에 빠져 학습에 집중을 못 하고 중독될 것이라는 걱정이 큽니다.

이러한 우려는 수치로도 드러납니다. 한 보고서에 따르면 한국의 만 10세 이상 청소년의 40.1%가 스마트폰 과의존 위험군에 속한다는 조사 결과가 발표되었습니다. 이미 많은 어린이·청소년들이 스마트폰에 지나치게 의존하고 있다는 뜻으로, 학부모들은 학교까지 디지털 기기를 도입하면 "밤

새 스마트폰만 보는 상황이 더 심해지지 않을까?" 하고 걱정하는 것이지요.

디지털 기기의 장시간 사용 시 눈 건강이나 자세에 악영향을 줄 것이라는 우려도 제기됩니다. 걱정의 핵심은 디지털 환경이 아이들의 창의성과 집중력을 떨어뜨리고 이미 심각한 스마트폰 몰입 현상을 악화시킬 것이라는 점으로 요약됩니다.

우려의 본질: 체계적인 교육 부재와 무분별한 사용

학부모들의 이러한 걱정은 단순한 기우가 아니라, 그동안 디지털 기술을 교육적으로 충분히 활용하지 못한 현실에서 비롯된 측면이 있습니다. 변화하는 디지털 환경에 맞는 적절한 교육의 부재와 무분별한 기기 사용 환경이 문제의 근본 원인이라는 지적입니다. 전문가들은 "그동안 한국의 디지털 교육은 단순히 사용법 위주였고 올바른 미디어 활용 교육이 거의 없었다."라고 말합니다.

디지털 매체를 비판적으로 사용하고 이해하는 능력을 기르기 위한 미디어 리터러시 교육이 부족하다 보니 청소년들의 스마트폰과 인터넷 오용 사례가 빈번했습니다. 실제로 최근 불거진 딥페이크 범죄나 온라인 폭력 등도 이를 막을 디지털 윤리 교육의 공백이 컸기에 예고된 문제였다는 지적도 있습니다.

전문가들은 지금이라도 미디어 리터러시 교육을 의무화하지 않으면 딥페이크보다 더 심각한 문제가 일어날 수 있다고 경고합니다. 결국 디지털 윤리와 활용법에 대한 체계적인 교육이 부재한 사이 아이들은 스마트폰을 주로 오락과 유해 콘텐츠 소비 수단으로만 접하며 성장해 왔다는 것입니다. 이런 배경에서 학부모들이 디지털 기기를 교육에 활용한다는 말을 들으면 반사적으로 중독 위험을 떠올리게 되는 것이 어찌 보면 당연한 결과입니다.

가정에서의 무분별한 디지털 기기 사용도 문제의 한 축입니다. 스마트폰과 태블릿이 보편화되었지만 가정 내 사용 수칙이나 절제 교육이 뒷받침되지 않아 아이들은 게임·영상 등에 과몰입하게 되었습니다. 학부모들은 아이가 스마트폰을 너무 오래 본다고 걱정하면서도 정작 체계적인 지도법을 알지 못하는 경우가 많습니다. 이 때문에 디지털 기기는 나쁘다는 인식만 커지고 학교에서조차 디지털 도구를 멀리해야 안전할 것이라는 잘못된 결론에 이르기도 합니다. 그러나 전문가들은 디지털 기기 자체보다 교육적으로 어떻게 관리하고 활용하느냐가 핵심이라고 강조합니다.

프랑스, 독일, 핀란드 등 일부 국가는 학교에서 수업 중 스마트폰 등 개인 기기 사용을 엄격히 제한하는 대신 디지털 활용 수업은 교사 주도로 관리된 환경에서 시행하고 있습니다. 우리나라에서도 최근 서울시교육청이 '디벗' 태블릿 보급 정책을 개선하여 학생들이 기기를 학교에 두고 집에 가져가지 않도록 조치했습니다. 이는 하교 후 무분별한 기기 사용을 막아 과몰입을 방지하려는 취지입니다. 이러한 변화는 디지털 도구를 무조건 배제하기보다 사용할 때는 사용하되 통제 장치를 두는 방향으로 가고 있음을 보여 줍니다. 이제라도 디지털 교육을 등한시하거나 방치했을 때 발생하는 문제를 인식하고 대처하기 시작한 것입니다.

창의력 저하 및 중독에 대한 우려는 잘못된 디지털 활용 방식에서 비롯된 우려라고 볼 수 있습니다. 디지털 기술의 활용 자체가 아닌 교육적 부재와 관리 부족이 문제의 뿌리인 셈입니다. 따라서 디지털 기기와 기술을 무조건 멀리하는 것이 답이 아니라 제대로 배우고 올바르게 사용하는 것이 해결책이라는 인식의 전환이 필요합니다. 실제로 선진 교육 국가들은 어릴 때부터 디지털 시민 교육과 리터러시 교육을 의무화하여 아이들이 스스로 기기를 절제하며 창의적으로 활용하도록 지도하고 있습니다. 우리도 디지털 교육의 적기 시행을 통해 아이들이 올바른 사용 습관과 활용 능력을 길러야 한다는 것이 전문가들의 한결같은 조언입니다.

디지털 교육의 긍정적 효과: 창의력과 자기 조절 능력 향상

많은 우려와 달리 적절한 디지털 교육 환경에서는 오히려 아이들의 창의력과 자기 조절 능력을 바탕으로 한 자기 주도 학습 능력이 향상될 수 있다는 연구 결과와 사례들이 보고되고 있습니다. 교육 현장에서 디지털 도구와 AI를 활용한 혁신 사례들은 이러한 긍정적 효과를 뒷받침합니다. 학부모들이 걱정하는 창의력 저하와 디지털 중독은 무분별한 사용 환경에서의 부작용일 뿐 체계적으로 설계된 디지털 수업에서는 창의적인 학습 활동과 능동적인 참여를 끌어낼 수 있다는 것이지요.

우선 학술 연구 결과를 살펴보겠습니다. 2017년 한국교육학술정보원 등이 참여한 연구에 따르면 스마트 교육 환경에서 디지털 교과서를 활용했을 때 학생들의 자기 조절 학습 능력과 문제 해결 능력이 향상된 것으로 나타났습니다.

초등 3·4학년 및 중학교 1학년을 대상으로 과학 수업에 디지털 교과서를 도입한 실험에서 사전·사후 검사를 비교했을 때 학생들의 자기 주도 학습 태도가 통계적으로 유의미하게 향상되었다고 합니다. 효과의 크기가 상당한 것은 아니었지만, 분명히 긍정적인 방향의 변화였다는 분석입니다. 특히 초등 4학년에서 자기 조절력과 문제 해결력 신장이 가장 두드러졌다고 하는데, 이는 디지털 도구가 학습 동기를 자극하고 흥미를 높여 준 결과로 풀이됩니다.

이처럼 디지털 교과서를 포함한 에듀테크 활용이 학생들의 자기관리 능력을 키워 줄 수 있다는 증거는 여러 연구를 통해 축적되고 있습니다.[46)][47)]

창의력에 관한 연구도 흥미롭습니다. 한 연구는 초등학생 대상 해커톤(hackathon) 방식의 소프트웨어 교육이 아이들의 창의성과 문제 해결력에 미치는 영향을 실험했습니다.[48]

여기서 '해커톤 방식의 교육'이란 학생들이 팀을 이루어 주어진 주제를 해결하기 위해 소프트웨어 작품이나 앱을 제한된 시간 안에 직접 설계하고 만들어 보는 창의적 프로젝트 학습을 의미합니다. 연구 결과 이런 팀 프로젝트로 소프트웨어를 직접 만들어 본 학생들의 작품이 그런 경험이 없는 학생들보다 창의성 면에서 유의미하게 우수한 것으로 나타났습니다.

특히 창의성의 세부 요소 중 아이디어를 구체화하고 발전시키는 능력인 정교성이 크게 향상되었고 문제 해결력도 유의미하게 높아졌습니다. 연구진은 자유로운 디지털 제작 환경에서 다양한 아이디어를 소통·협업으로 발전시킬 수 있었던 점이 창의력 신장의 이유라고 분석했습니다. 이는 디지털 미디어를 활용한 프로젝트 학습이 아이들의 창의적 사고력을 자극한다는 것을 보여 주는 하나의 사례입니다.

또한 다른 교육 실험에서는 알고리즘 학습 프로그램을 통해 초등학생의 창의적 사고력이 향상되었다는 결과도 있었습니다.[49] 디지털 도구를 활용한 문제 해결, 코딩, 미디어 제작 활동 등은 오히려 아동의 창의력을 키워 줄 수 있다는 연구 결과가 보고되었습니다. 실제 학교 현장의 디지털 활용 수업 사례들도 이러한 긍정적 변화를 뒷받침합니다. 교육부는 2023년부터 일부 학교를 디지털 선도학교로 지정하여 AI 코스웨어와 디지털 교과서 등을 미리 적용했는데 선도학교의 중간 효과 분석 결과 학생들의 자기 주도 학습 역량이 눈에 띄게 향상된 것으로 나타났습니다. 디지털 기반 수업 도입 전에 비해 학생들이 스스로 학습하려는 태도의 점수가 유의미하게 올랐고 디지털 전환 교육에 대한 긍정적인 인식도 높아졌다고 합니다. 한마디로, 태블릿을 활용한 수업이 산만함을 키운 것이 아니라 오히려 적극적으로 자기 학습을 관리하게 된 학생들이 많아진 결과를 나타낸 것입니다.

초등학교에서 디지털 도구를 활용하여 창의적인 수업을 성공적으로 구현한 사례들도 있습니다. 경북 산북초등학교에서는 국어 시간에 AI 코스웨어를 활용하여 글쓰기 첨삭 지도를 진행했는데, AI의 피드백을 받은 학생들의 글쓰기 능력이 눈에 띄게 향상되었습니다. 또한 경기 소사벌초등학교에서는 전 학년을 대상으로 AI 코스웨어를 활용한 맞춤형 교육을 실시하여 학습 격차를 해소하고 학생들의 학습 자존감을 높였습니다. 학생들은 방과 후에도 AI를 활용한 학습을 이어 가며 자기 주도적인 학습 태도를 기를 수 있었습니다.[50]

이러한 사례들은 디지털 도구와 AI를 적절히 활용하면 초등학생들의 창의력과 자기 주도적 학습 능력을 효과적으로 향상시킬 수 있음을 보여 줍니다. 디지털 기술이 교실에 들어오면 수업이 보다 더 다채로워지고 평소 조용하던 학생도 흥미를 갖고 참여하면서 창의적인 결과물을 만들어 낼 수 있음을 보여 줍니다.

실제로 게임이나 유튜브를 할 때와 학습 앱이나 코딩할 때 아이의 태도는 다릅니다. 교육적 목적으로 활용하면 목표 의식이 생기고 교사나 부모의 지도 아래 사용 시간이 제한되기 때문에 무작정 혼자 사용할 때와 달리 과사용이나 중독에 빠져들 가능성은 낮아지는 것입니다. 잘 설계된 디지털 수업은 아이들의 창의성과 참여도를 높이는 한편 부작용은 최소화할 수 있다는 것입니다.

적기 도입의 필요성과 학부모 인식 변화의 중요성

앞에서 살펴본 것처럼 디지털 교육은 어떻게 실시하느냐에 따라 득이 될 수도, 독이 될 수도 있습니다. 중요한 것은 언제, 어떤 방법으로 도입하느냐입니다. 시기를 놓치거나 준비 없이 도입하면 걱정처럼 부작용이 나타날 수 있지만 아이들의 발달 단계에 맞춰 체계적으로 시행하면 창의력 향상과 자기주도 학습 능력 신장이라는 성과를 거둘 수 있습니다.

학부모들의 인식 변화도 중요합니다. 디지털 교육의 필요성과 효과를 보여 주기 위해 정부와 학교는 학부모 대상 설명회, 공개 수업 시연, 소통 창구를 확대하고 있습니다. 실제로 AI 디지털 교과서 시연을 직접 보고 나서 우려를 덜었다는 학부모들의 사례도 볼 수 있습니다. 아이들이 태블릿을 가지고 노는 것이 아니라 교사의 지도 아래 문제를 풀고 피드백 받는 모습을 확인하면서 생각했던 것과 다르게 "교육적으로 활용될 수 있구나." 하고 안심하게 되었다는 것입니다.

가정에서도 디지털 기기 사용 수칙을 일관되게 적용해서 학교와 가정이 함께 아이들의 디지털 사용 습관 형성을 도와야 합니다. 과도한 사용을 막는 앱이나 가정용 필터링 툴 활용, 정해진 시간에만 사용하기 등의 원칙을 학교와 가정에서 공유하면 아이들의 자기 통제력을 효과적으로 기를 수 있습니다. 디지털 시대를 살아갈 우리 아이들에게 필요한 역량은 디지털 기기를 못 만지게 하는 것이 아니라 학교와 가정에서 올바른 활용 능력을 길러 주는 데 있습니다.

디지털 시대, 금지보다 필요한 것은 교육

디지털 교육이 아이의 창의력을 해치지 않을까, 혹은 중독이 더 심해지는 건 아닐까를 걱정하는 학부모의 마음은 당연합니다. 이런 걱정 속에는 자녀가 잘 자라기를 바라는 마음이 담겨 있기 때문입니다. 하지만 우리가 할 수 있는 가장 최선의 선택은 사용하지 못하도록 막는 것이 아니라 제대로 사용할 수 있게 돕는 일일 것입니다. 디지털 기술은 아이들의 미래 환경이자 일상의 토대가 되어 가고 있기 때문입니다.

지금 필요한 건 무엇일까요? 언제까지 금지할 것인가를 고민할 것이 아니라 필요한 도구를 어떻게 적절히 활용할 수 있도록 교육할 것인가를 고민하는 것이 아닐까요?

학부모와 교사가 함께 기준을 세우고, 아이들과 대화하며 올바른 방향을 만들어 간다면, 디지털 기기는 위험 요소가 아니라 아이의 생각을 표현하고 성장시키는 도구가 될 수 있습니다. 완벽하지 않아도 괜찮습니다. 중요한 건 함께 고민하고 더 나은 교육 방법을 찾고자 하는 마음과 태도임을 기억해야 합니다.

스마트폰, 태블릿, AI 툴…
적정 사용 연령대는 언제인가요?

> 아이가 초등학교에 입학하자마자 스마트폰을 사 달라고 하는데 아직은 이르다고 생각합니다. 태블릿이나 AI 도구도 사용하는 친구들이 있다는 데 너무 일찍 사용하면 문제가 생기지 않을까 걱정되네요. 디지털 기기는 언제부터 사용하는 게 적절한 걸까요?
>
> ―초등 1학년 민서 엄마의 고민―

"우리 아이에게 언제 스마트폰을 줘야 할까요?"
"태블릿이나 AI 스피커는 몇 살부터 사용해도 괜찮나요?"

학부모들이 가장 많이 던지는 질문 중 하나입니다. 아이가 디지털 기기를 일찍 사용하면 중독될까 걱정이고 너무 늦으면 디지털 시대에 뒤처지지는 않을까 고민입니다. 실제로 여러 육아 커뮤니티에 "디지털 기기 사용의 적정 연령대를 잘 모르겠다."는 의견들이 종종 올라오는 것을 볼 수 있습니다.

학부모의 불안은 크게 두 가지로 나누어 볼 수 있습니다. 하나는 디지털 기기의 과도한 사용으로 인한 중독과 발달 문제입니다. 다른 하나는 아이들이 디지털 환경에서 얻을 수 있는 긍정적 기회를 놓치지 않을까 하는 염려입니다. 이처럼 학부모들이 디지털 기기 사용 연령을 고민하는 이유는 아이의 건강한 성장과 발달을 바라는 마음 때문입니다. 그러면 디지털 기기나 AI 도구의 사용 연령대는 어떻게 정해야 할까요? 연령만으로 절대적인 기준을 설정할 수 있는 것일까요?

디지털 도구 사용 연령대 중요할까?

많은 부모들이 연령 제한을 중요하게 생각하는 이유는 디지털 기기의 부정적 영향을 최소화하려는 데 있습니다. 실제로 디지털 기기의 과도한 사용은 아이들의 집중력, 창의력, 사회성 발달에 부정적 영향을 미칠 수 있다는 연구 결과들이 계속 보고되고 있습니다.

세계보건기구(WHO)는 만 2세 미만 영유아에게는 디지털 미디어 노출을 제한할 것을 권고합니다. 미국소아과학회(AAP) 역시 18개월 미만 영아는 디지털 기기를 사용하지 않고, 18개월부터 24개월까지는 부모와 함께 제한된 시간 내에서 사용하는 것을 권장합니다. 이러한 권장안은 아이들의 초기 언어 및 인지 발달에 디지털 매체의 과다한 노출이 방해될 수 있다는 과학적 연구 결과에 근거합니다.

당연히 디지털 도구 사용 연령대는 중요합니다. 권장 연령대와 가이드를 확인하는 것은 도구의 사용에 있어 가장 기본적인 준비이기도 합니다. 하지만 연령대 기준만으로 아이들의 디지털 기기 사용을 제한하는 데에는 분명 한계가 있습니다. 단순히 나이만으로 디지털 환경을 통제하는 것은 현실적이지도 않을 뿐 아니라 오히려 아이들이 부모 몰래 무분별하게 사용할 가능성만 높일 수도 있습니다. 따라서 권장 연령대와 가이드를 기준으로 하는 동시에 아이의 발달 단계와 성향, 그리고 목적에 맞추어 접근하는 것이 필요합니다.

아이의 발달 단계와 성향에 따른 접근

같은 연령대라 해서 모든 아이가 동일한 수준의 이해력과 자기 조절력을 갖추고 있는 것은 아닙니다. 예를 들어, 같은 초등 1학년이라도 디지털 기기를 학습 목적으로 능숙하게 활용하는 아이가 있는 반면에 게임이나 영상 콘텐츠 중독 위험에 노출되는 아이도 있습니다.

중요한 것은 연령대 그 자체가 아니라 아이의 발달 과정을 자세히 관찰하고 판단하는 것입니다. 예를 들어, 아이가 디지털 도구의 사용 목적을 명확히 이해하고 사용 시간을 스스로 조절할 수 있다면 조금 일찍 사용하게 해도 무방합니다. 반면 디지털 콘텐츠에 쉽게 몰입하거나 자기 조절 능력이 부족한 아이라면 부모의 지도가 더욱 필요하며, 사용 연령대를 조금 늦추는 것이 좋습니다. 물론 모든 학습 과정에 부모가 함께 참여하는 것은 논의의 여지가 없는 기본 사항입니다.

디지털 도구별 권장 연령과 사용 가이드

다음은 대표적인 디지털 기기 및 AI 도구의 권장 연령대와 사용 가이드를 유형별로 정리한 것입니다.

유형	디지털 도구	활용 목적	권장 연령대	사용 가이드
커뮤니케이션/정보 탐색	스마트폰	커뮤니케이션, 정보 탐색, 문화	만 13세 이상	• 보호자 지도 및 모니터링 필수 • 취침 전 사용 제한 • 식사·가족 시간 등 스크린 프리 존 지정 • 앱별 사용 시간 설정 및 일일 총량 관리

유형	디지털 도구	활용 목적	권장 연령대	사용 가이드
온라인 학습/ 협업	구글 클래스룸	온라인 과제 및 수업 연계	• 학교 계정 : 만 6세 이상 • 일반 계정 : 만 14세 이상	• 학교 수업 연계 사용 • 보호자/교사 지도, 학습 목적 외 사용 제한 • 장시간 연속 사용 자제 • 일반 계정 연령 제한 명시
	웨일 스페이스	온라인 수업 및 협업	만 6세 이상	• 학교 연계 사용 • 보호자 관리 필요 • 학습 목적 외 사용 제한 • 연속 사용 시간 관리
	클래스팅	알림장 등	만 6세 이상	• 학교·가정 연계 • 보호자 모니터링 권장 • 학습 목적 외 사용 제한 • 연속 사용 시간 관리
교육용 태블릿	태블릿	교육 콘텐츠 이용 등	만 3세 이상 (보호자 감독 하)	• 하루 1시간 이내(미국소아과학회 권장) • 보호자 지도 필수 • 학습 목적 외 사용 제한
영상 플랫폼	유튜브 키즈	영상 시청	만 4세 이상	• 보호자 통제 및 시간·콘텐츠 제한 필수 • 타이머·콘텐츠 수준 설정, 승인된 콘텐츠만 시청 필수(4세 이하, 5~8세, 9~12세 선택) • 시청 기록 점검
학습용 게임/ 키즈앱	칸아카 데미 키즈	유아 학습 게임	만 2~8세	• 보호자 동반, 하루 20~30분 권장 • 연령별 콘텐츠 설정 • 사용 시간 제한
	EBS 초등	초등 학습	만 6세 이상	• 보호자 동반, 하루 20~30분 이내 • 보호자와 동반 사용 권장
	토도수학	수학 학습	만 4세 이상 (세부 단계별 구분)	• 하루 20~30분 이내 보호자 동반 사용 권장 • 연령별 단계 안내
	카훗 키즈	퀴즈 기반 학습 게임	• 카훗 키즈 : 만 3~12세 • 일반 카훗 : 만 14세 이상	• 3개 퀴즈로 구성된 챌린지 기준, 하루 1회 짧은 세션 권장 • 연령 적합 콘텐츠 선택 • 보호자 동반 사용

유형	디지털 도구	활용 목적	권장 연령대	사용 가이드
AI/ 음성 도구	AI 스피커	음성 기반 학습, 정보 탐색 등	만 6세 이상 (보호자 동반 권장)	• 보호자 동반 사용 • 개인 정보 노출 주의 • 구매 · 콘텐츠 제한 설정 • 음성 명령 예절 교육
코딩/ 창의 도구	스크래치 주니어/ 엔트리	코딩 학습	• 만 5~7세 (스크래치 주니어) • 만 8세 이상 (엔트리)	• 보호자 협력 권장 • 주 2~3회, 40~60분 권장 • 온라인 상호 작용 시 개인 정보 보호 • 사용 목적별 시간 구분
AI/ 챗봇	챗GPT	정보 검색, 대화 등	만 13세 이상 (만 18세 미만 보호자 동의 또는 지도 필수)	• 초등생 사용 시 보호자 지도 필수 • 개인 정보 입력 금지 • 사용 목적별 시간 구분
창의/ 협력 도구	마인크래프트	창의 설계, 협력 학습	만 7세 이상	• 주 2~3회 1회 40분 이내 권장 • 보호자 동반 체험, 온라인 상호 작용 시 개인 정보 보호
창의/ 협력 도구	로블록스	창의 설계, 협력 학습	• 만 5세 이상(콘텐츠 등급 5+, 9+, 13+, 17+) • 만 9세 미만: Mild/ Minimal 콘텐츠만 이용 • 만 13세 이상: 채팅 및 사용자 생성기 능 확대	• 주 2~3회, 하루 1시간 이내 권장 • 연령별 기능 제한, 보호자 동의 · 관리 필수 • 온라인 상호 작용 시 개인 정보 보호 • 만 13세 미만: 자동 필터링 적용 및 보호자 동의 필수

위 내용은 국제 연구와 각 개발 기관의 지침을 근거로 정리한 것으로 모든 도구는 보호자 지도 및 시간 · 콘텐츠 제한, 개인 정보 보호 등 구체적 관리가 강조됨을 알 수 있습니다. 가이드를 참고하여 아이의 발달 단계와 가정의 특성에 따라 부모님 관리하에 적절히 적용하는 것이 중요합니다.

아이의 성장과 함께 진화하는 디지털 규칙: 지속적인 관찰과 유연한 조정

 디지털 기기 사용 시 적정 연령대에 관한 판단은 공식적인 기준을 참고하되 아이가 성장함에 따라 지속적으로 관찰하고 유연하게 조정해야 하는 영역입니다. 초등학교 저학년 때 사용 목적과 패턴이 고학년까지 동일하게 유지되지 않으므로 아이의 발달 단계, 학습 흥미, 그리고 친구 관계 등 아이의 성장에 맞춰 규칙 또한 유연하게 변화해야 합니다.

 아이가 새로운 디지털 도구에 관심을 보이거나 특정 앱 사용으로 인한 행동 변화가 감지될 때마다 부모는 아이와 함께 가장 적합한 사용법이 무엇인지 대화하고 필요하다면 기존 규칙을 재조정해야 합니다. 이는 단순히 '몇 살에 무엇을 시작한다.'라는 것을 넘어 부모와 아이가 함께 디지털 시대를 현명하게 탐험해 나가는 역동적인 과정이 되어야 함을 의미합니다.

우리 아이를 위한 디지털 사용 가이드 라인 만들기

 자녀의 디지털 기기 사용에 관한 고민 앞에서 학부모님 스스로 다음 질문들을 던져 보는 것이 도움이 될 수 있습니다. 이는 일반적인 적정 연령대 기준을 넘어 우리 아이에게 지금 가장 적절한 사용법을 찾기 위한 판단 기준이 될 수 있습니다.

① 우리 아이는 디지털 기기의 사용 목적을 명확히 이해하고 있으며, 이를 학습이나 창의적인 활동에 활용하려는 의지가 있는가?
② 스스로 사용 시간을 조절할 수 있는가? 사용 중단의 상황을 큰 어려움 없이 받아들일 수 있는 자기 조절 능력을 갖추고 있는가?
③ 눈 맞춤 감소, 다른 활동에 대한 흥미 상실, 짜증 증가 등 디지털 콘텐츠에 과도한 몰입으로 유발되는 부정적 모습이 관찰되지 않는가?

④ 새로운 디지털 도구를 접했을 때 부모와 사용법 및 목적에 대해 논의하고 이해하려는 태도가 있는가?
⑤ 디지털 기기를 사용하기 위해 가족이 함께 정한 규칙을 준수하려는 노력을 보이는가?

이러한 질문과 관찰을 통해 부모는 아이의 현재 상태와 잠재적 위험 요소를 더 명확하게 파악하고 보다 효과적인 교육 방침을 선택할 수 있습니다. 아이의 개별적인 성숙도와 요구를 반영하여 일반적인 권장안을 우리 가정에 맞게 재해석하는 지혜가 필요합니다.

디지털 콘텐츠에 과도하게 몰입하는 자녀를 위한 실질적 대안

만약 위 체크리스트 중 '디지털 콘텐츠에 과도하게 몰입하는 경향은 없는가?'라는 질문에 "경향이 있다."라고 답했다면, 이는 단순히 '적정 사용 연령대'를 넘어선 개입이 필요하다는 신호일 수 있습니다. 이런 경우에는 다음과 같은 실질적인 대처법을 생각해 볼 수 있습니다.

❶ 과몰입 원인 파악 및 아이 내면 들여다보기

아이가 왜 디지털 콘텐츠에 그토록 몰입하는지 근본적인 원인을 이해하려는 노력이 무엇보다 중요합니다. 디지털 기기가 아이에게 일종의 도피처나 대체 수단이 되고 있을 가능성도 있기 때문입니다.

- **아이의 언어로 대화**

  "왜 게임만 하니!"라는 비난 대신 "그 게임이 정말 재미있어 보이는구나. 어떤 점이 그렇게 즐거운지 엄마, 아빠에게도 이야기해 줄 수 있을까?"와 같이 아이의 감정과 경험을 존중하며 대화를 시작하세요. 아이가 느끼는 재미, 성취감, 소속감, 스트레스 해소 등 디지털 기기가 채워 주는 욕구가 무엇인지 파악해야 합니다.

- **일상생활과 관계 점검**

  혹시 학교생활에 어려움은 없는지, 친구 관계에 문제가 있는지, 학업 스트레스가 과도한지 등 아이의 일상과 심리 상태를 자세히 살펴보세요. 아이가 현실에서 느끼는 불만, 외로움, 무력감 등이 디지털 세계로의 과도한 몰입으로 이어질 수 있습니다.

- **대안적 즐거움 제공**

  아이가 디지털 기기 외의 다른 활동에서 흥미와 성취감을 느낄 수 있도록 새로운 기회를 적극적으로 만들어 주세요. 함께 스포츠 활동을 하거나, 만들기, 그림 그리기, 악기 연주하기 등 새로운 취미를 탐색하는 과정을 함께하는 것이 중요합니다. 이는 디지털 기기가 채워 주던 욕구를 건강하고 생산적인 방법으로 해소하는 데 도움을 줍니다.

❷ 디지털 환경의 과감한 재편 및 가족이 함께하는 비디지털 활동 강화

이미 몰입도가 적정한 수준을 넘어선 경우 단순한 규칙 설정만으로는 부족할 수 있습니다. 온 가족이 합의된 환경적 변화를 통해 비디지털 활동의 비중을 적극적으로 늘려야 합니다.

- **가족 공용 공간 활용**

  디지털 기기의 사용 장소를 가족이 함께하는 거실 등 공용 공간으로 제한하고 아이 방에서는 기기를 사용하지 않도록 합니다. 이는 부모의 자연스러운 감독을 가능하게 하고 아이가 혼자 디지털 세계에 빠져드는 것을 예방하는 데 효과적입니다.

- **비디지털 우선 원칙 적용**

  식사 시간, 가족 대화 시간, 잠자리 들기 전 등에는 모든 가족들이 디지털 기기를 사용하지 않는 원칙을 세우고 엄격히 지킵니다. 부모가 먼저 스스로 스마트폰을 내려놓고, 아이와 눈을 맞추며 대화하거나 함께 놀아 주는 것이 가장 좋은 교육이 됩니다.

- **놀이 환경 재구성**

  아이의 방이나 집 안 곳곳에 책, 보드게임, 만들기 도구, 스포츠용품 등 디지털 기기 외의 놀이감을 쉽게 접할 수 있도록 배치해 주세요. 디지털 기기보다 더 흥미로운 대안적 활동들을 시각적으로 강조하여 아이의 선택을 유도하는 것이 중요합니다.

❸ 전문가의 개입 시점 파악 및 조력 요청

앞서 언급한 바와 같은 노력에도 불구하고 자녀의 디지털 기기 몰입이 지속되거나, 다음과 같은 특정 징후들이 나타난다면 전문가의 도움을 적극적으로 고려할 때입니다. 이는 단순히 '혼내거나 막는 것'을 넘어 아이의 건강한 성장과 발달을 위한 필수적인 조치가 될 수 있습니다.

- **일상생활 기능 저하**
  디지털 기기 사용으로 인해 학업 집중도가 급격히 떨어지거나 친구 관계에 문제가 생기고, 사회적 고립이 심해지는 등 일상생활의 주요 기능에 심각한 어려움이 발생할 때
- **수면 및 식사 패턴 방해**
  밤늦게까지 디지털 기기를 사용해 수면 시간이 부족해지고, 식사를 거르거나 빨리 먹고 다시 기기로 돌아가는 등 불규칙한 식사 습관이 나타날 때
- **강한 반발과 정서 불안**
  디지털 기기 사용을 제한하려 할 때 극심한 분노와 짜증, 공격적인 행동과 불안감 등을 보이거나, 기기가 없으면 다른 활동에는 전혀 흥미를 보이지 않을 때
- **신체적 증상 동반**
  눈의 피로, 두통, 거북목 증후군 등 디지털 기기 과사용으로 인한 신체적 불편함을 자주 호소할 때

이러한 징후들은 아이가 스스로 조절하기 어려운 심리적 문제를 겪고 있다는 신호일 수 있습니다. 부모의 노력만으로는 해결되지 않는 문제라고 판단될 때 망설이지 말고, 전문가의 도움을 요청하는 것도 부모의 중요한 역할입니다.

소아 청소년 정신건강의학과 전문의나 아동 심리 상담 전문가는 아이의 상태를 정확하게 진단하고 단순히 기기 사용을 줄이는 것을 넘어 아이의 내면에 있는 문제(스트레스, 불안, 우울감 등)를 파악하여 아이와 가정 상황에 맞추어 구체적인 행동 치료, 심리 치료 또는 가족 상담 방법을 제시해 줄 수

있습니다. 문제의 초기 단계에 전문가의 도움을 받는 것은 아이가 건강한 디지털 습관을 회복하고 전반적인 삶의 균형을 되찾는 데 매우 중요합니다.

결론적으로 디지털 기기 사용은 단순히 '몇 살부터 시작하느냐'의 문제가 아닙니다. 우리 아이가 디지털 세상의 주체적인 사용자로 성장할 수 있도록 부모는 넓은 시선으로 세심히 관찰하고, 깊은 관심으로 아이의 변화를 들여다봐야 합니다. 올바른 디지털 습관 정착을 위한 명확한 가이드라인을 마련하고, 일관성 있는 태도로 아이와 함께 실천하며 필요할 때는 전문가의 도움 요청도 주저하지 않아야 합니다. 부모의 지속적인 관심과 올바른 지도가 함께할 때 아이는 디지털 기기의 부정적인 영향을 최소화하면서도 자신의 잠재력을 안전하게 탐색하며 건강한 디지털 이용자로 성장할 수 있을 것입니다.

AI 기반 학습 도구,
어떻게 선택하고 활용하면 좋을까요?

> AI 학습 도구가 좋다는 이야기를 듣고 몇 가지 앱을 써봤는데, 아이에게 정말 잘 맞는 도구가 뭔지 모르겠어요. 학습 앱 종류가 너무 많아서 선택하기 어려운 것도 있고요. AI 학습 도구를 고르는 기준이나 활용법이 있다면 구체적으로 알고 싶습니다.
>
> -초등 4학년 지호 엄마의 고민-

앱스토어에 등록된 수많은 앱 중 자녀에게 적합한 것을 어떤 기준으로 선택하는 것이 좋을지 막막하실 겁니다. 최근에는 AI 기술이 적용된 학습 도구들이 급격히 늘어나며 단순히 교육용이라는 이름만으로 앱의 가치와 효용성을 판단하기 더 어려워지고 있습니다.

AI 학습 앱과 교육용 플랫폼 무엇이 다를까?

'AI 학습 도구' 하면 가정에서 실제 활용하고 광고에서 종종 보게 되는

엘리하이, 아이스크림 홈런, 웅진 스마트올 또는 스마트 스토어 학습 카테고리에 뜨는 여러 앱이 떠오르실 겁니다. 학부모 세대에서 경험했던 구몬학습이나 빨간펜 같은 종이 학습지와 문제집 등이 온라인 기반 학습 플랫폼과 다양한 앱 형태로 나타나고 있는 것이지요.

온라인 교육 플랫폼은 국어, 수학, 영어, 사회, 과학 등 전 과목을 통합적으로 관리하는 종합 학습 시스템입니다. 단순히 문제를 푸는 것을 넘어서 학습 진도 관리, 성취도 분석, 학부모 리포트 등의 포괄적인 기능을 제공하며 학습자의 학습 패턴 파악, 취약점 보완을 통한 맞춤형 문제 추천, 학습 상황 실시간 분석 등 AI 학습 앱 기능이 통합되어 있습니다. 따라서 체계적이고 지속적인 학습 관리가 필요할 때 유용합니다.

AI 학습 앱은 주로 특정 학습 영역에 특화되어 있습니다. 영어 발음 교정, 수학 연산, 한글 학습 등 하나의 분야를 깊이 있게 다루며, 스마트폰이나 태블릿에서 쉽게 사용할 수 있어 접근성이 좋습니다. 활용 목적에 따라 영어 노출 환경 제공을 원할 때는 영어책 읽어 주기 앱, 영어 말하기 능력을 길러 주기 위해서는 말하기 전용 앱, 영어 단어 공부를 목적으로 할 때는 단어 게임 앱 등 특정 과목이나 영역의 집중 학습 및 보완 학습이 필요할 때 효과적입니다.

AI 기반 학습 도구 선택의 기준

자녀를 위한 AI 기반 학습 도구, 어떤 기준과 방법으로 선택하시나요? 많은 보호자는 앱이나 플랫폼에 대한 후기, 지인의 사용 경험, 온라인 커뮤니티 평가 등을 참고하고는 합니다. 하지만 이 외에도 보다 체계적이고 신뢰할 수 있는 선택 기준은 없을까요?

첫째, 아이의 기질과 성격, 학습 스타일을 먼저 고려하세요.

모든 아이는 각자 다른 성향과 특성을 가지고 있습니다. 아이의 특성과 잘 맞지 않는 학습 도구를 선택하면 오히려 아이가 흥미를 잃고 학습을 피하게 될 수도 있습니다. 자기 주도적인 아이에게는 목표 중심적인 앱이나 플랫폼이 적합하고 아직 학습 습관이 형성되지 않은 아이에게는 단계별 학습과 짧고 흥미로운 구성을 갖춘 앱을 선택하는 것이 효과적입니다.

🔹 기질별 도구 선택 예시

둘째, 자녀에게 필요한 학습 영역을 명확하게 설정하세요.

AI 기반 학습 도구를 선택할 때는 영역과 학습 목적, 목표를 명확하게 설정 하는 것이 중요합니다. 전반적인 교과목 관리가 목적이라면 다양한 과목을 통합적으로 제공하는 종합 학습 플랫폼을 선택하고, 특정 학습 역량을 높이고 싶다면 관련된 역량에 전문화된 앱을 선택하는 것이 더 효과적입니다.

예를 들어, 영어 학습만 보더라도 영어 듣기 환경 노출을 원하는지, 말하기 능력 향상을 원하는지, 체계화된 커리큘럼으로 영어 능력을 체계적으로 신장시키고 싶은 것인지에 따라 선택해야 하는 앱은 달라져야 합니다.

- 수학 능력 향상 → 똑똑! 수학탐험대, 토도수학
- 영어 발음과 말하기 집중 연습 → AI 펭톡, 엘라스쿨
- 전 과목 종합 관리 및 성취도 분석 → 웅진스마트올, 아이스크림 홈런
- 문해력이나 코딩 등 특정 능력 개발 → 전문 앱 활용(예 문해력 앱, AI 코딩 앱)

셋째, AI 기능이 아이의 학습을 얼마나 잘 도와주는지 확인해 보세요.

AI 기반의 학습 앱이 일반적인 앱과 차별화되는 가장 큰 장점은 학습자의 상태를 세밀하게 파악해 개인 맞춤형 학습을 제공한다는 점입니다. 아이가 어려워하는 개념이나 문제를 정확히 짚어 내고 실시간으로 아이의 학습 수준과 속도를 파악하여 적절한 문제를 제공하는지, 또 오답을 냈을 때 즉각적인 피드백을 통해 이해도를 높여 주는지를 잘 따져 보아야 합니다.

좋은 AI 학습 도구는 단순히 문제를 풀고 답을 맞히는 것을 넘어 아이의 학습 과정에 반응하고 의미 있는 피드백을 제공합니다. 오답에 대해 단순히 틀렸다고 알려 주기보다 왜 틀렸는지, 문제 해결을 위해 어떻게 접근해야 하는지 안내해 주는 것이 학습에 더 효과적입니다.

- 진단평가를 통한 개인 맞춤형 문제 추천 여부
- 오답 즉시 피드백 및 보완 학습 제공 여부
- 학습 데이터를 분석한 개인화된 학습 경로 제공 여부

넷째, 제공하는 콘텐츠가 자녀의 연령대와 수준에 적합하고, 믿을 만한지 살펴보세요.

연령대와 학습 수준이 맞지 않는 콘텐츠는 아이들에게 혼란을 줄 수 있습니다. 자녀의 연령대와 발달 수준에 맞는 콘텐츠를 제공하는지, 교육적으

로 적절한지, 자극적이고 불필요한 광고 콘텐츠가 포함되어 있지 않은지 등 콘텐츠의 안전성과 적절성에 대한 검토가 필요합니다.

특히 교육부, EBS 등 공신력 있는 기관에서 제작한 콘텐츠를 기반으로 한다면 더욱 신뢰할 수 있고, 학교에서 적용되는 교육 과정과 적절하게 연계된 콘텐츠일 경우 학교 수업과 시너지 효과를 거둘 수 있을 것입니다.

구글은 교사 추천 배지를 통해 콘텐츠의 적절성 판단에 도움을 주는 제도를 운영하고 있습니다. 구글 플레이스토어의 유아 카테고리에는 교사의 추천을 받은 앱 모음이 있습니다. 교사 추천 배지는 미국 내 교사와 아동 교육 전문가 200명 이상이 참여하여 어린이용 앱을 평가하고 추천하는 제도로 자녀 교육용 앱 선택 시 적절성을 판단하는 기준으로 활용할 수 있습니다.

아래 구글 교사 추천 심사 기준을 자녀에게 적합한 앱을 선택하기 위한 판단 근거로 활용할 수도 있습니다.

- **연령 적합성**: 아이의 발달 단계에 맞는 콘텐츠인가?
- **교육적 가치**: 학습 효과나 창의성, 상상력을 자극하는 요소가 있는가?
- **사용자 경험**: 아이들이 쉽게 사용할 수 있는 디자인과 인터페이스인가?
- **광고 및 인앱 구매**: 광고나 인앱 구매가 적절하게 관리되고 있는가?
- **전반적인 품질**: 앱의 전반적인 완성도와 아이들에 대한 매력도

다섯째, 학습 현황 파악과 피드백 등 학습 데이터 관리가 편리하고 투명한지 확인해 보세요.

AI 기반 학습 도구는 아이의 학습 기록을 데이터로 관리하고 분석해 줍니다. 그런데 정작 학부모가 이 데이터를 쉽게 확인하지 못하거나, 아이가 어떤 내용을 공부했는지 바로 파악하기 어려운 경우도 많습니다. 따라서 자녀의 학습 현황과 강·약점을 데이터로 분석해 맞춤형 학습 계획을 제안해

주는지 확인해 보아야 합니다. 또한 학부모와 자녀가 함께 참여할 수 있는 공동 미션 기능이나 상담 채팅창 등을 통해 학부모가 적절히 개입하고 도울 수 있는 체계적인 피드백 시스템이 갖춘 앱이나 학습 플랫폼을 선택하면 자녀의 학습을 더 효과적으로 관리할 수 있습니다.

- 학부모 전용 앱 또는 웹사이트 제공 여부
- 학습 진도, 성취도 등 주요 정보를 한눈에 볼 수 있는 리포트 제공 여부
- 실시간 알림이나 학습 상황 공유 기능 제공 여부

여섯째, 학습 도구의 기술적 안정성과 접근성, 지속적 학습을 위한 사용성 등을 확인하세요.

아무리 우수한 콘텐츠를 기반으로 하고 있더라도 사용 시 자주 오류가 발생하거나 속도가 느리면 활용도가 떨어지게 됩니다. 따라서 사용 전에는 별점과 리뷰를 통해 오류·버그 발생 여부, 꾸준한 업데이트가 이루어지고 있는지 등을 확인하는 것이 좋습니다. 또한 가정에서 보유하고 있는 기기에서 원활하게 구동 가능한지, 추가 장비나 더 높은 사양을 갖춰야 하는지 등 확인이 필요합니다.

학습 도구의 메뉴는 아이가 혼자서도 탐색하며 학습할 수 있는 직관적 디자인과 인터페이스를 갖추었는지 확인하는 것이 필요합니다. 메뉴 구성이 단순 명료한지, 글자 크기와 색상이 가독성 있게 설계되었는지, 아이가 스스로 조작할 수 있는 구조인지 확인합니다. 너무 복잡하고 어려우면 쉽게 싫증을 내고 흥미를 잃을 수 있습니다.

적절한 보상과 칭찬을 통해 흥미와 자신감을 심어 줄 수 있는 요소나 아이의 정서를 공감하고 격려하는 요소가 반영되어 있으면 학습 시간 유지에 더 효과적일 것입니다. 성취감을 느낄 수 있는 진행 상황 표시, 적절한 칭

찬과 피드백, 흥미로운 캐릭터나 스토리텔링 요소가 있다면 도움이 됩니다. 다만 과도한 보상 시스템이나 게임적 요소로 본연의 학습 목적을 흐리지 않는지도 함께 살펴봐야 합니다.

- 게임화 요소나 미션 수행 등 재미있는 학습 방식 포함 여부
- 학습 진행 과정에서 칭찬이나 보상을 제공하는 시스템 여부
- AI 캐릭터나 챗봇 등 아이의 정서를 공감하고 격려하는 요소 유무

일곱째, 디지털 사용 습관을 고려한 요소가 반영되어 있는지 확인하세요.

아무리 좋은 앱이나 플랫폼일지라도 과도하게 몰입하면 오히려 역효과가 날 수 있습니다. 따라서 사용 시간이나 횟수를 조절할 수 있는 기능이 있는지도 확인해야 합니다. 특히 사용 시간 제한, 휴식 권장 알림 등 디지털 습관을 관리해 주는 기능이 있다면 학습과 함께 건강한 디지털 사용 습관 형성 효과도 얻을 수 있습니다.

- 앱 사용 시간 설정 기능 제공 여부
- 장시간 연속 사용 시 휴식 권장 메시지 기능 제공 여부
- 사용 상황을 학부모가 바로 확인하고 조정 가능한 기능 유무

여덟째, 비용의 합리성을 확인하세요.

구독의 전성시대입니다. 하나하나는 큰 금액이 아니지만 전체 구독액을 모아 확인해 보면 다달이 디지털 환경과 관련된 구독료가 가족 경제에서 적지 않은 비중을 차지함을 확인하게 됩니다. 학습 앱이나 플랫폼 선택에서 비용도 고려해야 할 중요한 요소입니다.

아무리 좋은 학습 도구일지라도 가격이 지나치게 부담되면 장기적으로 활용하기 어렵습니다. 장기적인 계획과 현재 상황에 대한 분석을 바탕으로

자녀에게 필요한 학습 플랫폼이나 앱의 예비 목록을 작성한 뒤, 무료 체험 등을 통해 자녀에게 적절한 학습 도구인지, 가격은 합리적인지 판단 후에 선택하는 것이 필요합니다.

- 월 구독료 대비 제공되는 콘텐츠의 양과 질이 적절한지 확인
- 무료 체험 기회나 할인 혜택 제공 여부
- 추가 결제나 앱 내 결제가 명확하게 안내되어 있는지 확인

아홉째, 개인 정보와 학습 데이터가 안전하게 보호되는지 확인하세요.

AI 기반 앱과 학습 플랫폼의 활용이 증가하는 만큼 학습 데이터 관리와 개인 정보 보호도 그 어느 때보다 중요해졌습니다. 자녀의 학습 데이터를 어떤 방법으로 관리하는지, 개인 정보는 암호화되어 안전하게 보관되는지, 학습 데이터와 개인 정보를 제3자에게 제공하는 경우가 있는지 등을 투명하게 확인할 수 있어야 합니다. 신뢰할 수 있는 앱은 개인 정보 보호 정책을 분명하고 이해하기 쉽게 제시하며 부모가 언제든지 아이의 데이터를 수정하거나 삭제할 수 있는 기능을 제공합니다.

- 데이터 수집 및 이용에 대한 명확한 안내 여부
- 개인 정보 보안을 위한 암호화 및 보호 조치 여부
- 제3자에게 개인 정보를 공유하거나 판매하지 않는지 투명하게 공개 여부
- 학습 데이터를 열람, 수정, 삭제할 수 있는 간편한 방법 제공 여부

🖱 AI 기반 학습 도구의 효과적인 활용을 위한 부모의 역할

좋은 AI 학습 도구를 선택해도 적절한 활용과 교육 효과를 위해 가장 중요한 것은 부모님의 올바른 안내와 적절한 관심입니다.

❶ 처음 사용할 때 함께 탐색하며 초기 설정 돕기

새로운 AI 도구 학습을 시작할 때 아이 혼자 사용하도록 하지 않고 부모와 함께 탐색해 보는 시간을 가져 보세요. "우리 함께 새로운 디지털 도구로 공부해 볼까?" 하며 기능을 살펴보는 과정에서 긍정적인 학습 동기가 생깁니다.

❷ 구체적인 학습 목표 함께 세우기

막연하게 열심히 공부하자고 하기보다 "이번 주는 구구단 7단까지 완전히 외워 보자.", "영어 동물 이름 20개 말하기에 도전해 보자."와 같이 구체적이고 가능한 목표를 설정하고 학습을 진행해 보세요. 아이도 성취감을 느낄 수 있고 AI 도구의 맞춤형 기능도 더 효과적으로 활용할 수 있습니다.

❸ 학습 내용에 대해 함께 소통하기

"이번 주 곱셈 문제 정답률이 85%에서 87%로 향상되었네. 어려운 문제를 포기하지 않고 꾸준히 해낸 네가 정말 대견하구나."

AI 학습 도구가 제공하는 학습 리포트를 부모님의 확인 용도로만 사용하지 말고 구체적인 칭찬과 격려의 근거로 활용해 자녀의 동기 부여와 성취도를 끌어올릴 수 있습니다.

"오늘 공부하며 힘들거나 어려웠던 부분은 뭐였어?", "이번 주 공부하며 재미있거나 새롭게 알게 된 내용을 엄마에게 설명해 주겠니?"와 같은 대화를 통해 학습 상황과 아이의 감정 등을 점검하고 소통하는 시간을 정기적으로 가지는 것이 중요합니다.

❹ 적절한 사용 시간 설정하기

아이의 집중력과 연령대, 개별 특성을 고려해서 사용 시간을 규칙적으로 정해서 활용합니다. 처음에는 짧게 시작해서 아이의 반응을 보며 점차 조정해 나가는 것이 좋습니다.

일반적으로 초등학생의 경우 한 번에 20~40분 정도가 적절하며, 쉬지 않고 오래 사용하는 것 보다는 중간에 10분 정도 휴식 시간을 둘 것을 권장합니다. 중요한 것은 스트레스 받지 않고 집중할 수 있는 시간을 아이와 부모가 함께 찾아가는 것입니다.

'타이머를 맞춰 놓고 30분 공부하고 10분 쉬기'처럼 명확한 규칙을 아이와 함께 정하되, 아이의 컨디션이나 흥미도에 따라 유연하게 조정하는 것도 필요합니다.

❺ 학습에 흥미를 잃었을 때는 이렇게!

처음에는 흥미를 느꼈던 아이도 시간이 지나면서 학습 앱이나 플랫폼에 흥미를 잃는 경우가 종종 있습니다. 이런 경우에는 아이에게 무작정 학습을 이어 가도록 강요하거나, 단번에 사용을 중단하기보다 함께 원인을 파악하고 그에 맞는 방법을 찾아보는 것이 필요합니다.

- **흥미를 잃는 주요 원인 파악하기**
  - 너무 쉽거나 어려워서 지루함을 느끼는 경우
  - 같은 패턴의 반복으로 인한 싫증
  - 다른 재미있는 활동(게임, 유튜브 등)과 비교해서 상대적으로 재미없게 느끼는 경우
  - 학습 부담이나 스트레스로 인한 거부감
- **대처 방법**
  - 내화를 통해 흥미를 잃은 주요 원인 파악하기
  - 설정을 확인해서 아이 수준에 맞게 난이도를 조정하거나, 다른 학습 모드가 있다면 시도해 보기
  - 작은 보상을 주거나 부모님이 학습 과정에 함께하는 등 새로운 동기 부여 방법 찾기
  - 억지로 계속하기보다 잠시 휴지기를 두었다 다시 시작해 보기
  - 아이의 학습 스타일이나 관심사가 바뀌었는지 확인해 보고, 필요하다면 다른 앱이나 학습 방법으로의 전환 고려하기

❻ 과의존 방지를 위한 관심 기울이기

학습을 위한 활용이지만 과의존 신호가 보이면 사용을 조절하거나 중지해야 합니다.

- AI 앱이나 플랫폼이 없으면 공부를 시작조차 하려 하지 않는 경우
- 조금만 어려워도 바로 앱의 도움만 찾는 경우
- 손으로 쓰는 활동이나 깊이 있는 사고와 같은 아날로그 학습을 꺼리는 경우

AI 학습 도구는 우리 아이들에게 새로운 학습 가능성을 열어 줄 훌륭한 도구입니다. 하지만 도구 자체보다 중요한 것은 자녀의 성향과 학습 목적에 맞는 것을 선택해 현명하게 활용하는 것입니다. 부모의 관심과 참여, 지속적인 소통이 더해진다면 AI 학습 도구는 자녀의 자기 주도적 학습력을 키우고 미래 역량을 기르는 든든한 동반자가 될 것입니다.

체크 포인트

☐ 아이의 학습 목적에 맞는 앱(개별 앱 vs. 통합 플랫폼)을 선택했나요?
☐ 앱의 교육적 가치와 안전성을 확인했나요?
☐ 아이의 연령과 발달 단계에 적합한 앱인가요?
☐ 적절한 사용 시간과 규칙을 정해 지키고 있나요?
☐ 정기적으로 아이와 학습 상황을 함께 확인하고 있나요?
☐ 디지털 학습과 실생활 경험을 연결하는 활동을 마련했나요?

AI 공부 모드,
가정에서 어떻게 활용해야 할까요?

> 그동안 아이가 챗GPT를 활용할 때마다 과제를 스스로 해결하기보다 그냥 베끼는 건 아닐까 늘 걱정이 되었습니다. 그런데 최근 챗GPT에 공부 모드(Study Mode)가 생기고, 구글 제미나이에도 가이드 학습(Guided Learning) 기능이 추가되었다는 소식을 들으니 관심이 갑니다. 정말 아이의 학습에 도움이 될 만큼 효율적인 기능인지, 초등학생도 활용할 수 있는지, 그리고 가정에서는 어떻게 써야 할지 알고 싶습니다.
>
> —초등 5학년 민준 엄마의 고민—

공부 모드와 가이드 학습, 무엇이 달라졌을까?

처음 공부 모드가 도입되었을 때 "이미 챗GPT를 활용하고 있는데, 굳이 새로운 공부 모드가 필요할까?"라는 의문이 드신 분들이 있을 것입니다. 이 차이를 이해하려면 새로운 기능이 어떤 문제의식에서 출발했는지, 그리고 어떤 특징이 있는지 살펴볼 필요가 있습니다.

❶ 챗GPT 공부 모드(Study Mode)의 개발 이유와 특징

공부 모드 개발은 학생들이 챗GPT를 단순히 숙제 대행자처럼 사용한다는 문제에서 출발합니다. GPT에게 과제를 물어 나온 답을 그대로 복사해 제출하거나 개념 이해 없이 결과만 받아 적는 형태의 학습이 인지적 외주화(스스로 생각하기보다 기계에 의존하는 현상)를 부르고 비판적 사고력 저하로 이어질 수 있다는 연구 결과가 지속적으로 제기되었습니다.

이런 문제를 해결하기 위해 OpenAI는 정답을 대신 주는 AI가 아닌, 사고 과정을 함께 걸어 주는 AI를 설계해 2025년 7월 공부 모드(Study Mode)로 공식 출시했습니다. 공부 모드 개발에 반영된 주요 전략과 특징은 다음과 같습니다.

- **소크라테스식 질문(Socratic Questioning)**
정답을 곧바로 알려 주는 대신 '왜?', '어떻게?'와 같은 탐구형 질문을 던지며 아이가 자기 언어로 개념을 설명하고 근거를 찾도록 이끕니다. 예를 들어, "피자 8조각 중 3조각을 먹었다면, 남은 건 몇 조각일까?"라고 묻고, 이어서 "그걸 분수로 표현하면 어떻게 될까?"라고 되묻는 식입니다. 단순한 답이 아니라 생각의 과정을 끌어내는 것이 핵심입니다.

- **스캐폴딩(Scaffolding/단계별 발판 제공)**
어려운 주제를 작은 단계로 나누어 아이가 차근차근 따라갈 수 있도록 돕습니다. 아이의 반응에 따라 도움의 강도를 조절하면서 점차 독립적으로 사고하도록 이끄는 것이 특징입니다. 예를 들어, '도시화가 환경에 미치는 영향'을 공부할 때는 "도시화란 무엇일까?"라는 기초 질문에서 시작해, "사람들이 도시로 모이면 어떤 변화가 생길까?", "그 변화가 환경에는 어떤 영향을 줄까?"와 같이 단계적 발판을 놓으며 사고를 확장합니다.

- **자가 점검(Knowledge Check)**
아이가 배운 내용을 자기 말로 다시 설명하게 하여 스스로 무엇을 알고 모르는지 확인하게 합니다. 예를 들어, "방금 배운 걸 네 말로 다시 말해 줄래?"라든지 "앞에서 배운 것과 지금 답은 어떻게 이어질까?" 같은 질문을 던져 아이가 이해도를 스스로 점검하게 만듭니다.

- **심리적 배려 피드백(Affective Feedback)**

아이가 틀리거나 "모르겠어요."라고 했을 때도 부정하지 않고 시도를 인정하며 다시 도전할 기회를 줍니다. 이런 피드백을 통해 아이는 실수를 실패가 아닌 탐색 과정으로 받아들여 학습 동기를 잃지 않을 수 있습니다.

- **대화 루프 구조(Dialogue Loop)**

[질문 → 사고 유도 → 힌트 제공 → 자가 점검 → 피드백]의 흐름이 반복되도록 설계되었습니다. 정답에 빨리 도달하기보다 과정에 오래 머물며 학습의 깊이를 더합니다.

- **멀티모달 지원(Multimodal Support)**

텍스트 중심 대화에 더해 표, 그래프, 간단한 그림 같은 시각 자료를 보조적으로 제공해 아이가 추상적인 개념을 시각적으로 이해할 수 있도록 돕습니다. 예를 들어, 사회 시간 도시화를 배울 때, 옛날 농촌 풍경 사진과 오늘날 도심 사진을 나란히 제시하고 무엇이 달라졌는지 확인할 수 있도록 돕습니다.

- **교사 피드백 기반 설계(Teacher-informed Design)**

공부 모드는 단순히 연구실 안에서 개발된 기능이 아니라, 교사와 교육 전문가들의 실제 수업 경험이 반영된 결과물입니다. 개발 과정에서 40여 개 교육 기관과 교사가 참여해 교실 시나리오를 검증해 학습자 수준과 연령에 맞춰 대화 흐름이 세밀하게 조정되도록 했습니다.

❷ 제미나이 가이드 학습(Guided Learning)의 특징

구글은 학습자가 AI에게 정답만 제공받는 데 익숙해지는 것을 막기 위해 이해 과정을 함께 밟아 가는 학습 방식으로 가이드 학습(Guided Learning)을 내놓았습니다.

- **학습 전용 엔진, 런LM(LearnLM)**

가이드 학습은 일반 제미나이(Gemini)가 아니라 교육을 위해 특별히 훈련된 엔진을 기반으로 작동합니다. 단순히 문제에 대한 답을 제공하는 것을 넘어 교육학적 설계 원칙을 반영한 대화를 이어 갑니다.

- **멀티모달 지원(Multimodal Support)**

글뿐만 아니라 그림, 다이어그램, 짧은 영상, 퀴즈 같은 시각 자료를 함께 제공해 학습 내용을 다양한 방식으로 받아들일 수 있게 합니다. 예를 들어, 과학 시간에 생태계를 배운 뒤 상호 작용이 가능한 퀴즈를 제시하거나 주요 개념을 정리한 플래시 카드를 제시해 공부한 내용을 점검하도록 돕습니다.

- **단계별 안내(Step-by-step Guidance)**

어려운 주제도 한 번에 다루지 않고 작은 단계로 나누어 설명하며 학습자의 반응에 따라 설명 깊이나 난이도를 조정합니다. 예를 들어, 분수를 어려워하는 아이에게는 "전체 피자가 몇 조각으로 나눠졌을까?"라고 묻고, 이어 "그중 몇 조각을 먹었을까?"로 연결해 분모와 분자 개념을 자연스럽게 익히도록 합니다.

- **즉시 확인과 피드백(Instant Check & Feedback)**

설명 중간에 "잘 이해했는지 확인해 볼까?" 같은 질문을 던지며 간단한 퀴즈를 내고, 아이의 대답에 따라 즉각적인 해설이나 추가 학습 자료를 제공합니다. 필요할 경우 복습 카드(플래시카드)를 자동으로 만들어 반복 학습을 돕기도 합니다.

- **안전장치와 보호 정책(Safety & Protection)**

초등학생도 부모 계정(Family Link)을 통해 사용할 수 있으며, 청소년 보호 필터, 개인 정보 보안 기능이 함께 적용됩니다. 부모는 아이가 어떤 활동을 하는지 확인할 수 있고 위험하거나 부적절한 콘텐츠에 노출되지 않도록 관리할 수 있습니다.

❸ 공부 모드와 가이드 학습, 무엇이 같고 무엇이 다를까?

두 기능 모두 정답을 대신 주지 않고 아이가 스스로 사고 과정을 밟도록 돕는다는 공통된 문제의식에서 출발했습니다. 아이가 자기 말로 설명하고 이해했는지 점검하면서 학습한다는 점 역시 공통적입니다.

차이가 있다면 공부 모드는 대화 속 질문 구조에 교육학적 기법을 녹여 사고를 깊게 이끌어 내는 데 초점이 있고, 가이드 학습은 그림·다이어그램·짧은 영상·퀴즈 같은 다양한 멀티모달 기능을 통해 학습을 보완하는 데 강점이 있다고 볼 수 있습니다.

[챗GPT 공부 모드와 구글 제미나이 가이드 학습 비교[51]]

구분	챗GPT 공부 모드 (Study Mode)	구글 제미나이 가이드 학습 (Guided Learning)
출시 배경	AI 답변을 그대로 베끼는 문제에 대한 교육 현장의 우려 대응	• Google I/O 2024의 LearnLM 기반개발 2025년 8월 공식 공개 • 교육학·인지과학 기반 LearnLM개발 → 책임 있는 AI 학습 지원과 교실 연계 강조
핵심 철학	• 능동적 학습, 메타인지, 자기 성찰 강화 • AI는 지름길이 아니라 함께 생각하는 동행	단계별 사고 과정과 멀티모달 학습 경험을 통한 깊이 있는 이해
주요 기능	• 소크라테스식 질문 • 단계별 힌트(스캐폴딩) • 자기 점검 질문(Knowledge Check) – 학습자 수준 맞춤 피드백	• 단계별 가이드(Scaffolded steps) • 멀티모달 자료 제공(이미지·영상·퀴즈) • 즉시 확인 및 피드백
적용 맥락	개별 학습 상황에서 AI 튜터처럼 활용 가능	가정 학습뿐 아니라 교실 수업(교사 연계)에서도 활용 가능

공부 모드는 대학생이나 성인을 주 대상으로 설계된 기능이지만, 초등 고학년의 경우 이미 과제 해결 과정에서 생성형 인공 지능을 활용하는 일이 드물지 않습니다. 학교 현장에서도 교사의 관리 아래 AI를 학습 도구로 활용하는 사례가 늘고 있지요. 이러한 변화에 발맞춰 정답을 바로 제시하는 일반 모드 대신 학습 과정을 중시하는 공부 모드를 가정에서 어떻게 활용해야 하는지 부모의 관심과 이해가 필요합니다.

공부 모드는 아이가 필요로 하는 조사 정보를 수준에 맞게 제공하고, 수학 문제 풀이의 경우도 단계를 쪼개어 하나하나 따라갈 수 있도록 돕습니다. 즉, 과제를 'AI가 대신 해 주는 것'이 아니라 'AI와 함께 과정을 밟아 가는 것'으로 경험하게 하는 것입니다. 이런 구조는 앞으로 AI가 개별 맞춤형 튜터로 진화할 가능성을 보여 줍니다. 부모가 이런 특성을 이해하고 올바른 활용법을 안내한다면 아이는 공부 모드를 단순 편의 도구가 아니라 자기 주도 학습력을 키워 주는 동반자로 받아들일 수 있을 것입니다.

🔍 AI 학습 기능, 가정에서 어떻게 활용하면 좋을까?

챗GPT 공부 모드와 구글 제미나이 가이드 학습은 이제 막 공개된 기능이지만 초등학생의 학습에도 의미 있게 활용할 수 있습니다. 다만 두 기능 모두 원칙적으로 만 13세 이상을 권장 연령으로 하므로, 초등학생이 활용하려면 반드시 부모가 옆에서 과정을 관리하고 안내해야 합니다.

❶ 학습 모드로 시작하는 습관 들이기

AI를 학습에 활용하려면 일반 대화가 아니라 반드시 학습 전용 모드로 켜고 시작해야 합니다. 챗GPT는 화면 하단의 'Tools(도구) → Study and learn(공부·학습)' 메뉴에서 공부 모드로 전환할 수 있고, 제미나이도 Gems의 과외 선생님이나 화면 하단의 가이드 학습을 활성화해야 합니다. 전용 URL이나 자동 실행 설정이 제공되지 않으므로 접속할 때마다 직접 모드를 설정해야 합니다. 부모가 아이와 함께 이 과정을 반복해 습관을 잡아 주는 것이 필요하며, 학습 과정 중 다시 일반 모드로 전환하지 않도록 하는 것도 필요합니다.

❷ 프롬프트 작성으로 시작하기

공부 모드와 가이드 학습은 사용자의 목표와 수준에 맞춰 대화를 조정합니다. 학습 시작 전 학년·과목·학습 목표를 분명히 밝히는 프롬프트를 제시해 주어야 효과적으로 학습할 수 있습니다.

프롬프트는 단순한 질문이 아니라 학습 맥락을 설계하는 장치입니다. 공식 안내에서도 '목표·수준·방식'을 포함해 요청할 때 가장 효과적으로 작동한다고 설명합니다.

> **프롬프트 제시를 위한 튜토리얼**
> - **역할 설정**: "너는 ○○과목 선생님이야."
> - **학습자 정보(수준)**: "나는 ○학년 학생이야."
> - **학습 목표(목표)**: "오늘은 ○○을 배우고 싶어."
> - **도움 방식(방식, 선택적)**: "정답은 바로 말하지 말고 질문으로 힌트를 줘."

프롬프트에는 목표와 수준만 담아도 충분히 학습이 진행됩니다. 도움 방식을 제시하는 것이 어렵다면 "복습 퀴즈 10개를 내 줘.", "마지막에 표로 정리해 줘."와 같이 구체적인 아이디어가 있을 때만 추가해도 무방합니다.

너는 [수학 선생님]이야. 나는 [초등학교 5학년]이야. 오늘은 [분모가 다른 분수의 덧셈]을 배우고 싶어. [마지막에 복습할 수 있도록 퀴즈를 3문제 내 줘.]	너는 [사회 선생님]이야. 나는 [초등학교 6학년]이야. 오늘은 [도시화가 환경에 어떤 영향을 주는지]를 배우고 싶어. [구체적인 예시를 3가지 이상 들어서 설명해 줘.]

◐ **프롬프트 작성의 예시**

프롬프트 제시는 [모델링 → 공동 작성 → 단독 작성]의 순서로 진행하는 것이 좋습니다. 처음에는 부모가 직접 작성해 보여 주며 프롬프트 제시의 틀을 잡아 주고, 이후에는 아이가 말한 내용을 부모가 함께 문장으로 정리합니다. 익숙해지면 아이 스스로 학습 주제를 정리해 프롬프트를 작성해 보도록 이끌어 줍니다.

- **부모와 자녀가 함께 학습 과정에 참여하기**

AI 학습 모드는 정답을 빠르게 주지 않고 질문과 힌트, 자기 점검의 흐름을 반복하도록 설계되어 있습니다. 이 과정에서 아이가 답을 망설이거나 과정을 건너뛰려 할 때 부모가 옆에서 "AI가 묻는 질문에 네 말로 끝까지 대답해 보자."라고 격려하며 학습 과정을 놓치지 않도록 지원하는 것이 중요합니다. 특히 13세 미만 아동은 반드시 부모가 함께 참여해야 하며, 아이가 대답을 망설이거나 흐름을 따라가기 힘들어하는 지점에서 보충 설명이나 추가 질문을 던져 주는 것이 효과적입니다.

- **검증과 윤리 습관 잡기**

GPT-5.0을 출시하며 할루시네이션이 현저히 감소했다는 안내가 있지만 여전히 AI 답변에는 틀리거나 불완전한 내용이 포함될 수 있습니다. 부모는 아이가 스스로 사실 여부를 검토하는 태도를 배우도록 이끌어야 합니다. "다른 자료에서도 이 답과 같은 설명을 하고 있을까?", "왜 이런 답을 했을지 근거를 다시 생각해 보자."와 같은 질문을 통해 답변을 비판적으로 점검하는 습관을 길러야 합니다

또 하나 중요한 원칙은 베끼지 않는 습관입니다. AI가 작성한 문장을 그대로 제출하는 것은 대리 작성과 다르지 않습니다. 부모는 "AI의 답은 참고만 하고 반드시 네 생각을 덧붙여야 해."라는 기준을 분명히 알려 주어야 합니다.

- **부모가 먼저 아이 수준에서 체험해 보기**

공부 모드와 가이드 학습은 아직 초기 단계이기 때문에 아쉬운 부분과 보완해야 할 사항들이 나타나기도 합니다. 따라서 부모가 먼저 초등학생 수준으로 직접 활용해 보고 어떤 주제와 과목에 효과적인지, 한계는 무엇인지 경험하는 것이 필요합니다. 아이가 학습에 활용하기 전에 부모가 먼저 시험자가 되어 자녀에게 적합한 활용 방법을 확인하고 계획하는 것이 필요합니다.

자기 주도 학습의 시작, 공부 모드와 함께하기

민준 엄마가 처음 했던 걱정은 "AI를 쓰면 아이가 스스로 배우지 못하는 건 아닐까?"였습니다. 이 질문은 부모라면 누구나 품을 수 있는 고민이고, 공부 모드의 의미는 바로 여기에 있습니다. 정답 대신 질문을 던져 아이가 과정을 따르는 가운데 자기의 사고와 생각을 확장하는 배움으로 이끌기 때문입니다.

무엇보다 초등 시기에 이런 경험을 쌓는 것은 큰 의미가 있습니다. 이 시기는 많은 지식을 쌓기보다 배우는 방식을 터득하는 시기이기 때문입니다.

오늘은 수학 문제를 단계적으로 풀어 가는 과정을 배우고, 내일은 사회 현상을 자기 말로 설명하는 과정을 배울 수 있습니다. 이 과정에서 얻어지는 자기 주도적 배움의 힘은 곧 앞으로 이어질 학습의 기초 체력이 되고, 어떤 학습 상황에서도 스스로 길을 찾아가는 능력으로 이어질 것입니다.

결국 공부 모드는 단순한 학습 도구가 아니라 아이의 미래 학습 태도를 세우는 출발점이 될 수 있습니다. 부모가 능동적으로 이 학습 과정을 함께 이끌어 갈 때, 아이는 AI 시대에도 스스로 배우고 성장하는 길을 흔들림 없이 걸어갈 것입니다.

초등 자녀에게 저작권 윤리를 어떻게 가르쳐야 할까요?

> 아이가 숙제하면서 인터넷에서 사진이나 자료를 마음대로 가져오는 걸 보니 걱정이 됩니다. 저작권에 대해서는 어떻게 가르쳐야 할지 잘 모르겠어요. 아이들이 이해할 수 있도록 쉽게 설명할 방법이 있을까요?
>
> —초등 5학년 도현 엄마의 고민—

2022년 미국 콜로라도 주립 박람회 디지털 아트 부문에서 제이슨 앨런이라는 참가자가 AI 이미지 생성 도구인 '미드저니(Midjourney)'를 활용해 만든 작품으로 우승을 차지했습니다. 이 사건은 "AI가 만든 결과물도 창작물로 볼 수 있는가?", "기존 작가의 스타일이나 데이터를 학습한 것은 저작권 침해가 아닌가?"라는 논쟁을 불러일으켰습니다.

최근 지브리풍 프로필 사진 만들기가 유행하며 많은 사람들이 AI 앱으로 만든 그림을 자신의 캐릭터처럼 사용했습니다. 따뜻하고 몽환적인 분위기를 담은 이 이미지들은 모두 생성형 AI 기술을 활용한 것으로 특별한 그림 실력 없이도 손쉽게 나만의 캐릭터를 만들 수 있다는 점에서 큰 인기를 끌었습니다. 그러나 이 역시 기존 애니메이션 작가들의 화풍을 AI가 학습해 생성한 것이라는 점에서 원작자의 저작권을 침해한다는 우려가 제기되었습니다.

AI와 디지털 기술이 고도화되며 콘텐츠 생산이 누구에게나 쉬워지고 있는 지금, 저작권 문제는 특정 전문가나 예술가의 영역이 아닌 일상생활 속 누구나 마주하게 되는 문제가 되었습니다. 초등학생이라고 예외는 아닙니다. 실제로 초등학생이 저작권을 침해해 뉴스에 보도되는 일은 드물지만, 자녀의 일상을 살펴보면 그 가능성은 곳곳에 숨어 있습니다. 학교에 제출할 과제에 인터넷의 이미지를 출처 없이 붙여 넣거나, 좋아하는 유튜브 영상을 내려받아 개인 SNS에 올리는 등 모든 행동이 저작권을 침해할 소지가 있는 것이지요.

디지털 콘텐츠를 만드는 것이 점점 쉬워지고 무의식중에 타인의 창작물을 사용하는 일이 자연스러워진 상황에서 부모는 저작권을 단지 법적인 문제로만 접근해서는 안 됩니다. 저작권 등 AI 디지털 윤리는 디지털 시대를 살아가는 태도와 습관의 문제로 자녀가 타인의 권리를 존중하고 자신의 책임을 인식하는 시민으로 자라기 위한 기초가 됩니다.

학교에서 이뤄지는 저작권과 AI·디지털 윤리에 대한 학습과 이해가 모두 실천으로 이어지는 것은 아닙니다. 머리로 아는 것을 내면화하여 일상에서 실천하는 태도가 습관으로 자리 잡을 수 있도록 이끌어 주는 것은 결국 부모의 꾸준한 관찰과 개입, 그리고 대화를 통해 가능해집니다.

그렇다면 부모는 AI·디지털 윤리의 중요한 요소인 저작권 개념을 자녀에게 어떻게 설명하고 실천하도록 가이드할 수 있을까요?

자녀에게 저작권 개념 이해시키기

저작권이나 지식 재산권이라는 용어는 초등학생에게 낯설고 추상적인 개념입니다. 이럴 때는 딱딱한 개념 설명보다 아이의 생활과 연결된 언어로 설명하는 것이 좋습니다.

"그림이나 글, 음악, 게임, 영상, 사진처럼 누군가가 정성을 들여 만든 것은 그 사람의 소중한 생각과 노력으로 만든 거야. 그래서 그걸 만든 사람의 권리를 지켜 주기 위한 약속이 바로 저작권이란다."

"누군가의 독창적인 생각으로 시간과 노력을 들여 만든 모든 것은 그것을 만든 사람의 소중한 재산과 같은 것이란다. 친구의 물건을 내 마음대로 사용하지 않는 것처럼 만든 사람의 권리를 존중하는 적절한 방법으로 사용해야 한다는 약속이야."

이처럼 아이의 눈높이에 맞춘 설명을 통해 저작권은 그저 법을 지키는 일이 아닌 다른 사람의 마음과 노력을 존중하는 예의 있는 태도라는 점을 자연스럽게 이해시킬 수 있습니다.

생활 속 실천으로 연결하기

저작권 개념을 아무리 잘 설명하더라도 아이가 일상생활에서 직접 실천해 보지 않으면 그저 머릿속 지식에 머물 수 있습니다. 저작권은 시험을 위한 개념이 아니라 생활 속에서 습관화되어야 할 윤리이자 태도이기 때문입니다. 특히 초등학생 시기에 익힌 습관은 오래도록 이어지기 때문에 일상에서 저작권 감수성을 확인하고 실천하도록 돕는 것이 중요합니다.

❶ 과제나 발표 자료 만들 때 "이건 누가 만든 자료일까?" 질문하기

자녀가 학교 숙제나 발표 자료를 만들 때 자료를 단순히 수집하는 데 그치지 않고, 출처를 함께 찾고 기록하는 습관을 들이도록 도와주세요. 과제에 들어갈 사진을 인터넷에서 찾을 때 다음과 같은 질문으로 자녀의 저작권에 관한 생각을 이끌 수 있습니다.

"이 사진은 어디서 찾은 사진이야?"
"이건 누가 찍은 걸까? 그냥 써도 괜찮을까?"
"사진 밑에 만든 사람 이름을 적어 주면 고마운 마음을 전할 수 있겠지?"

또한 픽사베이처럼 저작권 걱정 없이 사용할 수 있는 무료 콘텐츠 사이트를 함께 찾아보며, 이런 곳에서 찾은 자료는 안심하고 사용할 수 있음을 알려 줄 수 있습니다. 무료 콘텐츠도 자료의 출처를 밝히는 것은 예외가 아님을 함께 알려 줍니다. 이런 과정을 통해 자녀는 어떤 자료가 주의가 필요한 콘텐츠인지 어떤 자료는 자유롭게 사용할 수 있는지 구별하는 감각을 기를 수 있습니다.

❷ AI 콘텐츠를 만들 때 "이건 누구의 작품일까?" 질문하기

AI 앱을 사용해 작곡이나 그림 그리기를 하거나 챗봇의 이야기 창작 등을 통해 만들어진 결과물을 토대로 저작권에 대해 생각해 보는 시간을 가져 볼 수 있습니다. 생성형 AI를 통해 만들어진 창작물에 대한 저작권 개념과 가이드는 현재도 계속 정리되어 나가는 중이지만, 부모는 다음과 같이 대화하며 저작권이나 AI · 디지털 윤리에 대한 자녀의 사고의 폭을 넓혀 줄 수 있습니다.

"이 그림은 우리가 아이디어를 줘서 AI가 만든 거지? 그러니까 AI로 만든 그림이라고 밝히는 게 좋아."

"요즘은 블로그에 사진을 올릴 때도 AI로 제작한 이미지인지 표시해 주는 기능이 있단다."

"AI는 어떻게 이런 그림을 만들 수 있었을까? 다른 작가들의 그림을 학습했기 때문에 가능하다고 해. 그럼, 그 작가들의 저작권도 함께 고려해야 하지 않을까?"

이런 대화를 통해 자녀는 AI도 누군가의 창작물을 참고해 만들었고, 그래서 AI의 도움을 받아 만든 결과물에 책임 있는 태도가 필요하다는 점을 자연스럽게 이해하게 됩니다. 이런 과정을 통해 내 것이 아니더라도 누가 만든 것인지 생각하며 콘텐츠와 디지털 기술을 활용하는 습관을 기를 수 있습니다.

❸ 유튜브 영상을 감상할 때 "저작권을 보호하며 만든 영상일까?" 질문하기

자녀가 유튜브 콘텐츠를 볼 때도 저작권 감수성을 키울 수 있는 기회가 됩니다. 만화, 영화, 드라마의 장면이나 배경 음악이 섞여 있는 영상은 여러 창작물이 함께 사용된 복합 콘텐츠라는 점에서 좋은 교육 소재가 됩니다.

자녀와 함께 유튜브 영상을 볼 때 이렇게 물어보세요.

"이 배경 음악, 어디서 들어본 것 같지 않아?"

"이 장면은 원래 어느 만화에서 나왔을까?"

"이 유튜버는 영상 아래 설명에 '음악 제공: ○○○'이라고 꼭 써 놨더라. 왜 그럴까?"

이런 질문과 대화를 통해 아이는 콘텐츠 하나하나마다 제작한 사람이 있다는 것과 그 권리를 지키는 것이 중요하다는 사실을 자연스럽게 배울 수 있습니다.

저작권을 지키는 것은 타인을 존중하고 자기 행동에 책임을 지는 태도와 연결됩니다. 디지털 세상은 점점 더 복잡해지고 AI가 만든 결과물과 사람의 창작물을 구분하기 어려운 시대가 되어 가고 있습니다. 그렇기에 설명보다는 실천과 반복된 경험을 통한 깊이 있는 배움의 과정으로 AI·디지털 세상을 바르게 항해하는 힘을 길러 주는 것이 필요합니다.

"이건 누가 만든 걸까?"

"어떻게 써야 예의일까?"

디지털 시대의 책임 있는 시민으로 성장하는 첫걸음은 일상에서 부모가 건네는 짧지만 의미 있는 한 마디 질문에서 시작됩니다.

AI · 디지털 시대,
질문하는 힘은 어떻게 키울까요?

> 요즘 아이가 궁금한 게 있으면 바로 AI한테 물어봐서 편하긴 한데, 스스로 깊이 생각하거나 좋은 질문을 하는 능력이 부족한 것 같아요. AI시대에도 아이 스스로 질문하는 힘을 키우려면 어떻게 해야 할까요?
>
> —초등 6학년 서준 엄마의 고민—

인터넷은 우리에게 세상 모든 정보로 향하는 문을 열어 주었습니다. 유튜브는 집안에서도 세계 석학의 강의를 들을 수 있는 기회를 제공했습니다. 챗GPT, 클로드, 제미나이와 같은 AI는 어떤 질문이든 단 몇 초 만에 답을 제시하는 세상을 만들었습니다.

이제 모든 문제에 대한 답을 앉은 채로 뚝딱 구할 수 있는 세상이 된 걸까요? 고도화된 인공 지능이지만 AI는 여전히 사람이 던지는 질문이 있어야 답을 합니다. 인공 지능이 찾아 주는 정보 중에서 무엇을 받아들일지 판단하고 선택하는 것도 사람입니다. 정보가 넘쳐 나는 지금, 정말 필요한 양질의 답은 결국 좋은 질문을 통해서만 찾을 수 있습니다. 좋은 질문을 하는 사람만이 AI로부터 좋은 답을 얻을 수 있고 꼭 필요한 정보를 가려낼 수 있습니다.

AI 디지털 기술이 빠르게 발전하면서 단순히 정답을 아는 것보다 올바른 질문을 하는 능력이 훨씬 중요해졌습니다. 이는 AI와의 소통에 국한되지 않고 사람과의 관계에서도 마찬가지입니다. 다른 사람과 소통하고 관계를 형성할 때도 질문하는 힘이 중요합니다. 나아가 자신과의 내적 대화를 통해 성찰하고 성장할 때도 질문하는 힘은 매우 중요합니다.

우리 아이들이 미래를 열어 가기 위해서는 단순히 정답을 찾는 것을 넘어 스스로 생각을 정리하고 창의적으로 문제를 해결하며 새로운 것을 창조하는 힘이 필요합니다. 타인과의 의미 있는 관계를 맺거나 스스로를 성찰하며 성장하는 능력도 중요합니다. 이 능력의 바탕이 되는 것이 바로 좋은 질문을 하는 힘입니다.

단순히 궁금증을 해결하는 것을 넘어 생각의 실마리를 제공하고 새로운 아이디어를 발견하며 깊은 대화와 통찰로 이끌어 줄 수 있어야 좋은 질문입니다. 좋은 질문을 던질 수 있는 좋은 질문 능력이란 상황과 목적에 맞게 '무엇을 질문해야 하는지, 초점을 명확히 설정하는 능력'과 이를 바탕으로 '다양한 관점과 새로운 생각을 끌어내 사고를 깊고 넓게 확장할 수 있는 질문을 할 수 있는 능력'입니다. 이러한 질문력은 AI시대 아이들이 세상과 상호 작용하는 방식의 핵심이 됩니다. 구체적으로는 다음과 같은 세 가지 중요한 측면에서 우리 아이에게 필수적인 능력이 됩니다.

❶ AI를 효과적으로 활용하기 위한 질문하는 능력

AI는 질문의 질에 따라 답변의 질도 달라집니다. 좋은 질문을 할 수 있는 능력은 아이들이 AI에게 무엇을 어떻게 질문해야 원하는 정보를 얻고 새로운 아이디어를 만들어 낼 수 있는지 이해하도록 돕습니다. 또한 AI가 주는 답을 무조건 수용하지 않고 스스로 검증하고 판단하는 힘 또한 질문하는 능력에서 비롯됩니다.

❷ 의미 있는 관계를 맺기 위한 질문하는 능력

좋은 질문은 상대방의 내면을 이해하고 공감하는 가장 효과적인 통로입니다. "그렇게 생각한 이유가 있어?", "그 말을 들었을 때 어떤 기분이었어?"와 같은 질문은 피상적인 대화를 넘어 서로의 생각과 감정을 나누는 깊은 관계로 이끌어 줍니다. 특히 AI·디지털 세상에서는 보이지 않는 상대방에 대한 배려와 존중, 책임감 있는 태도가 더욱 중요합니다. 좋은 질문을 할 수 있는 능력은 온라인에서 발생하는 다양한 상황에서 윤리적으로 판단하고 행동하는 데 중요한 기반이 됩니다.

❸ 자기 성찰과 지속적인 성장을 위한 질문하는 능력

자신에게 던지는 성찰적 질문은 스스로를 돌아보고 강점과 약점을 파악하며 앞으로 어떻게 성장할지 방향을 설정하는 데 도움을 줍니다. "나는 무엇을 잘하고 싶지?", "오늘의 실패에서 무엇을 배울 수 있을까?", "어떤 내가 되고 싶지?" 같은 질문은 아이들을 긍정적인 성장의 길로 안내하는 내면의 동력이 됩니다.

> **생각의 깊이를 더하는 질문법: 하브루타**

질문하는 힘을 기르는 데 가장 효과적인 방법 중 하나가 바로 하브루타입니다. 하브루타는 유대인의 전통 교육법으로 짝을 이루어 질문하고 대화하고 토론하는 방식의 학습입니다. 질문은 배움의 시작이며 더 좋은 질문이 더 깊은 이해를 이끈다는 철학 아래, 하브루타는 아이들이 스스로 질문을 만들고 생각을 확장하며 배움을 자기 것으로 만들 수 있도록 돕습니다.

무엇보다 하브루타는 가정에서도 충분히 실천할 수 있습니다. 특별한 도구나 공간이 필요하지 않습니다. 부모와 자녀가 책 한 권, 그림 한 장, 뉴스 하나, 혹은 아이가 경험한 하루의 일과를 주제로 삼아 질문을 주고받는 것만으로도 하브루타 대화가 시작됩니다. 질문을 확장해 가는 3단계 질문법을 활용하면 대화의 질이 깊어지고 아이의 사고력과 표현력이 함께 자랍니다.

❶ 하브루타 3단계 질문법

하브루타에서 사용하는 질문은 단계별로 깊이가 달라집니다.

단계	질문	핵심 기능	질문 목적	질문 예시
1	내용 · 사실	이해력과 기억력 확인	정보 파악, 기억 확인, 사실 정리하기	• 어떤 친구와, 어떤 일 때문에 다툰 거야? • 언제, 어디서 다투었니? • 그때 친구는 뭐라고 했어? 너는 뭐라고 말했니?
2	심화 · 상상	사고 확장, 다양한 관점 탐색, 감정 이해	비판적, 창의적 사고 유도하기	• 그 친구 입장에서 보면 어떤 기분이었을까? • 네가 그 상황을 다시 겪는다면 어떤 말을 다르게 하고 싶어? • 다툼이 일어나지 않게 하려면 어떤 방법이 있을까?
3	적용 · 실천	자기 성찰, 가치 판단, 삶과 연결	배운 것을 삶에 적용, 행동으로 옮기기	• 다음에 비슷한 일이 생기면 어떻게 하고 싶어? • 이번 일을 통해 너는 무엇을 배웠다고 생각해? • 앞으로 친구와 잘 지내기 위해 너는 어떤 노력을 해 보고 싶니?

❷ 가정에서 적용할 수 있는 하브루타 질문 예시

• 1~2학년: 「안돼 데이빗!」을 읽고 하브루타 하기

단계	질문	질문 예시
1	내용 · 사실	• 데이빗이 어떤 행동을 했을 때 엄마에게 혼났지? • 엄마는 마지막에 데이빗에게 뭐라고 했어?

단계	질문	질문 예시
2	심화·상상	• 데이빗은 왜 그런 행동을 반복했을까? • 네가 엄마라면 데이빗에게 어떤 말을 해 줬을 것 같아?
3	적용·실천	앞으로 네가 잘 지키고 싶은 약속은 뭐야?

• 3~4학년: 지구의 날을 주제로 하브루타 하기

단계	질문	질문 예시
1	내용·사실	• 오늘 반에서 지구의 날과 관련된 활동으로 무엇을 했어? • 지구의 날은 왜 생겼을까?
2	심화·상상	• 지구가 우리에게 말을 할 수 있다면 뭐라고 할 것 같아? • 만약 네가 지구 대통령이라면 지구를 위해 어떤 법을 만들고 싶어?
3	적용·실천	우리 가족이 지구를 지키는 캠페인을 한다면 어떤 것을 해 보고 싶어?

• 5~6학년: 생성형 AI를 직접 활용해서 하브루타 하기(AI는 어떻게 답을 만들어 낼까?)

단계	질문	질문 목적	질문 예시
1	내용·사실	AI를 활용한 경험·정보 확인	• AI한테 무슨 질문을 해 봤어? • AI가 어떤 대답을 해 줬어? • 그중에 너에게 새로웠던 건 뭐였니?
2	심화·상상	비판적 시각, 다각도 사고	• AI의 대답은 항상 맞을까? • AI의 대답이 틀릴 수도 있다면, 어떻게 확인할 수 있을까?
3	적용·실천	자기 성찰, 실제 활용 계획	• AI를 바르게 활용하기 위한 너만의 약속을 생각해 볼까? • 그 약속을 실천하려면 어떻게 해야 할까?

아이가 스스로 질문하게 이끄는 부모의 역할

부모가 하브루타와 같은 질문법들을 활용하여 아이와 대화하는 것과 함께 자녀 스스로 질문하는 습관과 능력을 내재화하도록 이끄는 것도 중요합니다.

❶ 질문 환경 조성: '질문은 언제든 환영해!' 분위기 만들기

- **아이의 질문을 온전히 경청하고 존중하기**

  아이가 어떤 질문을 해도 "좋은 질문이네!", "네가 그런 걸 궁금해하는구나!"라며 긍정적으로 반응하고 진지하게 들어주세요. 설령 엉뚱한 질문이라도 절대 무시하거나 비웃지 않아야 합니다. 아이가 질문하는 것을 '안전하다.'라고 느끼게 하는 것이 중요합니다.

- **부모도 '모른다'라고 말할 용기 보여 주기**

  모든 것을 다 아는 부모가 아니라, "엄마(아빠)도 그건 잘 모르겠네. 네가 궁금해하는 것처럼 나도 궁금하다. 같이 찾아볼까?"라고 솔직하게 말하며 함께 탐색하는 모습을 보여 주세요. 이는 아이가 모르는 것을 부끄러워하지 않고 질문하는 용기를 갖게 합니다.

- **질문에 대한 답을 바로 주지 않기**

  아이가 질문했을 때 성급하게 답을 주기보다, "네 생각은 어떤데?", "왜 그렇게 궁금해?", "어떻게 하면 그 답을 찾을 수 있을까?"와 같이 역으로 질문하며 아이가 스스로 생각하고 답을 찾아가는 과정을 경험하도록 유도합니다.

❷ 질문 만들기 과정 배우기: 부모의 질문으로 아이의 질문 유도하기

앞서 제시된 질문법들을 아이와 함께 적용하며, 부모가 직접 질문을 만드는 과정을 보여 주는 것이 중요합니다.

◉ **예시 질문과 함께 질문의 목적 설명하기**

- 이 뉴스를 읽고, AI가 무엇을 하는지 알고 싶을 때, 우리는 "AI는 어떤 일을 하나요?"라고 물을 수 있어. 이건 정보를 얻기 위한 질문이야.
- '환경 문제를 해결하고 싶다면, 어떻게 하면 재활용을 더 잘할 수 있을까?'라고 물을 수 있어. 이건 문제 해결을 위한 질문이지.
- 친구가 왜 화가 났는지 궁금할 때, "왜 화났어?"처럼 이유를 묻는 말보다는 "그 말을 들었을 때 어떤 기분이었어?"처럼 감정을 묻는 말이 좋아. 이런 질문은 상대의 마음에 공감하고 감정을 이해하기 위한 질문이야.

◉ **질문 놀이를 통한 질문 만들기 연습하기**

- 그림책이나 짧은 글을 활용한 질문 활동 – 책을 읽어 준 후 아이에게 "네가 작가라

면 누구에게 어떤 질문을 던지고 싶니?", "이다음 이야기가 궁금하다면 어떤 질문을 해야 할까?"라고 질문을 유도합니다.
- 일상 속 경험을 활용한 질문 활동 – "오늘 아침에 지각할 뻔했는데, 다음에 지각하지 않으려면 어떤 질문을 해봐야 할까?"와 같이 아이가 직면할 수 있는 상황에서 스스로 질문을 만들도록 돕습니다.
- 질문 노트를 활용한 생각 정리 – 아이가 궁금한 점, 해결하고 싶은 문제, 새롭게 알게 된 것들을 질문 형태로 기록할 수 있는 질문 노트를 만들어 질문을 구체화하고 정리하는 습관을 들이게 합니다.

AI 디지털 시대에는 정답을 아는 것보다 '좋은 질문'을 던지는 능력이 훨씬 중요합니다. 우리 아이들이 스스로 질문하고 그 질문을 통해 탐구하며 자신만의 답을 찾아가는 과정을 경험하도록 부모님이 옆에서 끊임없이 질문의 기회를 제공하고 격려해야 합니다.

부모님의 '질문하는 힘'을 발휘하여 가정에서 질문이 넘쳐 나는 역동적인 대화의 장을 만들어 보세요. 아이들이 자신감을 가지고 질문하고 그 질문을 통해 세상을 탐험하며 미래 사회를 이끄는 질문의 리더로 성장할 수 있도록 든든한 조력자가 되어 주세요.

미래는 가장 좋은 답을 아는 사람이 아닌 가장 좋은 질문을 던지는 사람의 것입니다.

디지털 시대, 자녀의 신체적·정신적 건강은 어떻게 지켜야 할까요?

"아이가 태블릿을 오래 사용하다 보니 시력과 자세가 나빠질까 봐 걱정되는데, 그렇다고 무조건 사용하지 못하게 하기도 어렵더라고요. 그런데 요즘은 신체적인 문제뿐 아니라 아이 마음도 걱정입니다. 온라인에서 친구들과 비교하며 자신감도 떨어지는 것 같고, 작은 일에도 화를 자주 내고 쉽게 지치는 모습을 보이네요. 디지털 시대에 아이의 몸과 마음 건강을 모두 지킬 수 있는 좋은 방법이 없을까요?"

–초등 4학년 민수 엄마의 고민–

'온종일 태블릿만 보고 있는 아이, 스마트폰 게임을 못 하게 하면 짜증을 내는 아이…' 많은 부모들이 디지털 기기 사용으로 고민합니다. 단순한 습관 문제가 아니라 아이들의 건강에 실질적 위험이 나타나고 있기 때문입니다.

디지털 기기에 과도하게 노출될 때 만성 피로감, 수면 장애, 거북목과 같은 자세 이상과 시력 저하 등 여러 신체적 문제가 동반됩니다. 아침에 일어나기 힘들어하고 밤늦게까지 잠들지 못하며 목과 어깨 통증, 두통 같은 신체적 통증이나 불편감을 얘기하기도 합니다.

정신적 문제는 더욱 심각합니다. 집중력이 현저히 떨어져 한 가지 일에 10분도 채 몰입하지 못하거나, 디지털 기기를 사용할 수 없을 때 극도로 불안해하고 짜증을 냅니다. 친구들과 직접 만나 놀기보다는 혼자 방에서 화면만 바라보는 시간이 늘어나면서 사회성 발달도 저해되고 있습니다. 문제는 어린 시절부터 형성된 디지털 습관과 그에 따른 건강 문제는 제때 개입하지 않으면 성장하면서 더 굳어질 수 있다는 점입니다.

이럴 때 가정에서 가장 먼저 시도하는 방법은 디지털 기기 사용을 강제로 제한하거나 아예 금지하는 것입니다. 하지만 이는 근본적인 해결책이 되지 못합니다. 강압적인 통제는 아이와 부모 사이의 갈등만 키웁니다. 아이는 더욱 몰래 사용하려 하거나 기기를 사용할 수 있는 순간이 오면 이전보다 더 집착하게 됩니다. 현실적으로도 이제는 디지털 기기를 일상에서 전면 차단하는 것이 불가능한 환경이 되었습니다. 그렇다고 시간을 제한하는 방법 역시 임시방편에 불과합니다. 아이 스스로 조절할 수 있는 능력이 없다면 외부의 통제에는 분명한 한계가 있기 때문입니다.

근본적 해결책: SEL을 통한 디지털 시대의 건강 관리

금지와 제한과 같은 통제 중심의 방식만으로는 디지털 문제를 근본적으로 해결하기 어렵습니다. 이제는 자신의 몸과 마음을 건강하게 관리할 수 있는 힘을 기르는 일이 무엇보다 중요합니다. 최근에는 디지털 시대가 가져오는 신체적·정서적 도전을 건강하게 극복하기 위한 방법으로 사회정서학습(Social Emotional Learning, SEL)이 주목을 받고 있습니다.

원래 SEL은 정서적, 사회적 역량 개발을 목적으로 하지만 최근 연구에 따르면 SEL이 강조하는 자기 인식 및 자기 관리 역량이 디지털 시대 건강 문제를 아이들 스스로 관리할 수 있도록 돕는 핵심 요인이 되고 있습니다.

SEL은 아이들이 자기 자신과 타인의 감정을 이해하고 조절하며 긍정적인 인간관계를 형성하는 데 필요한 능력을 길러 학교와 가정, 그리고 사회에서 긍정적이고 건강한 삶을 살아가는 데 필요한 근본적인 능력을 길러 주는 것을 목표로 합니다. 그리고 다음과 같은 다섯 가지 핵심 역량으로 구성됩니다.

① **자기 인식 역량**: 자신의 감정과 생각, 신체 상태를 정확히 파악하는 능력
② **자기 관리 역량**: 자신의 감정과 행동을 적절히 조절하고 목표를 달성하는 능력
③ **사회적 인식 역량**: 타인의 감정과 상황을 이해하고 공감하는 능력
④ **관계 기술 역량**: 건강한 인간관계를 맺고 유지하며 갈등을 해결하는 능력
⑤ **책임 있는 의사결정 역량**: 자신과 타인을 고려해 현명한 선택을 하는 능력

SEL이 디지털 시대 건강 문제 해결에 효과적인 이유는 세 가지입니다.

첫째, SEL은 아이가 자기 몸과 마음 상태를 스스로 인식할 수 있게 도와줍니다.

"지금 눈이 아프다", "목이 뻣뻣하다", "화가 나고 있다"라는 신호를 알아차릴 수 있게 되면, 스스로 휴식을 취하거나 자세를 바꾸는 등의 대처가 가능해집니다.

둘째, 감정 조절 능력을 길러줍니다.

게임에서 지거나 동영상이 끝났을 때 느끼는 좌절감이나 아쉬움을 건강하게 처리할 수 있게 되면, 화를 내거나 계속 더 사용하려는 충동을 조절할 수 있습니다.

셋째, 대안 활동에 관한 관심을 높여 줍니다.

가족이나 친구와의 관계를 소중히 여기게 되면 자연스럽게 함께할 수 있는 다른 활동들에도 관심을 두게 됩니다.

SEL 접근법의 핵심 장점은 아이를 통제의 대상이 아니라 스스로 성장하는 주체로 바라본다는 점입니다. '하지 마라'가 아닌 '스스로 판단해 보자'의 관점에서 접근하기 때문에 아이도 더 적극적으로 참여하게 됩니다.

각 SEL 역량을 기르기 위해서는 디지털과 아날로그 활동을 조화롭게 적용하는 것이 효과적입니다. 디지털 기기를 무조건 배제하는 것이 아니라 건강한 목적으로 활용하면서, 동시에 디지털 기기 없이도 충분히 의미 있는 활동을 경험할 수 있도록 하는 것입니다. 이런 균형 잡힌 접근을 통해 아이들은 디지털 환경에서도 스스로 신체적·정신적 건강을 지킬 수 있는 실질적인 능력을 기를 수 있습니다.

SEL 역량 기반 건강 관리 실천법

❶ 자기 인식 역량 기르기: 몸과 마음의 신호 알아차리기

자신의 몸과 마음 상태에 관심을 가지고 신호를 알아차리는 습관은 건강과 감정 관리의 중요한 첫 단계입니다. 특히 아이가 디지털 기기를 사용하면서 겪을 수 있는 신체적·정서적 신호를 스스로 파악할 수 있도록 부모의 세심한 관찰과 지도가 필요합니다.

● **몸과 마음의 상태와 원인 확인하기**

아이가 하루 동안 경험한 몸과 마음의 상태를 부모와 함께 이야기하고 기록합니다.
- 아침에 눈을 떴을 때 몸은 가벼웠어, 무거웠어?
- 게임을 한시간 정도 했을 때 눈은 어떤 느낌이었어? 따갑거나 피곤하지 않았어?

- 스마트폰을 짧게 봤을 때와 오래 봤을 때 목과 어깨 느낌에 어떤 차이가 있었어?
- 화가 날 때 네 몸은 어디에서 가장 먼저 신호를 보내는 것 같아?

● 패턴 발견하기

기록한 내용을 바탕으로 반복되는 몸과 마음의 상태와 행동 사이의 연관성을 찾도록 질문을 통해 돕습니다.

- 이번 주에 눈이 가장 편했던 날과 가장 피곤했던 날을 비교해 보면 어떤 차이가 있을까?
- 잠을 푹 잔 날과 잠이 잘 오지 않았던 날, 전날 저녁엔 어떤 활동을 했었지?
- 기분이 좋았던 날들은 어떤 행동을 자주 했었는지 공통점을 찾을 수 있을까?
- 게임에서 이겼을 때와 졌을 때 기분이 어떻게 달랐어?
- 스마트폰을 짧게 본 날과 길게 본 날 잠드는 시간에 어떤 차이가 있었어?

● 알아차리고 관리하기

발견한 패턴을 통해 원인을 깨닫고 몸과 마음의 상태가 나아지는데 도움이 되는 방법을 생각해 보게 합니다.

- 눈이 따갑고 피곤해질 때 가장 먼저 해볼 수 있는 쉬운 방법 3가지를 생각해 볼까?
- 게임으로 기분이 영향 받지 않기 위해 게임 시간 규칙을 어떻게 정하면 좋을까?
- 잠자기 1시간 전부터는 스마트폰 대신 무엇을 하면 좋을까?
- 내일 기분 좋은 하루를 보내기 위해 오늘 저녁에 무엇을 준비하면 좋을까?

● 활동 예시

아이가 자신의 몸과 마음의 상태를 쉽고 즐겁게 확인할 수 있도록 다음과 같은 방법을 활용할 수 있습니다.

- **디지털 기록:** 스마트폰 메모 앱에 하루의 몸과 마음 상태를 원인과 함께 짧게 기록하기 예 눈이 피곤함-유튜브 2시간, 기분이 좋음-친구와 놀이터에서 놀았음
- **아날로그 기록:** 작은 수첩에 하루를 오전, 오후 저녁, 밤으로 나눠 시간대별 몸과 마음 상태를 기록하기 예 오전-기분 상쾌(일찍 일어남), 오후-눈 피곤(게임 오래함), 밤-잠이 안 옴(자기 전 스마트폰 사용)
- **창의적 표현:** 다이어리 꾸미기와 같이 기분을 색깔별로 달리하여 색칠하거나 감정 스티커 혹은 이모티콘을 이용해 몸과 마음 상태를 자유롭게 표현하기 예 기분 좋은 날-노랑색, 웃는 얼굴 스티커 / 짜증난 날-빨강색, 울상 이모티콘

❷ 자기 관리 역량 기르기: 건강한 습관 스스로 만들기

자신의 감정과 행동을 조절하고 목표를 설정하여 꾸준히 실천해 나가는 과정은 아이에게 건강한 생활 습관을 스스로 만들고 꾸준히 이어 갈 수 있는 기반을 다져 줍니다. 작고 구체적인 목표에서 큰 목표로 차츰 확장해 가면서 목표 달성 과정의 성취감을 느낄 수 있도록 돕습니다.

예를 들어, 부모는 "매일 운동하기로 했는데, 언제 하면 좋을까? 아침? 저녁?"처럼 아이가 실현할 수 있는 계획을 스스로 세우고 실천할 수 있도록 격려하는 대화를 나누는 것이 효과적입니다.

◉ **활동 예시**
- 홈트레이닝 앱을 활용해 매일 정해진 시간에 가족과 함께 운동하며 실행 과정을 체크하고, 스스로 실천하는 경험 쌓기
- 디지털 디톡스 시간이나 날을 정해, 모든 디지털 기기를 끄고 가족이 함께 명상이나 스트레칭 등으로 신체와 정신에 휴식을 주는 시간 가지기

❸ 사회적 인식 역량 기르기: 가족 건강 함께 챙기기

다른 사람의 감정과 상황을 이해하고 공감하며, 건강한 관계를 통해 서로의 웰빙을 챙기는 능력을 기를 수 있게 합니다. 가족의 건강 상태에 관심을 가지고 서로를 배려하는 마음을 표현하는 것부터 시작합니다. 부모는 "엄마가 요즘 피곤해 보이는데, 어떻게 도와드리면 좋을까?"처럼 아이가 타인의 상태를 관찰하고 배려할 수 있도록 자연스럽게 유도해 주세요.

◉ **활동 예시**
- 가족 채팅방에서 매일 돌아가며 가족의 건강한 모습을 인정하고 격려하는 메시지 보내기
- 가족 건강 산책 주말 루틴으로 서로의 일주일 컨디션을 공유하고 다음 주 건강 관리 계획 함께 세우기

❹ 관계 기술 역량 기르기: 함께하는 건강한 즐거움 만들기

건강한 인간관계를 맺고 유지하며 함께 활동하는 즐거움을 통해 신체적·정신적 건강을 증진시키는 능력을 기릅니다. 디지털과 아날로그를 활용한 신체 활동 속에서 가족이나 친구와 협력과 소통의 즐거움을 경험하며 건강하게 관계 맺는 방법을 배울 수 있습니다.

함께 몸을 움직이며 놀이하는 과정에서 배려하고 협력하는 마음을 기르며, 갈등이 생겼을 때도 건설적으로 해결하는 방법을 배웁니다. 부모는 "만약 하고 싶은 놀이가 서로 다르다면 어떻게 정하면 좋을까?"처럼 아이가 협력적 문제 해결 방법을 스스로 찾을 수 있도록 돕습니다.

- **활동 예시**
  - **디지털 활동:** 집에서 하는 운동이나 댄스 영상 등을 보며 가족이 함께 운동과 안무를 배우고 연습하며 협력하는 경험하기
  - **아날로그 활동:** 공원에서 프리스비, 배드민턴, 자전거 타기 등 가족, 친구와 함께하는 신체 활동으로 관계와 건강 동시에 기르기

❺ 책임 있는 의사결정 역량 기르기: 건강 규칙 스스로 만들고 지키기

자신과 타인의 건강을 고려하여 현명한 선택을 하고, 스스로 정한 규칙을 책임감 있게 지켜 나가는 능력을 기를 수 있게 합니다. 아이가 주도적으로 가족의 건강 규칙을 만들고 평가하는 과정에서 책임감과 의사결정 능력을 기릅니다. 부모는 "우리 가족이 건강하게 지내려면 어떤 약속들이 있으면 좋을까?"처럼 아이가 스스로 규칙의 필요성을 느끼고 만들어 갈 수 있도록 격려합니다.

- **활동 예시**
  - 아이가 주도하여 가족 건강 규칙을 만들고 스마트폰에 기록하여 함께 실천하기
  - 주간 가족회의에서 건강 규칙 실천 상황을 점검하고 필요시 함께 수정하기

➕ SEL을 통한 건강 개선 효과

SEL 활동을 꾸준히 실천하면 어떤 변화를 경험할 수 있을까요? SEL의 핵심인 자기 인식과 자기 조절 능력이 향상되면서 단순히 디지털 기기 사용 시간이 줄어드는 것을 넘어 아이의 전반적인 몸과 마음 상태가 개선될 수 있습니다. 특히 아이가 스스로 자기 몸과 마음 상태를 알아차리고 상황에 맞는 건강한 대처 방법을 선택하는 모습을 보이게 될 때 가장 의미 있는 변화를 확인할 수 있습니다.

❶ 신체적 변화

● 수면의 질 향상

감정 조절 활동과 디지털 디톡스 시간을 통해 잠자리 들기 전 불필요한 흥분 상태를 가라앉힐 수 있고, 자연스럽게 더 빨리 잠들게 됩니다. 규칙적인 루틴으로 적정 시간에 잠자리에 드는 습관을 만들어 아침을 더 건강하게 시작할 수 있습니다.

● 디지털 사용에 따른 신체 증상 개선

스크린 타임을 스스로 관리하게 되면서 눈의 피로감이 줄어들고, 아날로그 활동을 통해 바른 자세를 유지하는 시간이 늘어납니다.

● 규칙적인 신체 활동을 통한 전반적인 체력 수준 증가

규칙적인 신체 활동은 지구력 향상은 물론 면역력 개선 효과도 가져옵니다.

❷ 정신 건강 개선

● 스트레스와 불안 감소

게임에서 져도 극도로 화를 내지 않고, "아, 지금 내가 화가 났구나. 잠깐 숨을 깊게 쉬어 보자."라고 스스로 조절하는 힘을 기릅니다.

● 집중력과 학습 능력 향상

10분도 집중하지 못하던 아이가 30분, 1시간씩 한 가지 일에 몰입할 수 있게 되는 변화를 경험합니다. 공부할 때도 스마트폰이나 다른 방해 요소들을 스스로 차단할 수 있게 됩니다.

● **정서 안정 및 자존감 향상**

자주 짜증을 내고 부정적인 모습을 밝고 긍정적인 모습으로 변화시킬 수 있습니다.

부모의 역할: 건강한 습관의 길잡이

　SEL을 통한 건강 보호 활동에서 부모의 역할은 감시자나 통제자가 아니라 아이가 스스로 건강한 선택을 할 수 있도록 돕는 안내자입니다. 아이가 스스로 SEL 역량을 자각하고 인식하여 주도적으로 건강을 관리할 수 있도록 부모는 정답을 주기보다 대화와 질문으로 티핑 포인트를 만들어 주는 것이 중요합니다.

첫째, 아이가 자기 몸과 마음의 상태를 인식하고 조절하도록 이끌어 주세요.

　디지털 시대 건강 문제 해결의 출발점은 자기 몸과 마음에서 보내는 신호를 들여다보고 인식하는 자기 인식 역량과 자신의 감정과 행동을 건강하게 조절하는 자기 관리 역량을 길러 주는 것입니다. 부모는 아이가 디지털 기기 사용으로 몸이나 마음이 불편할 때 바로 해결책을 제시하는 대신 스스로 자기 몸과 마음 상태를 인식하고 건강한 대처 방법을 찾아갈 수 있도록 지지하고 안내해야 합니다.

　아이가 스마트폰 사용 후 눈을 비비거나 게임에서 진 후 심하게 짜증을 낼 때, 부모는 "눈이 좀 피곤해 보이는데, 어떤 느낌이야?" 또는 "지금 속상하고 화가 나는구나. 네 마음속에서 어떤 감정들이 움직이는 것 같니?"와 같이 신체 감각이나 감정을 물어보고 아이가 자신의 상태를 인식하고 표현할 기회를 주어야 합니다. 이러한 대화를 통해 아이는 몸과 마음이 보내는 신호를 인식하고 그에 맞는 건강한 대처 방법을 스스로 선택할 힘을 기를 수 있습니다.

둘째, 부모가 먼저 본보기가 되어 주세요.

아이에게 스마트폰을 자제하라고 하면서 정작 부모님 자신이 하루 종일 스마트폰을 들고 있다면 아이는 혼란스러울 수밖에 없습니다.

> - 아빠도 오늘 회사에서 컴퓨터를 너무 오래 봐서 눈이 피곤하네. 우리 같이 눈 운동을 해 볼까?
> - 엄마도 오늘 스마트폰 사용도 좀 줄이고, 민수랑 같이 공원에서 산책할까?
> - 밤늦게까지 스마트폰 보는 게 습관이 돼서 요즘 아침에 너무 피곤해. 오늘부터 아빠도 10시엔 폰 끄고 책 읽을게. 너도 같이해 볼래?

이처럼 부모가 먼저 자신의 디지털 생활 속 건강 습관을 돌아보고 개선하려는 노력을 보여 줄 때 아이들은 더욱 긍정적인 영향을 받습니다.

셋째, 완벽을 추구하지 말고 작은 것부터 시작하세요.

처음부터 모든 활동을 완벽하게 하려고 하면 부모와 아이 모두 부담스러워서 금세 포기하게 됩니다. 대신 아이가 가장 관심을 보이는 활동 하나부터 시작해 보세요. 아이가 그림 그리기를 좋아한다면 감정 다이어리부터 시작하고, 몸 움직이는 것을 좋아한다면 가족 운동부터 시작하는 식이지요. 한 가지 활동이 자연스러운 습관으로 자리 잡으면 그때 다른 활동을 하나씩 추가해 나가는 것이 지속 가능한 방법입니다.

넷째, 아이의 감정과 상황을 이해하며 접근하세요.

아이가 활동을 거부하거나 정한 규칙을 지키지 못할 때도 있을 수 있습니다. 이때 부모의 불편한 감정을 드러내기보다는 아이의 상태를 먼저 파악해 주세요.

> - 오늘은 어떤 기분이야? 몸이 피곤한가? 무슨 일이 있었어?
> - 규칙 지키는 게 생각보다 쉽지 않지? 혹시 너무 어렵다고 느끼는 부분이 있을까?
> - 어제 게임을 너무 많이 해서 피곤한가 보네. 오늘은 좀 쉬면서 다른 활동을 해 볼까?

이처럼 그날의 컨디션이나 기분에 따라 활동을 조정하거나 잠시 쉬어가는 것도 괜찮다는 것을 알려 주면 아이는 더 편안하게 참여할 수 있습니다.

다섯째, 무엇보다 꾸준함이 가장 중요합니다.

하루 10분이라도 매일 하는 것이 일주일에 한 번 2시간 하는 것보다 훨씬 효과적입니다. 매일 조금씩 실천하다 보면 아이에게는 자연스러운 일상이 되고 부모의 부담도 적어 지속하기 쉽습니다. 가족의 일상 루틴에 SEL 활동을 자연스럽게 녹여 내어, 특별히 해야 하는 일이 아닌 우리 가족의 평범한 하루 속 일부가 되도록 만들어 보세요.

디지털 시대를 살아가는 아이의 건강을 지키는 일은 과거보다 더 복잡하고 어려운 과제가 되었습니다. 스마트폰과 태블릿으로 인한 거북목과 시력 저하, 신체 활동 감소로 인한 체력 약화, 소셜미디어와 게임으로 인한 정신적 스트레스와 중독 위험 등 아날로그 시대에는 없던 새로운 위험 요소들이 등장했기 때문입니다. 하지만 SEL을 통해 자기 몸과 마음을 돌볼 수 있는 능력을 기른다면, 아이는 어떤 환경에서도 건강을 지킬 수 있는 힘을 갖게 됩니다.

모든 변화가 하루아침에 일어나지는 않습니다. 매일 작은 실천이 쌓여 아이의 평생 건강 습관이 되고 그것이 곧 아이의 행복한 미래를 만들어 갑니다. 금지와 제한만으로는 해결되지 않는 디지털 시대의 건강 문제를 아이의 자기 조절력을 기르는 SEL 접근법으로 해결해 나갈 수 있습니다.

우리 가족에게 가장 필요하면서도 쉽게 시작할 수 있는 SEL 건강 지킴이 활동은 무엇인가요? 부모와 아이가 함께 시행착오를 겪으며 우리 가족만의 건강 지키기 방법을 찾아가는 과정과 포기하지 않는 꾸준함이 중요합니다. 오늘부터 아이와 함께 작지만 꾸준한 실천을 시작해 보세요.

아날로그와 디지털 교육, 황금비율이 있나요?

> "초등학교 입학 전부터 디지털 기기로 한글과 숫자를 익히며 학교생활에 잘 적응했던 아이가, 요즘 들어 책 읽기나 직접 손으로 쓰는 활동을 점점 더 꺼려해서 고민이에요. 디지털 교육도 중요하지만, 아날로그 방식의 학습도 꼭 필요한 거 아닌가요? 대체 어느 정도의 비율로 균형을 잡아야 우리 아이에게 가장 좋은 걸까요?"
>
> —초등 3학년 민지 엄마의 고민—

민지 엄마의 사례처럼 최근 많은 학부모들이 디지털 교육과 아날로그 교육의 적절한 균형에 대한 고민이 있습니다. OECD는 디지털 기기의 과도한 사용이 아이들의 학습 집중력과 성취도를 오히려 떨어뜨릴 수 있다고 지적합니다.[52]

또한 세계적 교육 기구인 유네스코(UNESCO) 역시, 디지털 기술이 교육 현장에서 보완적인 역할로 사용되어야 하며, 아이들의 깊이 있는 사고력,

정서적 발달, 사회성 향상과 같은 중요한 발달 요소들은 여전히 아날로그 활동을 통해 기초가 형성된다고 강조하고 있습니다.[53]

하지만 디지털 기술을 전면적으로 배제하는 것은 현실적으로 가능하지도 않고, 아이들의 미래를 생각하면 바람직하지도 않습니다. 그러므로 디지털 교육과 아날로그 교육 사이의 적절한 균형, 즉 '황금비율'을 찾는 게 관건이 됩니다. 자녀의 연령대와 발달 단계에 맞추어 어떻게 디지털과 아날로그 교육을 균형 있게 조화시킬 수 있을까요?

디지털 교육과 아날로그 교육, 각자의 장점과 한계

디지털 시대에 태어난 아이들에게 디지털 교육은 피할 수 없는 흐름입니다. 실제로 디지털 교육 도구는 아이들에게 맞춤형 학습 환경을 제공하고 창의력과 협력 능력을 키워 주는 등 분명한 강점이 있습니다. 특히 개별화된 학습이 가능해지면서 학습에 흥미가 없거나 어려움을 겪는 학생들도 자신에게 알맞은 학습 속도와 방식을 찾을 수 있다는 장점이 부각되고 있습니다. 또한 AI 기반의 교육 도구는 아이들에게 빠르고 다양한 정보를 제공해 줄 뿐 아니라, 각자의 수준과 흥미에 맞춘 학습을 도와 생각의 폭을 넓히도록 이끌어 줄 수 있습니다.

그러나 디지털 교육만이 정답은 아닙니다. 국제 학력평가 데이터를 분석한 OECD의 보고서에 따르면, 오히려 디지털 기기를 매우 자주 사용하는 학생들의 학습 성취도는 적당히 사용하거나 거의 사용하지 않는 학생들보다 낮았습니다.[54] 이는 디지털 기기의 과도한 사용이 오히려 학습 과정에서 집중력을 떨어뜨리고, 깊이 있는 사고 능력을 저하할 수 있음을 의미합니다.

반면, 아날로그 교육 방식은 디지털 교육과는 다른 고유의 강점이 있습니다. 특히 초등학교 시기의 아이들에게는 손으로 글씨를 쓰고, 책을 직접 읽으며, 몸으로 뛰고 친구들과 함께하는 놀이와 활동이 정서적·사회적 발달에 결정적인 역할을 합니다.

싱가포르 국립교육원(National Institute of Education)의 연구에서는 초등학생들이 화면이 아닌 종이로 읽을 때 더 오랜 시간 독서에 몰입하고, 읽기 이해도 역시 더 높다는 결과를 보고했습니다.[55] 노르웨이 과학기술대학교 연구팀 역시 손으로 직접 글씨를 쓰는 활동이 뇌의 특정 신경망을 활성화하여 기억력과 학습 능력 향상에 도움을 준다는 연구 결과를 내놓았습니다.[56]

디지털 교육과 아날로그 교육 모두 각각의 장점과 한계를 지니고 있습니다. 디지털은 아날로그를 대체하는 것이 아니라 보완적으로 활용될 때 진정한 효과를 발휘할 수 있습니다.

전문 연구 결과를 통해 알아보는 디지털 교육의 황금비율

디지털과 아날로그 교육의 균형에 관한 국제적인 연구와 권장 사항을 살펴보면, 연령대와 발달 단계에 따라 적합한 비율이 달라진다는 것을 알 수 있습니다.

미국 소아과학회(AAP)는 초등학교 저학년 아이들에게는 디지털 미디어 사용을 하루 1시간 이내로 제한하고, 교육적 콘텐츠만 선별적으로 제공할 것을 권장합니다. 또한 디지털 기기 사용이 독서나 신체 활동, 가족 간의 소통과 같은 필수적인 아날로그 활동을 방해하지 않도록 해야 한다고 강조합니다.[57]

세계보건기구(WHO)는 5세 미만의 영유아는 하루 1시간 이내로 화면 노출을 제한하고, 특히 만 1세 미만의 영아에게는 화면을 아예 노출시키지 않는 것이 좋다고 권고합니다. 이는 초등학교 입학 전의 아동에게 디지털 환경보다는 아날로그적 경험과 직접적 상호 작용이 뇌 발달과 사회 정서적 발달에 더 유익하기 때문입니다.[58]

국제 연구 결과도 같은 방향을 보여 줍니다. 초등 저학년 시기에는 화면 시간을 하루 2시간 이내로 제한하고, 6세까지는 디지털 사용을 가능한 한 피해야 한다는 국제 권고가 제시되고 있습니다.[59][60]

교육 선진국 사례를 살펴봐도 비슷한 흐름이 나타납니다. 핀란드와 스웨덴 등 북유럽 국가들은 초기에 디지털 교육을 적극적으로 도입했으나 집중력과 학습 성과의 저하가 나타나자 다시 아날로그 교육의 비중을 높이는 방향으로 정책을 조정하고 있습니다.[61]

반면, 싱가포르는 초등 저학년까지 아날로그 중심의 교육을 하다가 고학년이 되면서 디지털 도구를 점진적으로 도입하는 블렌디드 러닝 방식을 통해 균형 잡힌 학습 환경을 만들어 가고 있습니다.[62]

이처럼 전문가와 기관들이 권장하는 디지털과 아날로그 교육의 황금비율은 아동의 발달 단계에 따라 유연하게 조정하는 것이 가장 효과적입니다.

우리 아이를 위한 연령대별 디지털 교육 로드맵

위에서 살펴본 전문가들의 연구 결과와 국제기구의 권장 사항을 가정에서 참고하여, 아날로그 교육과 디지털 교육을 조화롭게 실천할 수 있는 방법은 없을까요? 유아기부터 초등 고학년까지 각 발달 단계에 따라 디지털과 아날로그 학습을 조화롭게 적용할 수 있는 로드맵을 다음과 같이 구상할 수 있습니다.

❶ 영유아기(~만 5세)

이 시기 아이들은 오감을 활용한 구체적 경험이 뇌 발달에 가장 중요합니다. 따라서 가능한 한 디지털 노출을 최소화하고, 직접 체험할 수 있는 아날로그 활동을 주로 제공해야 합니다. 디지털 기기 사용은 부모와 함께 하루 20분 이내의 짧은 양질의 콘텐츠로 제한하는 것이 바람직합니다.[63]

❷ 초등 저학년(1~2학년)

초등 저학년 아이들은 읽기, 쓰기, 만들기 같은 아날로그 경험이 여전히 핵심입니다. 초등 저학년 시기에는 디지털 기기 화면 노출 시간을 하루 2시간 이내로 제한하고, 6세까지는 디지털 사용을 가능한 한 피해야 한다는 국제 권고가 제시되고 있습니다.[64] [65]

❸ 초등 중학년(3~4학년)

초등 중학년 시기부터는 디지털 기술 활용의 장점을 점진적으로 도입할 수 있습니다. 스크린 노출은 하루 2시간으로 제한하며, 기초적인 코딩 활동, 온라인 협력 프로젝트 같은 디지털 학습과 디지털 시민 의식 교육을 시작하는 것이 적절합니다.[66]

❹ 초등 고학년(5~6학년)

고학년이 되면 디지털 활용의 비중을 늘리면서 자기 주도적 학습과 창의적 표현 능력을 더욱 강화할 수 있습니다. 이 시기에는 AI 기반의 탐구 학습, 데이터 분석 프로젝트, 디지털 콘텐츠 제작 등의 활동을 하루 총 2시간 내외로 활용하면서도 아날로그 방식의 독서와 심화 프로젝트 활동을 균형 있게 유지해야 합니다.[67]

[연령대별 디지털 교육 로드맵]

연령대	디지털 권장 시간	주요 활동 영역
영유아기	하루 20~30분 이내	부모와 함께 짧은 고품질 영상, 나머지는 놀이·상호 작용
초등 저학년	2시간 이내	학습 목적 영상, 간단한 학습 게임
초등 중학년	2시간 이내	기초 코딩, 온라인 협력 프로젝트, 디지털 시민 의식 교육 시작
초등 고학년	하루 2시간 이내	AI 기반 탐구 학습, 데이터 분석 프로젝트, 디지털 콘텐츠 제작 등

이와 같은 연령대별 디지털 교육 로드맵은 각 가정에서 현실적이고 구체적으로 적용할 수 있는 지침이 됩니다. 아이들의 건강한 성장을 위해서는 단순히 비율을 맞추는 것이 아니라 자녀의 특성과 가정의 상황에 맞춰 유연하게 적용하는 것이 중요합니다.

부모의 관심으로 만들어 가는 디지털과 아날로그 교육의 균형점

디지털과 아날로그 교육의 이상적인 비율은 아이들의 연령대와 발달 단계에 따라 달라집니다. 전문가들의 권장과 연구 자료는 훌륭한 참고 지침이지만, 우리 아이에게 맞는 최적의 비율은 결국 가정에서 부모가 찾아야 합니다. 중요한 것은 숫자나 비율 자체가 아니라, 아이가 디지털과 아날로그의 장점을 고르게 경험할 수 있도록 부모가 지속적인 관심을 가지고 유연하게 조정하는 것입니다.

우리 아이가 디지털 세상에서 건강하게 성장하기 위해서는 책을 펼쳐 읽고, 손으로 쓰고 그리며, 친구와 어울려 뛰놀고 이야기 나누는 아날로그적 경험이 꼭 필요합니다. 동시에 아이들은 디지털 도구를 현명하게 활용할 수 있도록 점진적으로 디지털 환경에 적응해야 합니다.

디지털과 아날로그 사이에서 균형을 찾기 위한 부모의 관심과 노력이 아이의 창의성, 사회성, 그리고 깊이 있는 사고력을 키워 줄 것입니다. 여러 연구 자료 분석을 바탕으로 제안한 연령대별 로드맵을 참고하여 우리 가정에 적합한 균형을 찾아보시길 바랍니다. 결국 아이의 미래를 준비하는 교육의 시작은 균형 잡힌 오늘에서부터 출발합니다.

AI 시대, 현명한 진로 교육을 위한 부모의 준비와 지원 방법은?

> 아이가 로봇 만드는 사람이 되고 싶다고 했다가 며칠 후엔 유튜버가 되고 싶다고 하더니, 이번엔 AI 개발자가 되고 싶다고 합니다. 변화하는 아이의 꿈을 어떻게 받아들여야 할지, 그리고 급변하는 AI 시대에 어떤 진로 교육이 이루어져야 할지 막막하기만 합니다.
> —초등 4학년 우진이 엄마의 고민—

우진이 엄마만의 고민이 아닙니다. AI 시대를 살아갈 우리 아이들에게 어떤 진로 교육이 필요한지, 많은 학부모가 혼란스러워하고 있습니다.

빠르게 변화하는 AI 시대의 직업 세계

최근 마이크로소프트의 재러드 스파타로 부사장은 충격적인 발언을 했습니다. "2년 전만 해도 모두가 프롬프트 엔지니어가 인기 있는 직업이 될 것 같다고 말했지만, 지금은 전혀 그렇지 않다."고 말한 것입니다. 실제로 MS

가 31개국 3만 1,000명을 대상으로 한 설문 조사에서 프롬프트 엔지니어는 향후 12~18개월 내 추가될 직군 순위에서 최하위권을 차지했습니다.[68]

보험사 네이션와이드의 짐 파울러 최고기술책임자는 "프롬프트 엔지니어링은 직함이 아니라 역량으로 자리 잡고 있다."라고 설명했습니다.[69]

이것이 의미하는 바는 무엇일까요? 불과 2년 전 억대 연봉을 받던 전문직이 이제 모든 직장인이 갖춰야 할 기본 역량으로 변했다는 것입니다. 물론 프롬프트 엔지니어의 미래를 정확히 예측하기는 어렵습니다. 하지만 이 사례는 현재 진행형인 중요한 변화를 보여 줍니다. 바로 진로 전망이 그 어느 때보다 예측하기 어렵게 변화하고 있다는 것입니다.

현재도 이러한데 우리 아이들이 성인이 될 10~15년 후에는 어떤 변화가 기다리고 있는지 예측할 수 있을까요? 단순히 어떤 직업을 선택할 것인가의 관점에서 진로 교육을 하는 것만으로는 이런 급변하는 시대에 대응할 수 없습니다. 우리는 어떤 진로 교육을 할 수 있을까요?

AI 시대 진로 교육의 방향

❶ 진로 교육 관점의 변화

• **무엇이 될지에서 어떻게 적응할 것인가로**

기존의 진로 교육은 "의사가 되려면 이렇게 해야 해.", "교사가 되려면 저렇게 해야 해."처럼 특정 직업을 목표로 한 일직선 코스를 제시했습니다. 하지만 AI 시대에 이런 접근법만으로는 한계가 있습니다.

이제는 특정 직업 목표보다는 변화 적응력과 학습 능력, 그리고 진로 탐색의 유연성을 기르는 것이 중요합니다. AI와 협력하는 능력이 점점 더 많은 직업 분야에서 필요한 역량이 되어 가고 있기 때문입니다.

• **진로 교육 목표의 재정립**

초등학생 시기는 특정한 꿈을 정하는 시기가 아니라 다양한 분야에 대한 호기심을 키우고 자신의 특성을 발견해 가는 시기입니다. 기존의 꿈 찾기 중심에서 호기심과 탐구력을 기르는 방향으로, 특정 직업 선택보다는 다양한 경험과 가능성을 탐색하는 방향으로, 성공 지향적 사고에서 과정 중심의 성장 마인드로 전환해야 합니다.

❷ 진로 지도를 위한 자녀의 기질과 성향 파악하기

자녀의 특성을 체계적으로 관찰하는 방법으로 다음과 같은 이론들을 참고할 수 있습니다. 중요한 것은 이를 바탕으로 일상에서 자녀를 꾸준히 관찰하는 것입니다.

- **홀랜드 진로 흥미 이론**
  사람의 성향을 현실형, 탐구형, 예술형, 사회형, 진취형, 관습형 등 6가지로 분류하여 아이의 관심 분야를 파악합니다(커리어넷 활용 가능).
- **다중지능 이론**
  언어, 논리수학, 공간, 음악, 신체 운동, 대인 관계, 자기 성찰, 자연 탐구 등 8가지 지능 중 아이의 강점을 발견합니다.
- **MBTI 성격 유형**
  초등학생도 이해하기 쉬운 간단한 성격 유형 검사로 아이의 성향을 재미있게 탐색할 수 있습니다(testmoa.com 어린이 MBTI 검사).

❸ 초등 시기별 진로 교육 가이드

- **1~2학년군: 호기심 확장과 기초 탐색기**
  이 시기에는 다감각 체험을 중심으로 접근해야 합니다. 보고, 듣고, 만지며 다양한 분야를 경험하게 하되 놀이를 통해 자연스럽게 노출시키는 것이 중요합니다. 아직은 특정 진로보다는 세상의 다양한 일과 사람들에 대한 호기심을 키워 주는 데 집중하세요. 이 시기에 부모는 자녀의 행동과 반응을 세심하게 관찰해야 합니다. 어떤 활동에서 집중력이 높아지는지, 혼자 하기를 좋아하는지 함께 하기를 좋아하는지 살펴보세요. 만들기, 움직이기, 말하기 등 더 선호하는 활동, 새로운 것에 대한 반응이 호기심형인지, 신중형인지도 파악해 두는 것이 좋습니다.

관찰 포인트	관찰 예시
집중력	블록 조립, 그림 그리기, 퍼즐 맞추기, 동물 관련 책 보기 등 어떤 활동에 몰입하는지 확인하세요.
협력 성향	형제자매나 친구와 놀 때, 놀이를 주도하는지, 함께 참여하는지, 관찰하거나 혼자 놀기를 선호하는지 살펴보세요.
호기심 유형	새로운 장난감이나 도구를 접했을 때와 같은 낯선 상황에서 즉시 만지고 탐색하는지, 신중히 살펴보다가 나중에 접근하는지 관찰하세요.
학습 방식	몸을 움직이며 배우기(춤, 체육), 듣고 따라 말하기(이야기 듣기), 만지고 느끼며 배우기(점토놀이, 요리) 중 아이가 선호하는 방식을 파악하세요.
질문 내용	평소 아이가 자주 묻는 주제(동물, 공룡, 우주, 로봇 등)로 관심사를 파악하세요.

- **3~4학년군:** 관심 영역 구체화와 체험 확장기

발견된 관심 분야를 더 깊이 탐색하는 관심사 중심의 심화 체험이 중요합니다. 다양한 역할을 경험하게 하고, 성공과 실패를 모두 경험하며, 과정의 중요성과 회복력을 학습하는 것이 중요합니다. 이 시기부터는 변화하는 세상에 관한 이야기도 자연스럽게 나눠 보세요.

중학년 시기에는 더욱 구체적인 관찰이 필요합니다. 어떤 주제에 대해 자발적으로 질문하는지, 좌절했을 때 포기하는 편인지, 재도전하는 편인지를 살펴보세요. 문제 해결 방식이 논리적인지, 직감적인지, 체계적인지, 창의적인지도 중요한 관찰 포인트입니다.

관찰 포인트	관찰 예시
관심 영역에 관한 질문	스스로 관심을 가지고 탐구하고 질문하는 주제나 분야를 살펴보세요.
문제 해결 방식	놀이나 과제 수행 시 논리적으로 차근차근 해결하는지, 직감적으로 해결책을 제시하는지, 독립적인지 협력적인지 관찰하세요.
협력 및 리더십	팀에서 리더(주도형), 서포터(지원형), 아이디어 제공자(창의형) 중 주로 어떤 역할을 선호하는지 살펴보세요.
실패에 대한 태도	어려운 과제나 놀이에서 실패했을 때 재도전하는지, 좌절하거나 피하는지 관찰하세요.
창의적 표현	자기 생각을 글, 그림, 만들기 등 어떤 방식으로 표현하는 것을 선호하는지 확인하세요.

- **5~6학년군: 자기 이해 심화와 미래 설계 준비기**

   이 시기에는 자기 성찰과 객관적 분석을 통해 자신의 강점과 관심사를 스스로 파악하게 도와주세요. 변화하는 세상에 대한 이해를 높이고, 주도적으로 탐색할 수 있는 능력을 기르는 것이 중요합니다. 현재의 관심사를 미래와 연결해서 생각해 볼 수 있는 장기적 관점도 필요합니다.

   고학년 시기에는 보다 심화된 관찰이 필요합니다. 스스로 목표를 설정하고 실행하는 능력이 있는지, 리더십 성향이 주도형인지 조력형인지 독립형인지를 살펴보세요. 가치관과 신념이 형성되고 있는 분야는 무엇인지, 사회 문제나 미래에 대한 관심도는 어느 정도인지도 중요한 관찰 요소입니다.

관찰 포인트	관찰 예시
목표 설정과 실천력	어떤 주제든 스스로 목표를 설정하고 꾸준히 실천하는 것이 있는지 관찰하세요. (일주일 독서 목표나 운동 계획 수립 및 실천 등)
리더십	친구들과 관계에서 주도하는지(리더), 의견을 조정하거나 절충하는 역할(중재자), 뒤에서 지원하는 역할(서포터)을 선호하는지 확인하세요.
뚜렷한 관심 분야	언어, 예체능, 환경, 경제, 과학, 사회 문제 등 특정 주제에 대해 명확하게 관심을 표현하고 스스로 정보를 찾는지 관찰하세요.
자기 주도 학습력	스스로 학습 계획을 세우고 실행하는지 관찰하세요.
진로 관심도	미래 직업이나 진로에 관해 아이가 얼마나 자주 이야기하는지, 어떤 직업을 구체적으로 언급하고 상상하는지 파악하세요.

※학년별 관찰 포인트는 진로 발달이론(Ginzberg, Super), 홀랜드 진로 흥미이론(Holland), 다중지능 이론(Gardner), 자기효능감 이론(Bandura), 구성주의 학습이론(Dewey, Vygotsky)을 기반으로 재구성했습니다.

❹ 자녀의 기질과 성향을 진로와 어떻게 연결할까?

   자녀가 좋아하는 일이나 자신 있게 하는 일을 발견했다면, 이를 진로 탐색과 연결하여 의미 있게 활용할 수 있습니다. 아이가 어떤 활동을 할 때 집중력이 높아지고 흥미를 느끼는지, 또한 어떤 방식으로 문제를 해결하며 타인과 협력하는지 등을 세심하게 관찰하고 이를 구체적으로 기록하세요. 아이가 그림 그리기에 집중한다면 미술 관련 체험 활동을 늘려 줄 수 있고, 논리적 문제 해결에 강점을 보인다면 논리적 사고력을 키우는 활동을 지원하는 것이 효과적입니다.

한 달에 한 번 정도 진로 관찰 노트를 작성해 자녀의 관심사와 행동 특성을 기록해 보세요. 기록이 축적되면 아이의 흥미와 강점의 변화를 쉽게 파악할 수 있어 향후 자녀의 진로 방향을 설정할 때 매우 유용한 자료가 됩니다.

❺ AI 시대에 맞는 진로 대화법

자녀의 진로에 대한 부모의 말 한마디는 아이의 진로 인식에 큰 영향을 미칩니다. AI 시대에는 아이와의 진로 대화법 또한 변화할 필요가 있습니다.

"꿈이 뭐야?"라는 질문 대신, "무엇을 할 때 가장 재미있고 시간 가는 줄 모르겠어?"라고 물어보는 것이 더 효과적입니다. 이렇게 물으면 아이는 부담 없이 자신의 관심과 흥미를 자연스럽게 표현할 수 있습니다.

"공부 열심히 해야지!"라는 식의 압박보다는, "네가 하고 싶은 걸 마음껏 펼치려면 어떻게 준비해야 할까?"라고 아이와 함께 미래를 탐색하는 질문을 던져 보세요. "안정적인 직업을 가져라."라는 말 대신 "변화에 잘 적응하는 사람이 되면 좋겠어."라고 말해 보세요. 이런 대화는 아이가 급변하는 시대에서 유연하게 살아가는 힘을 길러 줄 수 있습니다.

아이의 꿈이나 관심사가 자주 바뀐다고 해서 걱정할 필요는 없습니다. 오히려 "우리 아이 관심사가 정말 많구나."라고 긍정적으로 받아들이며 함께 새로운 가능성을 탐색해 보세요. 새로운 기술이나 직업에 관심을 보일 때, "이 기술로 어떤 재미있는 일을 할 수 있을까?"라며 함께 상상하고 대화하는 것도 좋은 방법입니다.

부모가 바로 활용할 수 있는 진로 교육 정보

자녀의 진로 탐색을 돕기 위해 가정에서 활용할 수 있는 여러 가지 플랫폼과 프로그램들이 있습니다. 공공기관 플랫폼에서 제공하는 다양한 진로 교육 정보와 프로그램도 유용하게 활용할 수 있습니다.

> ① 커리어넷(career.go.kr)은 교육부에서 운영하는 신뢰성 높은 진로 탐색 플랫폼입니다. 진로 심리 검사부터 다양한 직업정보, 진로 상담까지 종합적으로 제공합니다.
> ② 꿈길(www.ggoomgil.go.kr)은 교육부가 운영하는 진로 체험처 정보망입니다. 학교뿐 아니라 개인적으로 활용할 수 있는 프로그램들도 많아 자녀의 관심사를 구체화하는 데 효과적입니다.
> ③ 경기도교육청은 지역 사회와 협력하여 운영하는 공유 학교를 통해 학교 밖 진로 체험의 기회를 확장하고 있습니다. 학생 개인의 특성에 맞춘 다양한 맞춤형 프로그램(지역맞춤형, 학생기획형, 대학 연계형 등)을 제공하므로 학교에서 제공되는 안내를 참고해 적극적인 참여를 권장합니다.

챗GPT와 같은 최신 AI 도구를 창의적 진로 탐색에 적극적으로 활용할 수 있습니다. 아이 혼자 사용하기보다는 부모와 함께 대화를 나누며 올바르게 활용하는 방법을 익히면 더 효과적입니다.

AI 시대 진로 교육을 위한 부모의 새로운 역할

❶ 정보 제공자에서 경험 설계자로

부모는 직업에 관한 정보를 알려주는 것보다 다양한 체험 기회를 만들어주는 것이 더 중요합니다. 인터넷 검색으로 쉽게 찾을 수 있는 정보보다는 아이가 직접 경험하고 느낄 수 있는 기회를 제공하는 것이 핵심입니다. 올바른 선택을 안내하기보다는 시행착오를 통한 학습을 지원하는 역할을 해야 합니다.

특히 학교에서 진행하는 진로 교육과의 연계가 중요합니다. 담임 교사와 상담을 통해 학교에서 어떤 진로 활동을 하는지 파악하고, 가정에서는 이를 보완하고 확장하는 역할을 하는 것이 효과적입니다. 학교와 가정이 협력할 때 더 큰 시너지 효과를 낼 수 있습니다.

진로 탐색이 막연하게 느껴질 수 있지만 단계적으로 접근하면 효과적입니다. 먼저 커리어넷에서 진로 흥미검사를 통해 아이의 기본적인 관심사를 확인하고, 담임 교사와의 상담을 통해 학교에서 제공하는 진로 활동 내용을 파악하세요. 이후 꿈길에서 무료 진로 체험처를 확인하여 아이가 직접 경험할 기회를 제공합니다. 그리고 지역 교육청의 진로 프로그램을 활용하면서 보다 체계적이고 심화된 활동을 이어 가는 것이 좋습니다. 더불어 AI 도구를 활용해 아이의 흥미를 창의적으로 확장하는 과정으로 마무리하면 체계적이고 알찬 진로 탐색이 가능합니다.

❷ 평가가 아닌 격려로

이 직업이 '좋다/나쁘다'라고 단정하기보다는 "무엇을 할 때 가장 즐겁고 집중되는 걸 느꼈어?" 혹은 "어떤 순간에 '이것을 잘 해낼 수 있겠다'고 생각됐어?"라고 물어보세요. 성과 중심의 평가보다는 과정과 노력을 인정하는 것이 중요합니다. 아이가 새로운 것에 도전할 때마다 결과보다는 도전 자체를 격려해 주세요. 실패했을 때도 "다음엔 어떻게 해 볼까?"라는 식으로 미래 지향적인 대화를 나누는 것이 좋습니다.

진로 교육에서 특정 직업을 체험한 후 그 직업 자체에 대한 평가보다는 아이가 그 과정에서 무엇을 발견하고 느꼈는지에 집중하는 게 중요하기 때문입니다.

AI 시대 진로 교육의 핵심은 자녀와 함께 탐색하는 과정

우진이 엄마처럼 고민하고 계신 모든 학부모님들께 전하고 싶은 메시지가 있습니다.

첫째, 아이의 꿈이 자주 바뀌는 것은 문제가 아니라 자산입니다.

'로봇 만드는 사람'에서 '유튜버', 그리고 'AI 개발자'로 바뀌는 우진이의 꿈은 다양한 분야에 관심을 두고 있다는 긍정적인 신호입니다. 2년 만에 전문직이 기본 능력이 되어 버리는 시대에 유연한 사고와 폭넓은 관심사야말로 정말 소중한 역량입니다.

둘째, 부모는 답을 주는 사람이 아니라 진로 탐색의 안내자입니다.

"의사가 되려면 이렇게 해야 해."라고 길을 제시하던 과거와 달리 이제는 "어떤 경험이 너에게 의미 있었어?"라고 묻고 함께 답을 찾아가는 역할이 더 중요합니다.

셋째, 중요한 것은 특정 직업이 아니라 변화 적응력입니다.

우리 아이들이 성인이 될 2035년경에는 지금 존재하지 않는 직업들이 등장하고, 지금의 인기 직업들이 사라지거나 완전히 달라져 있을 것입니다. 특정 직업을 향한 일직선 준비보다는 어떤 변화에도 유연하게 적응하며 AI와 협력할 수 있는 역량을 길러 주는 것이 진정한 진로 교육입니다.

오늘 저녁 아이와 함께 'AI가 도와줄 수 있는 일과 사람만이 할 수 있는 일'에 관해 대화해 보세요. 대화 속에서 발견한 특별한 관심사와 가능성을 놓치지 말고 기록해 두시기 바랍니다. 기록되지 않으면 기억되지 않고, 기억되지 않으면 활용될 수 없습니다. 아날로그든 디지털이든, 성장의 기록을 데이터화하는 것이 AI 시대 진로 교육의 가장 효과적인 방법입니다. 이것이 자녀의 미래를 위한 가장 확실한 투자이자 AI 시대 진로 교육에서 가장 핵심적인 실천입니다.

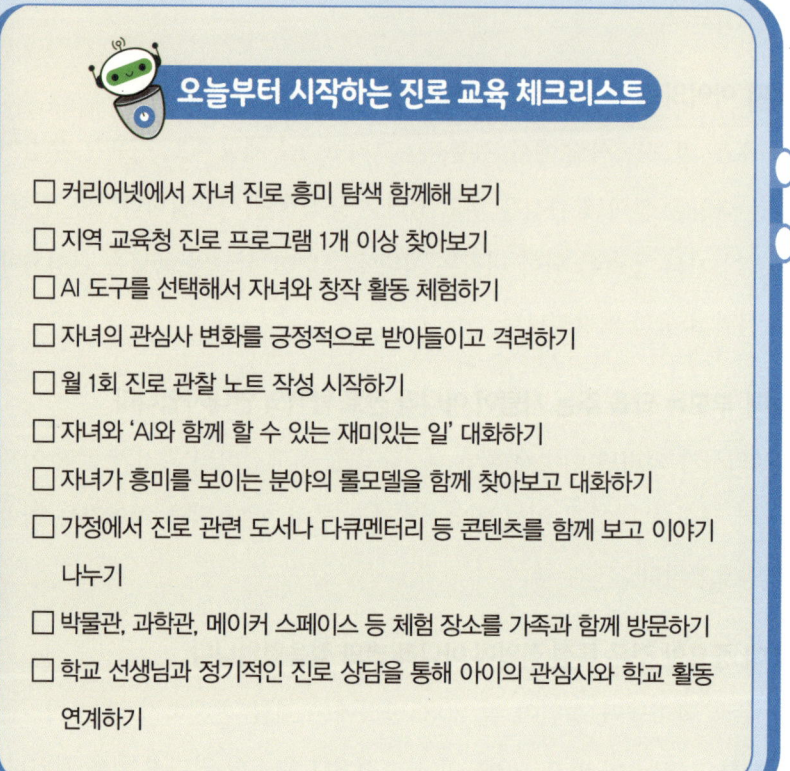

오늘부터 시작하는 진로 교육 체크리스트

☐ 커리어넷에서 자녀 진로 흥미 탐색 함께해 보기
☐ 지역 교육청 진로 프로그램 1개 이상 찾아보기
☐ AI 도구를 선택해서 자녀와 창작 활동 체험하기
☐ 자녀의 관심사 변화를 긍정적으로 받아들이고 격려하기
☐ 월 1회 진로 관찰 노트 작성 시작하기
☐ 자녀와 'AI와 함께 할 수 있는 재미있는 일' 대화하기
☐ 자녀가 흥미를 보이는 분야의 롤모델을 함께 찾아보고 대화하기
☐ 가정에서 진로 관련 도서나 다큐멘터리 등 콘텐츠를 함께 보고 이야기 나누기
☐ 박물관, 과학관, 메이커 스페이스 등 체험 장소를 가족과 함께 방문하기
☐ 학교 선생님과 정기적인 진로 상담을 통해 아이의 관심사와 학교 활동 연계하기

부모는 자녀의 미래를 위해 어떤 역할을 해야 하나요?

> "아이가 어른이 되었을 때 지금 제가 가르치는 것들이 과연 도움이 될까요? AI가 모든 걸 다 해 주는 세상에서 우리 아이는 무엇을 해야 할까요?"
>
> —초등 5학년 서연이 아빠의 고민—

서연이 아빠의 고민은 많은 부모가 공감하는 현실적인 고민입니다. 그의 고민 속에는 단순히 '무엇을 가르칠까?'를 넘어서는 더 깊은 불안이 숨어 있습니다. AI가 빠르게 발전하는 세상에서 부모로서 해야 할 일을 잃어버린 것은 아닌지, 혹시 잘못된 방향으로 아이를 이끄는 것은 아닌지에 대한 근원적인 혼란 말입니다. 이러한 혼란에 대한 답은 기술적 접근이 아닌 본질적 통찰에서 찾아야 합니다. AI가 모든 것을 대체하는 시대에도 변하지 않는 인간 고유의 가치와 역량을 키우는 것, 바로 이것이 변화하는 시대에 부모가 해야 할 본질적인 역할입니다. 과연 무엇을 어떻게 해야 할까요?

🖱️ 아이의 잠재력을 발견하는 부모: 관찰하고 기록하기

AI 시대에는 아이의 학습 과정과 활동들이 다양한 형태의 디지털 기록으로 남게 됩니다. 이런 상황에서 부모는 이러한 기록을 단순한 수치나 결과물이 아닌 아이를 깊이 이해할 수 있는 소중한 자료로 바라보는 관찰력을 가져야 합니다. 즉, 아이의 디지털 활동 기록, AI 학습 앱 리포트, 그리고 일상 속 작은 변화를 단순히 성과 지표로 보는 것이 아니라 아이의 숨겨진 관심사, 강점, 그리고 무한한 잠재력을 발견하는 '성장의 단서'로 활용해야 합니다.

이와 더불어 아이의 성장 과정을 꾸준히 기록하는 것도 중요합니다. 디지털 포트폴리오를 만들어 아이가 만든 AI 작품이나 프로젝트를 저장하거나, 간단한 성장 일기에 아이의 관심사 변화와 새로운 도전을 적어 두는 것입니다. 또한 아이와 나눈 의미 있는 대화나 아이가 스스로 해결한 문제들을 메모해두면 후일 아이의 진로나 재능을 발견하는 데 소중한 자료가 됩니다.

세심한 관찰과 기록을 통해 부모는 아이의 진정한 모습을 발견할 수 있습니다. 데이터 속에 숨겨진 아이만의 독특한 패턴, 예상치 못한 재능의 싹, 아이가 진정으로 열정을 느끼는 영역들을 찾아내 아이의 미래 설계에 중요한 나침반으로 만들어 나아가는 것입니다.

🖱️ 주도적 성장을 돕는 부모: 질문하고 성찰하게 하기

AI가 정답을 제시하는 시대일수록 '정답'을 아는 것보다 '좋은 질문'을 던지는 능력이 훨씬 중요합니다. 부모는 아이가 스스로 '좋은 질문'을 던지고 그 질문을 통해 세상을 탐구하며 자신만의 '답'을 찾아가는 과정을 격려해야 합니다. 이것이 아이의 주도성과 창의성을 키우는 핵심 동력이 됩니다.

동시에 아이가 자기 생각과 행동을 돌아보는 '성찰'의 습관을 기르도록 방향을 제시하는 것도 중요합니다. "오늘 AI와 대화하면서 어떤 새로운 것을 알게 되었니?", "친구들과 온라인 프로젝트를 하면서 가장 어려웠던 부분은 무엇이었을까?", "내가 만든 디지털 창작물이 다른 사람에게는 어떤 영향을 줄까?" 같은 질문을 통해 아이가 단순히 경험하는 것을 넘어 그 경험의 의미를 깊이 생각해 볼 수 있도록 도와야 합니다. AI와의 대화에서든 친구와의 소통에서든 자기 자신을 성찰하는 과정에서든 이러한 질문과 성찰은 생각의 깊이를 더하고 새로운 가능성을 열어 주는 열쇠가 됩니다.

하지만 좋은 질문을 던지고 탐구하는 과정이 항상 순탄하지만은 않습니다. 디지털 세상에서 아이들은 새로운 것을 시도하고 때로는 실패할 수도 있습니다. 이때 가장 중요한 것은 실패를 통한 배움을 끌어낼 수 있는 부모의 따뜻한 지지와 격려입니다.

AI 그림을 만들다가 원하는 결과가 나오지 않거나 코딩 프로젝트가 예상대로 작동하지 않을 때, "잘 안 됐다고 끝난 게 아니야. 이 경험이 다음 시도를 더 잘하게 도와줄 거야. 우리 다시 한번 해 볼까?"라고 말해 주며 아이가 좌절하지 않고 다시 도전할 수 있도록 용기를 북돋아 주어야 합니다. 이러한 경험을 통해 아이는 변화하는 세상에서 겪을 수많은 도전을 포기하지 않고 성장하는 강인함을 배우게 될 것입니다.

전인적 성장을 돕는 부모: 연결하고 균형 잡기

AI 시대는 디지털 기술의 무한한 가능성을 열어 주지만 동시에 다양한 영역 간의 균형과 연결이 더욱 중요해졌습니다. 이런 상황에서 부모는 여러 차원의 '연결과 균형'을 조화롭게 지휘하는 역할을 해야 합니다.

부모는 아이가 디지털 도구를 단순히 소비하는 것을 넘어 창조적으로 활용할 수 있도록 디지털과 아날로그의 연결고리를 만들어 주어야 합니다. 산책하면서 관찰하는 식물들을 디지털 앱을 통해 찾아 이름과 특징을 익히거나, 창작한 아날로그 작품을 디지털 플랫폼에 기록해 아이만의 콘텐츠로 쌓아 나가는 것과 같이 디지털과 아날로그의 경험을 유기적으로 연결해 아이의 배움이 더욱 풍성해지도록 도와야 합니다.

아이가 AI와 나눈 개인적 학습 경험을 친구들과 공유하고 온라인에서 배운 것을 오프라인 공동체에서 실천해 보도록 하는 등 개인과 개인, 개인과 사회의 연결도 중요합니다. 개인의 성장이 사회적 기여로 이어질 수 있다는 것을 경험하게 하는 것입니다. 학교와 가정의 연결을 통해 일관된 교육 환경을 만들어 주는 것도 부모의 중요한 역할입니다. 학교에서 배운 AI 도구나 디지털 기술을 가정에서도 자연스럽게 활용할 수 있도록 하고 가정에서의 경험이 학교 학습에 도움이 되도록 연결점을 찾아 주어야 합니다. 마지막으로 현재와 미래의 균형도 놓치지 말아야 합니다. 미래 역량을 기르는 것도 중요하지만 지금, 이 순간 아이가 행복하고 건강한 일상을 보낼 수 있도록 하는 균형 감각이 필요합니다. 어쩌면 미래 역량은 현재의 행복을 토대로 쌓아지는 것일 수 있습니다.

이처럼 다양한 차원을 조화롭게 연결하고 균형을 찾아가는 과정에서 부모는 아이의 관심사를 중심으로 여러 영역을 자연스럽게 연결해 주는 역할을 하게 됩니다. 아이는 흥미를 갖는 하나의 주제에서 다양한 차원으로 탐색의 폭을 넓히고, 여러 차원과 연결된 경험을 통한 심화된 배움의 경로를 열어 갑니다. 부모는 아이의 호기심이 한 분야에 머무르지 않고 다른 영역으로 자연스럽게 확장되도록 다리 역할을 해야 합니다. 이런 통합적 경험을 통해 아이는 지식이 단편적이지 않고 서로 연결되어 있다는 것을 자연스럽게 깨닫고 융합적 사고력을 기르게 됩니다.

🖱️ 불확실성 속에서도 흔들리지 않는 중심이 되어 주는 부모

AI 시대는 예측 불가능한 변화로 가득합니다. 어제의 정답이 오늘은 더 이상 통하지 않고 새로운 기술이 매일같이 쏟아져 나옵니다. 급변하는 세상에서 아이들이 흔들리지 않고 자신만의 길을 찾아 나아가도록 돕는 것이 바로 부모의 역할입니다.

중요한 것은 부모가 아이에게 '무엇을 가르칠지'보다 '어떻게 생각하고 살아갈지'에 관한 흔들리지 않는 가치관과 지혜를 심어 주는 역할을 해야 한다는 점입니다. 이는 양육을 위한 단편적 지식이나 기술적 전략을 넘어 부모의 인생 경험과 통찰이 필요한 영역입니다.

AI 시대의 변화 앞에서 느끼는 막연한 불안감은 지극히 자연스러운 감정이지만 불안에 압도당하거나 외면하는 대신 자녀와 함께 배우고 성장하며 불안을 극복하는 긍정 에너지로 전환하는 태도가 필요합니다.

"내가 모르면 우리 아이도 뒤처지는 건 아닐까?"라는 걱정 대신 "우리 함께 새로운 것을 배워 볼까?"라는 자세로 아이의 옆을 지켜 주는 것. 그것이야말로 흔들리지 않는 중심이 되어 주는 부모의 모습입니다. 부모의 불안과 두려움이 아이들에게 전이 될 수 있는 것처럼 부모의 도전과 긍정적인 에너지 또한 아이들의 용기와 적극성으로 전이될 수 있습니다.

이제 서연이 아빠는 질문에 대한 답을 찾았습니다.

"AI가 모든 것을 다 해 준다는 생각부터 바꿨습니다. AI가 아이를 망칠지도 모른다는 막연한 두려움도 내려놓기로 했습니다. 중요한 것은 제가 직접 답을 찾아 주는 것이 아니라 서연이가 AI와 더불어 미래를 향해 나아갈 수 있도록 돕는 것이었어요.

서연이를 깊이 관찰해서 아이만의 독특함과 가능성을 발견해 주는 것.

아이가 세상에 던지는 질문에 진심으로 귀 기울이며 답을 찾는 과정에 힘을 보태는 것. 디지털과 현실 세계를 자유롭게 오가며 자신의 길을 열어 갈 수 있도록 너무 멀지도 가깝지도 않은 곳에서 든든하게 지켜봐 주는 것. 때로 힘들고 지난한 과정이 찾아오더라도 어려움을 이겨 내는 경험 자체가 성장의 힘이 되어 준다는 점을 알고 기다려 주는 것. 변화무쌍한 세상에서 마음의 중심을 단단히 잡고, 서연이가 AI와 함께 스스로 배우고 성장할 수 있는 힘을 기르도록 곁을 지키는 아빠가 되어야겠습니다."

마지막으로 여러분들의 차례입니다.
아이들의 앞을 비춰 줄 각자의 답을, 이젠 찾으셨나요?

에필로그

불안을 끄고, 희망을 켜다

제가 이 책을 쓰게 된 시작점은 한 부모님의 질문이었습니다.

"교장 선생님, 집에서도 핸드폰 사용으로 다툼이 끊이질 않는데 학교에서까지 꼭 태블릿으로 공부를 해야 하나요?"

질문을 던지는 어머님의 눈빛을 보면서 십수 년 전 비슷한 고민의 바다에서 헤매던 제 모습이 떠올랐습니다. 혜성같이 등장한 모바일 폰과 온라인 게임 확산의 시기, 저 역시 두 아들을 키우며 걱정과 고민, 갈등으로 힘들었던 시간이 있었기에 어머님의 고민을 그냥 흘려들을 수 없었습니다.

이 책의 첫 장을 펼칠 때 여러분들은 어떤 생각을 하셨는지 궁금합니다. 짐작건대 많은 분께서 "밀려드는 AI와 디지털 물결 속에서 우리 아이는 과연 안녕할까?", "이 세상을 헤쳐 갈 방법을 어떻게 가르쳐야 할까?" 하는 불안함을 마음 한 켠에 담고 이 책을 읽으셨을 것으로 생각합니다.

책의 마지막 장을 덮기 전, 몇 가지 질문을 드리고 싶습니다.

'우리는 왜 불안한 것일까요?'
'이 불안감은 어디서 비롯된 것일까요?'
'불안을 버리고 우리가 준비해야 할 것은 없을까요?'
'아이들의 미래를 우리는 어떤 시각으로 바라보고 있는 것일까요?'

제 경우에는 아이에 대한 불안정한 신뢰와 믿음이 그 불안의 원인이었습니다. 모바일 폰과 게임에 노출되면 완전히 물들어 돌아오지 못할 강을 건너게 될 것 같은 마음이 불안을 키웠고 갈등의 씨앗이 되었음을 시간이 흐르면서 깨닫게 되더군요. 나의 불안한 마음이 고스란히 아이에 대한 불안한 눈길로 이어졌고, 아이 역시 부모의 불안과 새로운 세상에 대한 호기심 사이에서 이러지도 저러지도 못하며 많은 어려움을 겪었던 것입니다.

아이를 완전무결한 무균실에서 키우고자 하던 마음을 버리고 변화하는 세상을 수용하고 이해하게 되면서 불안을 내려놓을 수 있었습니다. 불안을 잠재우고 아이의 곁을 지킬 수 있을 만큼 세상의 변화를 알기 위해 노력했습니다. 알게 되니 불안이 덜어지고 근원을 알 수 없던 두려움도 사라졌습니다. 관점을 바꾸고 이해의 폭을 넓히니 세상의 변화가 마냥 나쁘고 불안한 것이 아님을 확인할 수 있었습니다.

지금 부모님들은 어떠신가요? 여전히 AI와 디지털 세상이 불안한 미로같이 느껴지시나요? 아니면 아이와 함께 탐험할 수 있는 새로운 모험의 세상이라 생각되시나요?

우리는 AI를 두려움의 대상이 아닌 아이들에게 무한한 가능성의 문을 열어줄 수 있는 새로운 도구로 바라보아야 합니다. 세상의 변화를 막을 수 없다면 부모인 우리는 불안하고 부정적인 시선을 내려놓고 아이의 미래를 밝히는 등대이자 미지의 바다를 함께 항해하는 든든한 동반자가 되기 위해 시대의 변화를 바라보는 관점을 긍정적으로 바꾸고 변화에 동참하기 위해 노력해야 합니다.

AI 시대를 직접 경험하지 못했기에 근원적인 두려움과 걱정을 모두 없앨 수는 없습니다. 하지만 디지털 세상 역시 사람들이 만들어 간다는 사실에는 변함이 없으므로 아날로그 시대를 살아온 우리의 경험과 디지털 전환기를 직접 겪으며 쌓아 온 삶의 지혜를 바탕으로 AI 시대 자녀의 곁을 지키는 든든한 울타리가 되어야 합니다. 아이의 미세한 감정을 읽고, 마음을 헤아리며,

때로는 시행착오를 겪으며 쌓아 가는 시간이 여러분과 자녀들이 미래를 열어 가는 과정의 가장 든든한 힘이 되어 줄 것입니다.

디지털 교육에 대한 긴 안목과 넓은 통찰을 바탕으로 하루 30분 아이와 함께 보내는 시간, 스마트폰 대신 대화를 선택하는 작은 결정, 아이의 디지털 활동에 관심을 보이는 따뜻한 시선과 같은 작은 실천들이 누적된다면 가족 전체의 건전한 디지털 문화가 자리 잡고, 자녀들은 이런 토대 위에 건강한 디지털 시민으로 성장할 수 있는 힘을 가지게 될 것입니다.

아이들은 우리의 상상을 뛰어넘는 놀라운 존재들입니다. 작지만 소중한 아이들의 내면에는 미래를 만들어 갈 무한한 가능성이 깃들어 있습니다. 어른인 우리가 할 일은 가능성의 꽃을 활짝 피울 수 있도록 관심과 격려로 함께해 주는 것입니다.

이 책의 마지막 여정에 도착했지만, 책을 덮은 뒤에도 AI·디지털 시대를 헤쳐 갈 여러분 가정의 항해는 여전히 이어질 것입니다. 여러분들은 그 항해를 어떻게 이어 가고 싶으신가요?

완벽함 대신 아이와 함께 성장하는 부모가 되어 주세요. AI 시대의 바다는 넓고 깊지만, 우리에게는 사랑이라는 가장 확실한 나침반이 있습니다. 예측 불가능한 미래 사회가 기다리고 있지만 어떤 변화에도 적응할 수 있는 유연성과 회복력은 부모님의 사랑과 지지를 바탕으로 길러집니다.

이제 불안의 스위치는 끄고, 희망의 등불을 켜세요. 부모님이 등대가 되어 비추는 따뜻하고 밝은 빛이 AI·디지털 세상을 항해하는 우리 아이들의 미래를 환하게 밝혀 줄 것입니다. 아이들이 마주하게 될 새로운 세상을 응원하며 그들과 함께 걸어갈 부모님들의 여정에 깊은 존경과 응원의 박수를 보냅니다.

참고 자료

1) 여성가족부·연합뉴스 (2023).「초등학생 스마트폰 보유율 및 과의존 통계 조사 결과」. 연합뉴스, 2023.05.29. https://www.yna.co.kr/view/GYH20230529000800044
2) 대학내일20대연구소 (2023).『알파 세대 미디어 소비 및 부모 인식 조사 보고서』.
3) 여성가족부·한국지능정보사회진흥원 (2025).『2024년 청소년 인터넷·스마트폰 이용습관 진단조사 결과』.
4) 여성가족부·한국지능정보사회진흥원 (2025).『2024년 청소년 미디어 이용습관 진단조사 결과』.
5), 6) 대학내일20대연구소 (2024).『알파세대(초등) 미디어 기획조사 2024』.
7) We Are Social·Meltwater (2023). Digital 2023: South Korea. https://datareportal.com/reports/digital-2023-south-korea.
8) EBS 교육뉴스 (2022.11.23).「위캔버스 시범 운영…학교 안으로 들어온 메타버스」. EBS 교육뉴스.
9) 김성원·박종필 (2023).「VR 스포츠실 활용 초등 체육 수업의 효과 분석」. 한국초등체육학회지, 29(3), 45-62.
10) 경기신문 (2024.09.03).「[교육특집] 협력하는 즐거움에 창의력도 '쑥쑥'…성남 장안초 메이커학교」. 경기신문. https://www.kgnews.co.kr/news/article.html?no=807895.
11) UNESCO (2023). EdTech and Parental Engagement. Global Education Monitoring Report Background Paper.
12 Prensky, M. (2001). "Digital Natives, Digital Immigrants". On the Horizon, 9(5).
13) Resnick, M. (2017). Lifelong Kindergarten: Cultivating Creativity through Projects, Passion, Peers, and Play. MIT Press.
14) Piaget, J. (1952). The Development of Intelligence in Children. International Universities Press.
15) Wing, J. M. (2006). "Computational Thinking". Communications of the ACM, 49(3), 33-35.
16) Kolb, B., & Gibb, R. (2011). "Brain plasticity and behaviour in the developing brain". Journal of the Canadian Academy of Child and Adolescent Psychiatry, 20(4), 265-276.
17) Bers, M. U. (2018). Coding as a Playground: Programming and Computational Thinking in the Early Childhood Classroom. Harvard Education Press.
18) Prensky, M. (2001). "Digital Natives, Digital Immigrants". On the Horizon, 9(5).
19) 한국언론진흥재단 미디어연구센터 (2022).『2022 어린이 미디어 이용 조사』. 한국언론진흥재단.
20) World Health Organization. (2019). Guidelines on physical activity, sedentary behaviour and sleep for children under 5 years of age. WHO Publications.
21) 한국언론진흥재단 (2020).『2020 어린이 미디어 이용 조사』. 한국언론진흥재단.

22) UNICEF. (2017). Children in a Digital World. UNICEF Reports.
23) Rideout, V., & Robb, M. B. (2025). "The Common Sense Census: Media Use by Kids Age Zero to Eight." Common Sense Media. (as cited in K-12 Dive, 2025)
24) 과학기술정보통신부, 한국정보화진흥원. (2018). 『2017년 스마트폰 과의존 실태 조사』.
25) European Commission (2022). Digital Education Action Plan 2021-2027: Resetting Education and Training for the Digital Age. Publications Office of the European Union. Education Estonia (2024). "ProgeTiiger Programme Overview". https://educationestonia.org/progetiiger-programme/
Bohrium (2023). "Finland's Coding Across Curriculum Initiative". https://bohrium.com/articles/finland-programming-curriculum.
26) Department for Education (UK). (2014). National Curriculum in England: Computing programmes of study.
27) Ministry of Education (Japan). (2020). Guide for Programming Education in Elementary Schools.
28) U.S. Department of Education. (2019). Advancing Computer Science Education.
29) 한국교육개발원. (2021). 『초등학교 디지털 교육 현황과 발전 방향』.
30) 교육부. (2022). 『초등학교 디지털 교육 안내서』. 교육부 발행 자료.
31) 매일경제 (2025.02.28). 「선생님이 꼭 필요한가요?… 요즘 학생들, 수학문제 막히면 카메라부터 '찰칵'」. 매일경제. https://www.mk.co.kr/news/society/11252455.
32) TIME (2020). "Gitanjali Rao, First-Ever Kid of the Year".
33) UNICEF (2021). "Kindly - Preventing Cyberbullying with AI".
34) NPR/KNU, "How To Raise A Creative Child", 2020.
35) Forbes (2013). "Yahoo Buys 17-Year-Old's App For $30 Million".
36) BBC News (2013). "Teenage Millionaire Behind Summly App".
37) 교육부 (2021). 『2022 개정 교육과정 총론 주요 사항 발표 보도 자료』.
38) 교육부(2021). 『2022 개정 교육과정 총론』.
39) 유네스코(UNESCO) (2018). "A Global Framework of Reference on Digital Literacy Skills for Indicator 4.4.2".
40) 세계경제포럼(WEF) (2020). "The Future of Jobs Report 2020".
41) 전자신문 (2023. 05. 09). 『스페셜리포트 AI 디지털 교과서, 공교육 '게임체인저'』. 전자신문. https://www.etnews.com/20230509000001(기사 내 교육부 제공 사진).
42) 교육부, 한국과학창의재단. (2022). 『2022 개정 정보과 교육과정 시안(최종안) 개발 연구』.

43) 방송통신위원회 · 한국지능정보사회진흥원 (2025). 『2024년 사이버폭력 실태조사』. (재인용: ZDNet Korea, 2025.03.28.) https://zdnet.co.kr/view/?no=20250328172809.

44) 정보통신정책연구원(KISDI) (2023). 「아동 · 청소년의 미디어 이용 행태와 미디어 이용 제한」보고서.

45) 이화여자대학교 · 한국보건사회연구원 (2024). 『아동 · 청소년 스마트폰 과의존 가족 전이 연구』 보도자료. (재인용: 경향신문, 2024.07.).

46) 차현진 외 (2017). 「디지털교과서가 학습자의 자기조절학습 및 문제해결 역량에 미치는 효과 분석」, 한국콘텐츠학회논문지, 17(2), 13~15.

47) 송진여 외 (2017). 「초등 과학 수업에서 디지털 교과서 활용 수업모형 개발 및 효과」. 대한지구과학교육학회지, 10(3), 262~277.

48) 이정미 외 (2017). 「해커톤 기반 초등 SW교육이 창의성과 문제해결력에 미치는 효과성 분석」. 디지털콘텐츠학회논문지, 18(5), 995~1000.

49) 김향희 외 (2010). 「초등학생의 창의적 사고력 향상을 위한 알고리즘 학습 프로그램 개발」. 한국콘텐츠학회논문지, 10(8), 451~460.

50) 전자신문 (2024.01.04). 「[디지털 수업혁신 우수사례] 국영수를 AI튜터와 함께…선생님들도 '방 긋'」.전자신문. https://www.etnews.com/20240104000326.

51) OpenAI (2025). Introducing Study Mode. / Google (2024). Introducing LearnLM (Google I/O 발표). / Google for Education Blog (2024). Guided Learning Update.

52), 54) OECD (2015). Students, Computers and Learning: Making the Connection, OECD Publishing, Paris.

53) UNESCO (2023). 2023 Global Education Monitoring Report, 'Technology in education: A tool on our terms'

55) Loh, Chin Ee & Sun, Baoqi.(2022), "Reading on Paper and Screen among Singaporean Primary School Students", National Institute of Education (NIE), Singapore.

56) Askvik, E. O., Van der Weel, F. R., & Van der Meer, A. L. H.(2020) "The Importance of Cursive Handwriting over Typewriting for Learning in the Classroom", Frontiers in Psychology.

57), 63) American Academy of Pediatrics (AAP), (2016). "Media and Young Minds", Pediatrics.

58) World Health Organization (WHO), (2019), Guidelines on Physical Activity, Sedentary Behaviour and Sleep for Children under 5 Years of Age, WHO Publications.

59), 64) Swedish Public Health Authority (2024). "No screens before age of two; limits for older children announced." Miranda Bryant, (재인용: The Guardian, 2024.09.02.).

60), 65) Macron Presidential Committee (2024). "Screen time recommendations for young children." Pascale Santi, (재인용: Le Monde, 2024.05.01. 영문판 및 불어판).

61) Lotta Edholm (2023). "Sweden moves away from tablets and back to textbooks." Associated Press, (재인용: The Guardian, 2023.09.10.).

62), 66) Ministry of Education Singapore, (2022), "Blended Learning for Primary Schools", Official MOE Website.

67) 교육부 (2025). 『AI 디지털 교과서 도입 추진 로드맵 (2025년 개정)』. 교육부.

68), 69) AI넷 (2025.04.26). 「2023년 가장 인기 있었던 프롬프트 엔지니어 직업, 이제는 구시대 유물」. AI넷. https://www.ainet.link/20147.

Foreign Copyright: Joonwon Lee   Mobile: 82-10-4624-6629
Address: 3F, 127, Yanghwa-ro, Mapo-gu, Seoul, Republic of Korea
         3rd Floor
Telephone: 82-2-3142-4151
E-mail: jwlee@cyber.co.kr

2025. 12. 3. 1판 1쇄 인쇄
2025. 12. 9. 1판 1쇄 발행

지은이 | 전주은
펴낸이 | 이종춘
펴낸곳 | [BM] ㈜도서출판 성안당
주소 | 04032 서울시 마포구 양화로 127 첨단빌딩 3층(출판기획 R&D 센터)
     | 10881 경기도 파주시 문발로 112 파주 출판 문화도시(제작 및 물류)
전화 | 02) 3142-0036
     | 031) 950-6300
팩스 | 031) 955-0510
등록 | 1973. 2. 1. 제406-2005-000046호
출판사 홈페이지 | www.cyber.co.kr
ISBN | 978-89-315-8583-4 (03590)
정가 | 19,000원

이 책을 만든 사람들
책임 | 최옥현
진행 | 오영미
교정·교열 | 오영미, 윤나윤
본문·표지 디자인 | 피어리드디자인
홍보 | 김계향, 임진성, 김주승, 최정민
국제부 | 이선민, 조혜란
마케팅 | 구본철, 차정욱, 오영일, 나진호, 강호묵
마케팅 지원 | 장상범
제작 | 김유석

이 책의 어느 부분도 저작권자나 [BM] ㈜도서출판 성안당 발행인의 승인 문서 없이 일부 또는 전부를 사진 복사나 디스크 복사 및 기타 정보 재생 시스템을 비롯하여 현재 알려지거나 향후 발명될 어떤 전기적, 기계적 또는 다른 수단을 통해 복사하거나 재생하거나 이용할 수 없음.

■ 도서 A/S 안내

성안당에서 발행하는 모든 도서는 저자와 출판사, 그리고 독자가 함께 만들어 나갑니다.
좋은 책을 펴내기 위해 많은 노력을 기울이고 있습니다. 혹시라도 내용상의 오류나 오탈자 등이 발견되면 **"좋은 책은 나라의 보배"**로서 우리 모두가 함께 만들어 간다는 마음으로 연락주시기 바랍니다. 수정 보완하여 더 나은 책이 되도록 최선을 다하겠습니다.
성안당은 늘 독자 여러분들의 소중한 의견을 기다리고 있습니다. 좋은 의견을 보내주시는 분께는 성안당 쇼핑몰의 포인트(3,000포인트)를 적립해 드립니다.
잘못 만들어진 책이나 부록 등이 파손된 경우에는 교환해 드립니다.